# MULHERES, CARREIRAS
## E O (DIFÍCIL) AVANÇO PARA OS ALTOS NÍVEIS DE LIDERANÇA

# MULHERES, CARREIRAS
## E O (DIFÍCIL) AVANÇO PARA OS ALTOS NÍVEIS DE LIDERANÇA

Colleen Ammerman
DIRETORA DA INICIATIVA DE DIVERSIDADE
**HARVARD BUSINESS SCHOOL**

Boris Groysberg
PROFESSOR PREMIADO COM FOCO
NA GESTÃO DO CAPITAL HUMANO
**HARVARD BUSINESS SCHOOL**

Título original em inglês: *Glass Half-Broken – shattering the barriers that still hold women back to work*.
Copyright © 2021 Colleen Ammerman e Boris Groysberg. Todos os direitos reservados.
Publicado mediante acordo com a Harvard Business Review Press.

Amarylis é um selo editorial Manole.

Produção editorial: Retroflexo Serviços Editoriais
Tradução: Luiz Euclydes Trindade Frazão Filho

Revisão técnica: Flavia Ferreira Piazza
  Professora *Teaching Fellow* no Insper Instituto de Ensino e Pesquisa
  PhD em Comportamento Organizacional pela Tulane University
  MsC em Comportamento Organizacional pela Tulane University
  Mestre em Estratégia pelo Ibmec-RJ
  Graduada em Engenharia de Telecomunicações pela PUC-RJ

Revisão de tradução e revisão de prova: Depto. editorial da Editora Manole
Projeto gráfico: Depto. editorial da Editora Manole
Diagramação: R G Passo
Capa: Ricardo Yoshiaki Nitta Rodrigues
Imagem da capa: Istockphoto.com

CIP-BRASIL. CATALOGAÇÃO NA PUBLICAÇÃO
SINDICATO NACIONAL DOS EDITORES DE LIVROS, RJ

A539m

  Ammerman, Colleen
  Mulheres, carreiras e o (difícil) avanço para os altos níveis de liderança / Colleen Ammerman, Boris Groysberg ; tradução Luiz Euclydes Trindade Frazão Filho ; revisão técnica Flavia Ferreira Piazza. - 1. ed. - Santana de Parnaíba [SP] : Amarylis, 2023.

  Tradução de: Glass half-broken : shattering the barriers that still hold women back to work
  ISBN 9788520464878

  1. Liderança em mulheres. 2. Mulheres de negócios. 3. Discriminação de sexo no emprego. I. Frazão Filho, Luiz Euclydes Trindade. II. Piazza, Flavia Ferreira. III. Título.

23-84994                                    CDD: 331.4133
                                            CDU: 331.101.232-055.2

Meri Gleice Rodrigues de Souza – Bibliotecária – CRB-7/6439

Todos os direitos reservados.
Nenhuma parte desta obra poderá ser reproduzida, por qualquer processo, sem a permissão expressa dos editores.
É proibida a reprodução por fotocópia.

A Editora Manole é filiada à ABDR – Associação Brasileira de Direitos Reprográficos.

Edição brasileira – 2023

Direitos em língua portuguesa adquiridos pela:
Editora Manole Ltda.
Alameda América, 876
Tamboré – Santana de Parnaíba – SP – Brasil
CEP: 06543-315
Fone: (11) 4196-6000
www.manole.com.br | https://atendimento.manole.com.br/

Impresso no Brasil
*Printed in Brazil*

Às pessoas que mais nos inspiraram a trabalhar pela igualdade,
a mãe de Colleen
e
os pais, a irmã, a esposa e os filhos de Boris.

Durante o processo de edição desta obra, foram tomados todos os cuidados para assegurar a publicação de informações técnicas, precisas e atualizadas conforme lei, normas e regras de órgãos de classe aplicáveis à matéria, incluindo códigos de ética, bem como sobre práticas geralmente aceitas pela comunidade acadêmica e/ou técnica, segundo a experiência do autor da obra, pesquisa científica e dados existentes até a data da publicação. As linhas de pesquisa ou de argumentação do autor, assim como suas opiniões, não são necessariamente as da Editora, de modo que esta não pode ser responsabilizada por quaisquer erros ou omissões desta obra que sirvam de apoio à prática profissional do leitor.

Do mesmo modo, foram empregados todos os esforços para garantir a proteção dos direitos de autor envolvidos na obra, inclusive quanto às obras de terceiros, imagens e ilustrações aqui reproduzidas. Caso algum autor se sinta prejudicado, favor entrar em contato com a Editora.

Finalmente, cabe orientar o leitor que a citação de passagens da obra com o objetivo de debate ou exemplificação ou ainda a reprodução de pequenos trechos da obra para uso privado, sem intuito comercial e desde que não prejudique a normal exploração da obra, são, por um lado, permitidas pela Lei de Direitos Autorais, art. 46, incisos II e III. Por outro, a mesma Lei de Direitos Autorais, no art. 29, incisos I, VI e VII, proíbe a reprodução parcial ou integral desta obra, sem prévia autorização, para uso coletivo, bem como o compartilhamento indiscriminado de cópias não autorizadas, inclusive em grupos de grande audiência em redes sociais e aplicativos de mensagens instantâneas. Essa prática prejudica a normal exploração da obra pelo seu autor, ameaçando a edição técnica e universitária de livros científicos e didáticos e a produção de novas obras de qualquer autor.

# Sumário

Sobre os autores ................................................................. ix
Agradecimentos ................................................................. xi

**Introdução – A estagnação da revolução no ambiente de trabalho** .......... xvii

### PARTE 1 – OS OBSTÁCULOS NO ESCRITÓRIO

**Capítulo 1 – Tiro e queda** ............................................... 3
As mulheres em início e meio de carreira

*Rumo ao topo* ..................................................................... 25
A honorável Barbara Hackman Franklin

**Capítulo 2 – Escassas, escrutinadas e em ascensão** ....................... 30
As mulheres na liderança

*A liderança com um propósito* ............................................. 47
Ana Paula Pessoa

**Capítulo 3 – Rachaduras no teto** ........................................ 53
As mulheres nos conselhos corporativos

*Preparando o terreno e retribuindo* ..................................... 73
Michele Hooper

## PARTE 2 – LIBERANDO O CAMINHO PARA A IGUALDADE DE GÊNERO NO AMBIENTE PROFISSIONAL

**Capítulo 4 – Aliados ou meros espectadores**.................................... 83
O papel dos homens

*A defesa da igualdade de gênero na mídia*................................... 107
Ros Atkins

**Capítulo 5 – Criando organizações que quebram o teto de vidro**............ 115
Uma abordagem sistêmica do fechamento das lacunas de gênero

*O acordo da igualdade* ............................................................. 153
Qualcomm

**Capítulo 6 – Paridade no dia a dia** .................................................. 157
Como administrar pela igualdade de gênero e pela inclusão

*A gestão inclusiva levada para Wall Street*................................... 182
Jack Rivkin

**Conclusão – Um momento revolucionário**......................................... 188

*De inovadora a defensora* ......................................................... 196
Ilene H. Lang

**Epílogo – O balanço da igualdade de gênero**.................................... 202
Um estudo de caso da Harvard Business School

*O caminho de uma pioneira* ...................................................... 230
Professora Regina E. Herzlinger

Notas........................................................................................ 236
Índice remissivo ........................................................................ 272

# Sobre os autores

**Colleen Ammerman** é diretora da Gender Initiative, da Harvard Business School (HBS), que catalisa e traduz pesquisas de vanguarda para transformar a prática, permitir aos líderes determinar as mudanças e erradicar a desigualdade de gênero, raça e outras formas de discriminação no mundo dos negócios e na sociedade. Ammerman supervisiona as atividades da iniciativa, incluindo eventos, programas para profissionais e disseminação de pesquisas. Ela é autora de diversos artigos e materiais didáticos sobre gênero e trabalho e é pesquisadora do *Life and Leadership after HBS*, um estudo longitudinal dos caminhos dos ex-alunos do MBA da HBS, o qual examina os modos como a raça, o gênero e outros fatores moldam as vidas e as experiências profissionais dessas pessoas.

**Boris Groysberg** é professor de administração empresarial da Richard P. Chapman na Harvard Business School (HBS) e docente afiliado da Gender Initiative da HBS. O autor foi agraciado com vários prêmios por suas pesquisas, que têm por foco os desafios da gestão do capital humano em pequenas e grandes empresas em todo o mundo. Groysberg é autor do premiado livro *Chasing stars: the myth of talent and the portability of performance* e coautor (com Michael Slind) de *Talk, Inc.: how trusted leaders use conversation to power their organizations*. Colaborador frequente da *Harvard Business*

*Review*, ele escreveu muitos artigos, notas e estudos de caso sobre a maneira como as empresas contratam, desenvolvem, retêm, envolvem, comunicam e alavancam talentos diversos para criar culturas inclusivas. O professor Groysberg foi empossado como membro da National Academy of Human Resources em 2016. Antes de ingressar na HBS, ele trabalhou na IBM.

# Agradecimentos

Como qualquer trabalho intelectual, este livro é o produto de muitas mentes. Somos profundamente gratos às pessoas que contribuíram com suas histórias, suas ideias e seu tempo para este projeto e cujos incentivo e aconselhamento elevaram nossos espíritos ao longo dessa jornada. Quaisquer conhecimentos novos contidos nestas páginas foram gerados não só por nós, mas por meio dos conhecimentos coletivos dos estudiosos, dos profissionais e dos defensores que dedicaram generosamente seu tempo a nós e a este projeto.

Nós dois nos conhecemos há quase uma década, quando ingressamos em um pequeno grupo de trabalho liderando o W50, o evento de comemoração do 50º aniversário da admissão das mulheres no programa de MBA da Harvard Business School (HBS). Começamos a pesquisar a história das experiências das mulheres como alunas e professoras, descobrindo até onde a escola chegou em seu intento de fomentar a igualdade de gênero no *campus*, mas também constatando que as mulheres há muito vinham tentando derrubar os obstáculos que persistem até os dias de hoje. O que aprendemos está refletido no epílogo, que traça a trajetória da HBS e tenta esclarecer os marcos que ainda não conseguimos alcançar. O ano do W50 fomentou novas conversas sobre a escola e estimulou as tentativas renovadas de progredir. Nos anos seguintes, sentimo-nos honrados em ajudar a institucionalizar alguns desses programas, entre os quais o evento anual Gender & Work Research Symposium e os contínuos esforços no sentido de garantir que nossos planos curriculares reflitam a diversidade de gênero, raça e outros tipos de diversidade na liderança. Com nosso colega Robin Ely, ajudamos a lançar a Gender Initiative em 2015, que serve como núcleo para o trabalho da escola sobre múltiplas formas de desigualdade no ambiente de trabalho.

O trabalho conjunto na comemoração do W50 acabou por se tornar o início de uma parceria entre nós dois. Continuamos a escrever e a buscar novas ideias de pesquisa juntos, muitas das quais fizeram parte deste livro. A crescente lista de artigos e casos que havíamos escrito ou planejado escrever sobre desigualdade de gênero foi, na verdade, o impulso para este livro. Da mesma forma que nossa sensação de que o padrão que observáramos ao pesquisar a situação das mulheres na HBS refletia a situação da sociedade de modo mais amplo: quando se trata de gênero no trabalho, tantas foram as mudanças, mas a paridade continua ilusória. Parecia-nos o momento certo para explorar a razão pela qual o padrão persiste e oferecer uma orientação clara sobre como mudá-lo.

Acreditamos que muito se sabe sobre como efetivar essas mudanças, e somos profundamente gratos aos pesquisadores cujo trabalho temos nos esforçado para explicar e sintetizar neste livro. Procurando compreender os contextos e mecanismos pelos quais a desigualdade persiste, eles forneceram pistas essenciais sobre como podemos amenizá-los ou mesmo erradicá-los. Uma das razões pelas quais escrevemos este livro foi tornar os conhecimentos e as implicações de suas pesquisas mais acessíveis e viáveis para as pessoas que querem fazer mudanças em suas empresas e em outros lugares. Estamos confiantes nas descrições e nas prescrições deste livro porque confiamos no rigor e na robustez dos estudos dos quais elas provêm. Em diversos pontos, fazemos também referência a nosso trabalho anterior. Embora sejamos colaboradores em alguns desses projetos, outros são de autoria individual ou foram realizados com outros colegas. Para efeito de simplificação, referimo-nos a qualquer desses estudos anteriores como "nossa pesquisa", mas uma olhada nas fontes citadas nas notas esclarecerá a autoria para os leitores interessados.

Devemos especiais agradecimentos às pessoas que leram cuidadosamente partes e versões deste texto e teceram críticas importantes, entre elas Robin Abrahams, David Alworth, Christina Bermingham, Siri Chilazi,

Allison Elias, Robin Ely, Gretchen Gavett, Pamela Joyner, Deborah Kolb, Reynold Levy, Tony Mayo, Laura Moon, Jennifer Nash, Nitin Nohria, In Paik, Laura Morgan Roberts, Kim Scott e Matt Segneri, bem como três críticos anônimos. Suas reações estimularam nosso pensamento de maneira mais produtiva. Além disso, o *feedback* de Amy Bernstein e Sarah Cliffe da *Harvard Business Review* ajudou a desenvolver muitas das ideias contidas neste livro. Nosso primeiro editor na Harvard Business Review Press, Tim Sullivan, acreditou neste projeto e nos ajudou a pensar no tipo de livro que poderia e deveria ser. Melinda Merino, em cujas capacitadas mãos editoriais passamos a maior parte desta jornada, animou-nos a prosseguir, bem como fez duros questionamentos que moldaram e remoldaram o livro, conferindo-lhe sua melhor versão.

Muitos outros tipos de ajuda tornaram este livro possível. Não teríamos tido condições de realizar, muito menos de sustentar, os anos de trabalho de que o livro necessitou sem o apoio de líderes da escola que acreditaram em seu valor e no tempo que nossos colegas dedicaram às conversas conosco. Incontáveis discussões formais e informais influenciaram nosso pensamento e abriram espaço para que o livro evoluísse. Especificamente, nossos colegas imediatos no departamento de Iniciativas da HBS e na Área de Comportamento Organizacional foram preciosos parceiros intelectuais. Além disso, as pesquisas que conduzimos especificamente para este livro foram um esforço em equipe. Vários colaboradores auxiliaram na condução de entrevistas, na realização de análises estatísticas e na interpretação de materiais de arquivo, enquanto outros cuidaram para que a logística transcorresse de forma contínua e sem transtornos. Gostaríamos de agradecer especificamente a Sarah Abbott, Ethiopiah Al-Mahdi, Xiang Ao, Shelby Austin-Manning, Kate Connolly Baden, Deborah Bell, Jean Cunningham, Vicki Good, Elizabeth Johnson, Jan Hammond, Kalpana Jain, Juemin Luo, Erica Mirabitur, Dory Nemitz, Jan Rivkin, Laurie Shannon e Debora Spar. Recebemos assistência também do Case Research & Writing Group e da Baker Library, bem como financiamento da Division of Research and Faculty Development da HBS.

Além disso, baseamo-nos no trabalho de muitas instituições há muito comprometidas com o avanço das mulheres nos negócios, e vários se revelaram valiosas fontes de aconselhamento e discernimento. Fundamentais entre esses grupos foram a Catalyst, o Committee of 200, a Forté Foundation, a Lean In, o Stanford VMware Women's Leadership Lab, a Women

Corporate Directors e o Women and Public Policy Program da Harvard Kennedy School. Gostaríamos de agradecer também a Linda Rabbitt, cuja generosidade permitiu que o programa *Women on Boards*, da HBS Executive Education, fosse lançado, assim como continua a defender nosso trabalho e nosso objetivo de promover o avanço das mulheres na liderança.

Acima de tudo, desejamos agradecer às pessoas que entrevistamos e ouvimos para a elaboração deste livro, que somam centenas. Embora não possamos citar o nome de todas elas (e algumas desejam permanecer anônimas), somos-lhes imensuravelmente gratos. Entre esses colaboradores estão graduados pelo Harvard College e pela HBS, participantes dos programas de educação executiva da HBS e mulheres e homens que trabalham em empresas de todos os portes ao redor do mundo. Vários de nossos colaboradores nos ajudaram a encontrar outras pessoas a serem entrevistadas; devemos uma nota especial de agradecimento a Susan Stautberg por nos apresentar a várias pessoas-chave que enriqueceram este livro. Somos especialmente gratos àqueles que colaboraram com seus perfis e passaram várias horas conversando conosco sobre a trajetória de suas carreiras e seus esforços para promover a equidade de gênero: Ros Atkins, Barbara Hackman Franklin, Regina Herzlinger, Michele Hooper, Ilene Lang e Ana Paula Pessoa. (Jack Rivkin faleceu em 2016; seu perfil é baseado em entrevistas anteriores e fontes públicas.) As experiências e as observações de nossos entrevistados constituem peças essenciais deste livro. Suas histórias nos fazem lembrar que a desigualdade não é abstrata. Ela limita, frustra e diminui pessoas reais, roubando-lhes e roubando do mundo seu pleno potencial. Todavia, concluímos este livro com uma sensação de esperança e possibilidade precisamente por termos tido o privilégio de ouvir tantos que estão fazendo o melhor que podem para promover a igualdade – mulheres e homens em todos os estágios da carreira profissional, do mundo inteiro, em absolutamente todos os setores que se possa imaginar. Temos a honra e a humildade de compartilhar o que aprendemos com eles com os leitores deste livro.

Por fim, concluímos com agradecimentos aos nossos entes queridos.

Primeiro, de Colleen: sou profundamente grata aos meus amigos e aos meus familiares, cujos interesse e satisfação em ouvir sobre este projeto nunca enfraqueceram, nem mesmo quando meu próprio entusiasmo fraquejou. Eles comemoraram cada momento importante e ofereceram incentivo a cada obstáculo. Agradeço especialmente aos meus pais, cujo entusiasmo com a publicação deste livro supera meu próprio entusiasmo. Acima de tudo, sou grata à minha mãe, Patricia Carroll Swalley, que nutriu minha própria ambição, meu intelecto e minha independência desde o dia em que nasci. Ela me deu uma voz, e tudo o que faço representa um esforço de honrar sua crença no poder dessa voz.

Segundo, de Boris: a família é sempre importante para mim, mas com este projeto foi ainda mais. Quero agradecer especialmente aos meus pais, que sempre me ensinaram sobre a profunda importância da igualdade e da inclusão. Foram eles que me ajudaram a apreciar os diversos pontos de vista, e, em minha mente, eles são as pessoas mais inclusivas que já conheci. Quero agradecer também à minha irmã e à minha esposa, que foram as primeiras a me ajudar a contemplar os desafios que as mulheres enfrentam no ambiente de trabalho. Mais do que ninguém, elas me ajudaram a definir minha visão sobre esse assunto. Eu sempre quis ser como minha irmã, e não há dúvida de que, no meu entender, nós combinamos.

Uma das razões pelas quais escrevi este livro foram minhas filhas e meus filhos. Eles são minha mais profunda paixão e propósito. Quando olho para eles todas as manhãs, vendo como eles são diferentes e talentosos a seu próprio modo, sinto-me motivado, mais do que qualquer coisa, a pesquisar, a escrever e a trabalhar com as instituições na jornada por uma maior inclusão.

# Introdução

A estagnação da revolução no ambiente de trabalho

Em 2019, as mulheres formavam, pela primeira vez, a maioria dos trabalhadores com nível universitário nos Estados Unidos, e a lacuna do percentual entre mulheres e homens na força de trabalho era a mais baixa já registrada.[1] Outros países desenvolvidos também testemunharam a entrada de um número maior de mulheres na força de trabalho – até mesmo o Japão, onde a participação feminina no mercado de trabalho há muito se mantinha atrás da de outras grandes economias, vivenciou aumento nos últimos anos.[2] Embora a pandemia de Covid-19 tenha transtornado a economia global no início de 2020 e dilapidado esses ganhos, esses marcos deveriam sugerir que as mulheres estão se fazendo cada vez mais representadas em cargos de liderança nas empresas e na sociedade. As árduas batalhas do século XX travadas com o intuito de possibilitar o acesso igualitário das mulheres à educação, ao treinamento profissional e às oportunidades de emprego permitem que elas hoje sigam uma carreira sem que lhes seja negada a entrada em programas de graduação, sem impedimentos ao exercício de determinadas profissões ou funções e sem a ameaça de serem demitidas quando se casam.

Mas a verdade é que, de modo geral, as mulheres continuam radicalmente sub-representadas em posições de poder. A proporção de mulheres no cargo de CEO das empresas mal chega a 10%, de acordo com diversas métricas. A lacuna salarial entre os gêneros vem demonstrando pouco movimento, em grande parte pelo fato de as funções altamente remuneradas serem as mais desequilibradas entre homens e mulheres. Hoje, as funções de melhor remuneração, e especificamente nos setores financeiro e de tecnologia, também são aquelas em que as mulheres são mais escassas. No entanto, mesmo em setores que empregam aproximadamente igual proporção de homens e mulheres ou em que as mulheres, na verdade, correspondem à maioria, as funções de liderança continuam sendo de domínio masculino. As CEOs de empresa são tão raras no setor de saúde quanto em quaisquer outros, apesar da enorme oferta de mulheres; três quartos da força de trabalho do setor de saúde são formados por mulheres.[3]

Em 2020, apenas treze das empresas integrantes da lista Global 500 da revista *Fortune* – as maiores empresas do mundo em termos de receita – tinham CEO mulheres, e nenhuma delas era mulher não branca.[4] (Quando este livro estava no prelo, o Citigroup entrou na lista, anunciando que a antiga executiva Jane Fraser assumiria o cargo de CEO da empresa no início de 2021.) Nos Estados Unidos, as mulheres representam a maioria dos portadores de diplomas em nível de graduação, um pré-requisito para funções altamente remuneradas, desde a década de 1980.[5] Em todas as categorias étnicas e raciais monitoradas pelo governo federal, as mulheres detêm mais da metade dos diplomas universitários.[6] Os portões se abriram, e as mulheres entraram – todavia, deparando-se com um conjunto de obstáculos que não pode ser descartado.

Este livro explora o momento em que estamos, com anos de estagnação do avanço das mulheres para cargos de liderança e autoridade, e a razão pela qual o *status quo* persiste. O livro trata também das estratégias individuais e institucionais empregadas com a finalidade de superar essas barreiras, mostrando até que ponto elas têm funcionado e o que será necessário para gerar mudanças reais.

Nossa própria instituição, a Harvard Business School (HBS), cujo corpo discente começou a contar com a participação feminina em 1937, só começou a admitir estudantes do sexo feminino em seus programas de MBA em 1963. Como muitas outras escolas, a HBS via inicialmente a presença de estudantes mulheres como um desafio de integração – isto é, como proceder à agregação e à assimilação das mulheres na sala de aula e no *campus*. Por trás disso, havia a suposição de que normas e práticas existentes da instituição não precisavam ser alteradas – a abordagem conhecida como "adicionar as mulheres e misturar com os demais". Mais recentemente, a HBS passou a olhar com mais honestidade para sua história e o fato de continuarmos aquém das metas que visam oferecer iguais oportunidades e apoio a todos os estudantes, independentemente de sexo, raça ou qualquer outra categoria de identidade. No epílogo, veremos a trajetória de décadas da escola em direção à igualdade. Nós dois estamos profundamente envolvidos nos esforços de tornar a HBS um lugar em que cada membro da comunidade, incluindo os alunos, o corpo docente e o quadro funcional, possa prosperar e contribuir para nossa missão educacional compartilhada. Nós, juntamente com vários colegas, temos trabalhado para melhorar nossas grades curriculares, desenvolver a pesquisa com base na igualdade e na inclusão e usar a plataforma da escola para nos comunicarmos com líderes capazes de mudar a cultura da instituição.

Este livro é nossa tentativa de extrair o que aprendemos com este trabalho e oferecer a educadores e gestores, assim como a qualquer pessoa que queira entender melhor por que a paridade de gênero continua sendo uma ilusão, uma visão clara das estruturas e dos tipos de mentalidade que perpetuam as desigualdades, bem como um guia para desfazê-los. Somos gratos a muitos profissionais que conduziram pesquisas críticas e inovadoras sobre o papel dos sexos nas empresas e na liderança. Ao longo do livro todo, citamos o trabalho de vários pesquisadores das áreas de comportamento organizacional, psicologia, economia, sociologia e direito, incluindo vários de nossos colegas na HBS e algumas de nossas pesquisas passadas. Nosso objetivo é sintetizar os achados mais críticos e explicar o que esses resultados significam para a carreira das mulheres em ambientes de trabalho reais e sugerem sobre a efetivação de mudanças.

Além disso, conduzimos uma série de novos projetos de pesquisa, avaliando e entrevistando mulheres e homens em todo o mundo, em todos os estágios da carreira e níveis de hierarquia organizacional, de formandos em início de carreira a executivos veteranos integrantes de conselhos corporativos. Em todos esses projetos, mais de 300 pessoas foram entrevistadas. Ademais, coletamos as respostas de mais de 275 mulheres executivas entrevistadas. Ouvimos pessoas de todos os continentes, à exceção da Antártida. Essas mulheres estavam atuando em setores como vendas, marketing, operações, recursos humanos e em outras funções em todo tipo de setor. A maioria trabalhava em empresas com fins lucrativos, tanto privadas como públicas, mas uma minoria significativa estava empregada em instituições acadêmicas e sem fins lucrativos. Eram pessoas com todo tipo de perfil socioeconômico e cultural, com histórias inspiradoras e, geralmente, comoventes. Elas confirmaram grande parte do que sabemos por meio das pesquisas acadêmicas sobre a maneira e a razão pelas quais as disparidades de gênero persistem, além de expressarem de maneira detalhada e vívida a experiência em primeira pessoa, ajudando-nos a absorver e entender melhor os efeitos dos vieses e das barreiras há muito estudados pelos pesquisadores.

Nossas entrevistas vieram esclarecer também como as mulheres têm superado os obstáculos e como tanto as mulheres como os homens estão tentando derrubar as barreiras existentes. A maioria das pessoas com quem falamos pensava profundamente não apenas em suas próprias carreiras, mas também em como permitir o sucesso daqueles à sua volta. Neste livro, incluímos os perfis de mulheres e homens reais; os pioneiros que protagonizam essas histórias refletem as transformações das oportunidades das mulheres, bem como as formas como seu potencial continua bloqueado. Além disso, elas são um lembrete de que as grandes mudanças – na sociedade, nas empesas e nas grandes instituições – são sempre resultantes do trabalho coletivo de participantes individuais comprometidos. Esperamos que essas histórias também sirvam para lembrar os leitores de que eles também detêm o poder de agentes de mudança.

Este livro está organizado em duas partes. A primeira mostra como, em que pesem décadas de iniciativas corporativas, programas de políticas públicas e ativismo arraigado, as desigualdades de gênero continuam a limitar a carreira das mulheres e a manter o *status quo* da liderança dominada pelos homens. A segunda parte do livro concentra-se em como eliminar as lacunas de gênero nas empresas e contém capítulos dedicados aos homens que podem ser aliados efetivos, ao que as empresas podem fazer no nível organizacional para promover mudanças sistêmicas e ao que cada gestor deve fazer para promover a igualdade no dia a dia.

O Capítulo 1 trata das barreiras ao avanço profissional que começam no início da carreira das mulheres e dos obstáculos à liderança que mantêm até mesmo mulheres altamente produtivas à margem dos altos escalões. Conversamos com mulheres em ascensão profissional: algumas prestes a terminar a faculdade, outras concluindo um MBA e algumas ainda pós-graduadas há alguns anos. Essas mulheres já são suficientemente bem-sucedidas, produtos de ambientes elitizados e competitivos em que suas ambições foram incentivadas, e seu trabalho árduo foi recompensado. As que estão no auge da carreira geralmente acreditam que o caminho para o sucesso está claro. Mas as mulheres que estão no mercado de trabalho há apenas alguns anos – às vezes saídas da universidade há meros doze meses – já começam a observar um campo de jogo desigual.

À medida que avançam em suas carreiras, elas se veem sitiadas pelos obstáculos que caracterizam o ambiente de trabalho de hoje: o ceticismo e o estigma em relação às mães que trabalham fora, a falta de modelos do mesmo sexo (compostos de mulheres não brancas que muito provavelmente não veem líderes como elas) e os primeiros sinais do dilema que obriga as mulheres a escolher entre serem apreciadas e serem respeitadas, com implicações para suas carreiras independentemente da escolha feita. No Capítulo 2, conversamos com mulheres que atravessaram esse "corredor polonês" e galgaram altas funções executivas em empresas de todo o mundo. Tomamos conhecimento dos fatores que possibilitam seu sucesso, especificamente do descomunal impacto causado pelo pequeno número de modelos femininos à vista. Também identificamos os modos como as barreiras de gênero se desenvolvem, como uma doença resistente às drogas, e criam desvantagens para líderes mulheres. Em geral, as executivas que estudamos ainda se encontravam no dilema de ser a única mulher em seu nível ou em seu grupo imediato, o que contribuía para um novo patamar de escrutínio. Embora tivessem mais poder que em qualquer outro momento em suas carreiras, elas passavam bastante tempo administrando a maneira como os colegas homens em todos os níveis hierárquicos as percebiam – um desvio de atenção e um ônus sobre suas funções propriamente ditas. Embora tenham conseguido chegar mais longe que a maioria das mulheres em seus grupos, essas mulheres continuavam a se sentir frustradas em suas tentativas de alcançar a paridade com os homens à sua volta.

O Capítulo 3 nos leva a níveis ainda mais altos na hierarquia corporativa, onde existem ainda menos mulheres. Entramos na sala do conselho de administração da empresa. A diversidade de gênero, ou sua falta, nos conselhos de administração tem atraído cada vez mais atenção nos últimos anos, mas o interesse supera o progresso. Observamos como vários participantes – de governos a investidores e mulheres em cargos de direção – estão pressionando os conselhos e por que a governança corporativa, com sua enorme influência sobre a empresa e a sociedade, continua sendo essencialmente o domínio de homens brancos.

Reconhecemos que a população em que nos concentramos em cada um desses estágios constitui uma elite: formados por faculdades renomadas, funcionários de empresas conhecidas, executivos altamente remunerados. As mulheres com baixos níveis salariais e aquelas que atuam nos setores de serviço, comércio, trabalho doméstico e economia informal travam batalhas muito diferentes e mais fundamentais – por um salário que lhes garanta a subsistência, por proteções profissionais básicas e por condições seguras de trabalho, entre outras necessidades vitais. Os obstáculos enfrentados pelas profissionais que estudamos nunca devem constituir o foco exclusivo da temática sobre gênero e trabalho, mas o fato de até mesmo esse privilegiado grupo continuar fundamentalmente frustrado pela desigualdade de gênero é um cruel lembrete do quanto essa desigualdade continua a moldar empresas e carreiras. As barreiras de gênero não podem ser eliminadas pelas vantagens da educação e da renda; elas continuarão limitando todas as oportunidades das mulheres até que sejam desarraigadas e desmanteladas.

Na Parte 2, voltamo-nos para a ação. O Capítulo 4 trata da arma mais subutilizada na batalha contra a desigualdade de gênero: os homens. Argumenta-se que eles próprios só têm a ganhar com o combate aos estereótipos de gênero, e eles se encontram desproporcionalmente em posições capazes de moldar as políticas e a cultura – entretanto, suas vozes continuam ausentes nas conversas sobre a desigualdade de gênero. Nesse capítulo, veremos por que os homens continuam, em grande parte, na posição de meros espectadores, o potencial inexplorado dos defensores masculinos, e como os homens, em todos os níveis e não apenas naqueles em altos cargos de liderança, podem gerar mudanças significativas.

O Capítulo 5 passa dos participantes às instituições, perguntando que práticas as empresas podem implementar para abordar, evitar e atenuar as barreiras que atrapalham a carreira das mulheres. Sintetizamos nossas pesquisas e aquelas de outros autores sobre todos os aspectos da gestão de talentos, da contratação à avaliação e à retenção, oferecendo uma estrutura prática que as empresas podem começar a aplicar amanhã mesmo. Recorrendo à ciência do comportamento, aos estudos da estrutura e da cultura organizacionais e às nossas próprias entrevistas com mulheres e homens em dezenas de empresas, adaptamos os conhecimentos das pesquisas aos processos cotidianos envolvidos na gestão de pessoas.

No capítulo final, fornecemos orientações que qualquer um que gerencie pessoas pode implementar. Embora fundamentais, os sistemas e estruturas não determinam a totalidade da experiência de ninguém no trabalho. Um rigoroso processo de avaliação de desempenho que pretende ser justo não consegue superar uma cultura de equipe em que sejam sistematicamente negadas às mulheres oportunidades de atuar em projetos de missão fundamental e cujas contribuições sejam, portanto, menos expressivas. Esse capítulo aborda as práticas e os micromomentos do dia a dia que se somam com o tempo. A liderança equitativa e inclusiva requer disposição para aprender, para vivenciar o desconforto às vezes e para refletir de forma crítica sobre a maneira como vemos os outros e a nós mesmos – qualidades que residem no gestor, não na lista de tarefas que ele executa.

Dito isso, esperamos que este livro eduque, inspire e motive. Embora as lacunas de gênero no ambiente de trabalho tenham se tornado um tema em voga nos últimos anos, as razões para sua persistência geralmente são mal compreendidas ou subexaminadas. Com muita frequência, as mulheres interpretam mal os obstáculos organizacionais como inadequações pessoais. Sem a linguagem adequada para identificar vieses sutis que entravam o seu progresso, elas internalizam as falhas de suas empresas e setores como suas, diminuindo cada vez mais sua probabilidade de alcançar seu potencial de liderança. E, quando os homens não entendem como suas colegas do sexo oposto lutam com um conjunto de circunstâncias muito diferente dentro da mesma empresa, eles também podem facilmente supor que os desequilíbrios de poder e remuneração entre os gêneros refletem mérito, não barreiras estruturais.

Esperamos que os leitores saiam com melhor entendimento das desvantagens sistêmicas que as mulheres que exercem ou aspiram a exercer funções de liderança encaram e enxerguem com clareza suas equipes, seus departamentos e suas empresas. Mas este livro visa também lembrar aos leitores até onde chegamos. Barreiras sutis, porém persistentes, continuam a impedir o caminho da paridade de gênero, mas o vidro já está crivado de rachaduras.

PARTE 1

# OS OBSTÁCULOS NO ESCRITÓRIO

CAPÍTULO 1

# Tiro e queda

As mulheres em início e meio de carreira

Para uma mulher que se forma em uma faculdade hoje, a falta de mulheres nas funções seniores da empresa (bem como em outras áreas) parece uma característica histórica. Ela racionalmente acredita que, quando tiver a idade de uma das poucas dezenas de CEOs de empresa mulheres da lista da *Fortune* 500, as hierarquias empresariais devem refletir mais ou menos a proporção de mulheres em seu grupo de colegas. Ela tomou conhecimento, provavelmente ao longo de toda a sua carreira educacional, de líderes mulheres cujos grandes avanços possibilitaram a ascensão das gerações posteriores. É possível que ela tenha lido sobre alguém, como a ex-secretária de comércio dos Estados Unidos Barbara Franklin, cuja história aparece depois deste capítulo, que demonstra que as mulheres podem se garantir em posições de poder e ajudar a abrir caminho para aquelas que vêm depois delas.

Conduzimos entrevistas aprofundadas com mais de duas dezenas de graduandos seniores e verificamos que as mulheres – assim como os homens – foram criadas ouvindo a retórica do "empoderamento feminino" e se acostumaram a compartilhar a sala de aula e o campo de atuação que previa um futuro em que a presença de líderes mulheres seria algo corriqueiro. Dados os conhecidos benefícios de um grau universitário, as jovens ex-alunas que iniciam uma carreira poderão razoavelmente supor que a desigualdade de gênero terá pouco ou nenhum impacto em suas trajetórias profissionais. Embora cientes dos impactos duradouros das práticas discriminatórias e das atitudes enviesadas, elas acreditam, em grande parte, que a sub-representação feminina nas posições de liderança, nas palavras de uma graduanda, "está mudando" e que, talvez o mais importante, "pouco importa, pois vou dar uma surra em todos".

Ela não está sozinha em sua perspectiva otimista e arrojada. Uma pesquisa de opinião realizada em 2015 com mulheres na faixa de 23 a 38 anos (*millennials*) verificou que cerca da metade das mulheres que estavam no mercado de trabalho há três anos ou menos (com média de idade de 25 anos) acreditavam ser capazes de ascender ao nível mais alto em suas empresas na época.[1] Na mesma pesquisa, as mulheres citaram as "oportunidades de progresso profissional" como o aspecto mais atraente de um empregador. Em um estudo atual com portadores de MBA com os quais estamos trabalhando, as mulheres na faixa de idade mencionada classificaram as "oportunidades de crescimento profissional" como sua segunda preocupação mais importante, depois da "qualidade das relações", exatamente como os homens na mesma faixa etária avaliaram suas preocupações.[2] É surpreendente que as jovens que ingressam na força de trabalho em escritórios vejam seu sucesso profissional como algo desejável e alcançável? Aqueles com nível universitário hoje cresceram em uma era em que as mulheres totalizavam quase 50% da força de trabalho nos EUA e o "poder feminino" era um fio de ouro tecido nos produtos da cultura *pop* que giravam a seu redor a cada fase, dos livros infantis aos *slogans* estampados nas camisetas e às músicas das paradas de sucesso.[3]

Isso não significa que essas jovens ignorem a persistente desigualdade de gênero. Tendo testemunhado os debates sobre as dolorosas decepções associadas ao "having it all"*, as mulheres que ingressam na força de trabalho em escritórios estão bem cientes da prevalente sensação de que as demandas familiares interferem em suas carreiras e veem o atrito entre a vida pessoal e o trabalho como um problema social geral. "Acho que o equilíbrio entre vida pessoal e profissional significa o acesso a licença-maternidade, creche e pré-escola para todas as famílias", observou uma jovem. Um

---

\* O termo "having it all" descreve a busca das mulheres para balancear a vida pessoal e a vida profissional, principalmente quando se observam as demandas relacionadas à família e aos filhos (N.R.C.).

estudo realizado em 2015 com homens e mulheres não casados e sem filhos, com idades entre 18 e 32 anos, constatou que as mulheres tinham ciência do efeito que esse tipo de benefício teria em seu futuro. Elas tendiam mais a expressar preferência por uma relação igualitária, na qual as mulheres e o futuro cônjuge compartilhassem igualmente as responsabilidades de subsistência e de assistência aos filhos, se lhes dissessem que teriam acesso a licença familiar remunerada, subsídios para cuidar dos filhos e opções de flexibilidade no trabalho.[4] E não é que as mulheres jovens – ou os homens, por assim dizer – sejam desinformadas sobre a discriminação de gênero estrutural no ambiente de trabalho. Aliás, dificilmente eles não teriam ciência disso: uma busca no banco de dados da ABI/ProQuest por artigos de jornais e revistas sobre as lacunas, vieses e discriminação de gênero no mercado de trabalho publicados entre 2000 e 2016 fornece mais de 5 mil resultados, mesmo antes da massiva cobertura midiática deflagrada pelo movimento #MeToo.

Para nossa pesquisa sobre as experiências profissionais iniciais das mulheres, entrevistamos mais de duas dezenas de estudantes em nível de graduação alguns meses antes de sua formatura, e depois, um ano mais tarde. Acompanhamos também um subgrupo desses graduandos 5 anos depois, quando eles já haviam se firmado mais em suas carreiras. Quando lhes foi perguntado, como graduandos do último ano, sobre suas expectativas de como ou se o gênero poderia ter algum papel em suas carreiras, tanto homens como mulheres imediatamente reconheceram a existência de desigualdades. Os graduandos do sexo masculino reconheciam sua posição privilegiada ao vislumbrar seu primeiro emprego depois de formados: "Eu sei que existe muito sexismo no ambiente de trabalho, e eu prevejo em muitos contextos ser tratado como uma pessoa mais responsável pelo simples fato de ser homem, um homem branco", um deles disse. Uma de suas colegas, cursando a faculdade de direito, ressaltou que "um campo como o direito ainda é dominado principalmente pelos homens. Não conheço as estatísticas sobre isso – posso estar errada. Mas eu sei que sobretudo as pessoas mais velhas em todas essas diferentes empresas tendem mais a ser homens e que não há muitas mulheres nesse nível desde duas décadas atrás". Uma de suas colegas, que havia sido contratada para compor o quadro de funcionários de uma empresa de consultoria em saúde após a formatura, fez uma avaliação bem parecida: "Eu sei que na minha empresa existem, sem dúvida, mulheres, mas não há muitas mulheres como sócias. Mas isso talvez seja resultado apenas de como as coisas eram na época".

A noção de que "vou dar uma surra em todos" venha superar qualquer possível discriminação justifica o empoderamento que as mulheres jovens são incentivadas a sentir diante da persistente desigualdade. Outra estudante formada afirmou: "A maneira como me comporto demonstra que eu levo a sério o que faço, e assim que você tem a oportunidade de me conhecer e a questão do gênero deixa de ter importância". Depois de internalizar anos de mensagens sobre o reforço da autoconfiança em relação a seu potencial, as mulheres podem até especular que, nas gerações anteriores, faltava não apenas oportunidade, mas iniciativa. "Quando você vê essas empresas [de consultoria], se você olhar para os altos escalões – como os sócios –, o número de mulheres é muito, muito pequeno. Pela minha perspectiva, eu sinto como se houvesse uma autosseleção, de certa forma", ponderou uma. Do ponto de vista dela, o gênero não tem grande importância em um grupo com equilíbrio entre homens e mulheres: "Pelo menor, quando eu entrar [em uma empresa] com a minha turma, haverá muitas mulheres. Eu realmente não prevejo qualquer tipo de problema".

Mas essa narrativa de progresso é desmentida não apenas pelas pesquisas sobre as barreiras de gênero ao avanço profissional, mas também pelo que essas mesmas mulheres vivenciaram enquanto suas carreiras se consolidavam. Veja nossa entrevistada Carla,[5] uma profissional de nível sênior que ganhou uma bolsa de estudos de uma empresa internacional de marketing. Ela contou que "voou para Londres para uma entrevista, [e] eles enviavam executivos do mundo inteiro para Londres, e todos do outro lado da mesa eram homens, o que era meio esquisito". Mas, ponderava enquanto aguardava a bolsa, "era interessante também, uma vez que, de todos os candidatos, havia apenas 8 rapazes e 22 moças. Portanto, é questão também de pensar nas mudanças lá, e em como, em 20 anos, o outro lado estará um pouquinho diferente". O pensamento de Carla de que do lado de lá da mesa haverá mais mulheres sentadas subentende, naturalmente, sua oportunidade de ascender a essa posição nas próximas duas décadas. No entanto, um ano depois, sua fé foi colocada à prova: "Quando conheci um dos CEOs da empresa junto com todos os bolsistas em Nova York, onde eu havia terminado a bolsa, ele por acaso se lembrava dos nomes de todos os rapazes, mas não do de nenhuma das moças... A pessoa mais graduada na sala era uma mulher, e a bolsista de nível mais alto é uma mulher, e ele não se lembrava de seu nome, mas se recordava do nome de um dos calouros da minha turma".

O fato de as mulheres do grupo de bolsistas de Carla parecerem estar quase invisíveis para um alto dirigente da empresa não é um caso isolado. Muitas pesquisas confirmam que as mulheres são vistas por superiores, colegas e subordinados de modos que diminuem seu *status*. As mulheres são elogiadas nas avaliações de desempenho, geralmente por características estereotipicamente femininas, como a disposição para ajudar, por exemplo, mas recebem avaliações numéricas de desempenho mais baixas e menos atribuições complementares ao desenvolvimento profissional que seus colegas do sexo oposto.[6] As contribuições das mulheres para o sucesso de suas equipes são subvalorizadas e não reconhecidas; a menos que suas realizações sejam explicitamente ressaltadas aos observadores, as mulheres são vistas como menos competentes e detentoras de capacidades de liderança inferiores em comparação com seus colegas homens.[7] E a experiência das mulheres repercute quando elas não se mostram prestativas, embora os tipos de tarefas que elas são criticadas por evitar, como planejar eventos e fazer anotações nas reuniões, não são altamente valorizadas por seus empregadores nem associadas ao avanço profissional e às recompensas afins.[8]

A incongruência entre as ambições de Carla e a visão do CEO em relação à adequabilidade das mulheres para a liderança demonstra o que se tornará uma lacuna ainda maior entre aspirações e realizações de jovens mulheres que abraçarem carreiras executivas. O surgimento dessa lacuna será a recapitulação de um padrão que perdura desde que muitas mulheres começaram a desempenhar funções profissionais. Nossa pesquisa sobre os *baby boomers* e os ex-alunos da Harvard Business School (HBS) da geração X que embarcaram em suas carreiras pós-MBA nas décadas de 1980 e 1990 serve de exemplo: homens e mulheres obtinham praticamente os mesmos valores em avaliações como "o trabalho é significativo e satisfatório", "realizações profissionais" e "oportunidade de crescimento e desenvolvimento na carreira profissional" como altamente importantes. Ou seja, tanto os homens como as mulheres com o mesmo *"pedigree"* de elite aspiravam a seguir carreiras caracterizadas pelos avanços e pelas realizações – um discernimento dificilmente surpreendente. Mas essas mulheres viam seus resultados profissionais ficarem aquém: elas tinham menor probabilidade de ocupar altos cargos de gestão ou mesmo de desempenhar funções de supervisão que homens da mesma idade. E não está absolutamente claro que essas mulheres tenham simplesmente se inserido nessas posições de menor poder: as mulheres expressaram menos satisfação com múltiplas dimensões de suas carreiras em comparação com os homens de seus grupos.[9]

## Horizontes limitados: o ingresso na carreira

Seis anos depois que a aspirante a advogada se graduou, hoje já registrada na Ordem dos Advogados e trabalhando em uma grande empresa, falta-lhe confiança:

> Levou um tempo para eu assimilar, especialmente em meu primeiro ano aqui, a quantidade de vezes em que eu era a pessoa de escalão mais baixo na sala e a única mulher... Há muitas mulheres nesse escritório de advocacia, mas ainda é muito comum a situação em que você pode estar em uma videoconferência com 12 pessoas, em pé diante de 10 pessoas em uma sala, você olha à sua volta e alguém precisa ir buscar água – adivinhe só: essa pessoa é você... O fato de continuar acontecendo, de não ter sido apenas uma ocorrência isolada, começa a aborrecer... especialmente na quadragésima vez em que um homem fala com total falta de respeito por você ou pelo seu tempo ou pelo seu esforço. Aquilo vai se acumulando e chega a determinado ponto em que você percebe que não se trata de mera coincidência. E se eu estivesse planejando um almoço com cinco pessoas e duas delas cancelassem no último minuto – eu comecei a perceber que quase sempre eram as mulheres não brancas que recebiam tarefas de última hora, e que geralmente não eram atribuições relevantes... e é triste, depois de um tempo, ver que isso existe e como acontece.

Ela não é a única a perceber a diferença que alguns anos podem fazer. Depois de 5 anos atuando no setor financeiro, outra jovem constatou que a falta de liderança feminina em sua empresa não era uma infeliz relíquia de normas passadas: "Sem dúvida, eu me sentia isolada e diferente de meus colegas. E existe uma absoluta falta de modelos... existem menos mulheres de modo geral, e então, à medida que você galga posições mais altas, esse número é cada vez menor. Sem dúvida eu me sentia minoria e sentia que havia menos modelos que eu pudesse seguir". De acordo com o estudo com mulheres na faixa de 25 anos citado anteriormente, quando elas estão com seus trinta e poucos anos, a proporção que se vê com chances de alcançar altas posições de liderança cai 10 pontos, ou seja, para 39%.[10] Essas expectativas reduzidas provavelmente estão enraizadas na experiência; uma pesquisa anual sobre "As mulheres no mercado de trabalho" conduzida pela McKinsey e pela Lean In constatou que as mulheres nos níveis iniciais de carreira têm 18% menos chance de serem promovidas que seus colegas do sexo oposto.[11] Uma série de estudos chegou a conclusões semelhantes. Como as pesquisadoras Alice Eagly e Linda Carli observam ao revisar a literatura sobre liderança, "Os homens geralmente levam vantagem nas promoções mesmo quando características como a experiência na função são avaliadas".[12] Pouquíssimas mulheres conseguem superar totalmente essa desvantagem. Como bem se sabe, apenas 5% das empresas integrantes da lista S&P 500* têm mulheres no cargo de CEO.[13] Em um sentido mais amplo, o Fórum Econômico Mundial observa que a presença feminina global em cargos gerenciais e em outras posições elevadas, tanto no setor público como no privado, "não demonstra tendência a uma representação igualitária".[14]

Uma mulher com MBA (turma de 2013) descreveu: "Desde a graduação, pelo menos na minha empresa [de consultoria], a proporção entre homens e mulheres era de 50/50. Você se sente simplesmente como um ser humano, e não como um ser humano mulher, e ninguém jamais me tratou diferente. Eu obtinha classificações altas. E sempre me senti uma profissional de alto desempenho". Mas esse equilíbrio tende a durar pouco. Promovida a uma função gerencial ao concluir o MBA, essa mesma consultora observou que "cada vez mais, eu sou a única voz feminina na sala". Uma profissional com MBA que trabalhava em outra empresa descreveu a mesma trajetória:

> Se você estiver fazendo um bom trabalho e resolvendo efetivamente os problemas em nível júnior... acho que homens e mulheres são tratados de formas muito, mas muito igualitárias. É claro que existe um viés inconsciente, mas, em geral, eu acho que, nesse nível, eu não me sentia em desvantagem ou diferente. Eu diria que, como gerente, é muito diferente hoje... Eu ainda te-

---

\* Índice composto dos 500 ativos cotados nas bolsas de NYSE ou NASDAQ (N.E.).

nho a atitude de que, se baixar a cabeça e trabalhar com afinco, vou crescer, e ainda acredito que isso é uma grande verdade. Eu ainda acredito ser um lugar [a minha empresa] muito meritocrático. Mas eu vejo meus colegas homens sendo espertos para conquistarem reconhecimento e construírem relacionamentos – e serem vistos como dignos de muito crédito – que eu jamais veria uma mulher fazer... A maioria dos sócios é homem, e eles se comportam de determinada forma para conseguirem determinados resultados a seu favor.

A sensação emergente dessa consultora de que seus colegas homens têm melhor acesso às principais redes internas e aos colegas é respaldada pelas pesquisas realizadas em uma série de setores remunerados, das áreas de capital de risco[15] a banco de investimentos[16] e direito.[17] Em setores como esses, nos quais reina o modelo da aprendizagem, esses relacionamentos são fundamentais para o progresso profissional. Como a consultora explicou, a mentoria e o patrocínio dos colegas seniores são distribuídos de forma irregular em sua empresa:

Um ponto importante a ser considerado é que, se eu for desenvolver um portfólio para chegar a sócia, quem vai me ajudar? E é aí que está a minha dificuldade... Eu estava conversando recentemente com um grupo de mulheres de meu nível que se sentem todas mais ou menos assim: "Eu quero ser sócia, gosto de meu trabalho, mas não sei quem vai me ajudar a chegar lá". E então recuamos e perguntamos: "Por que sentimos que realmente não podemos contar com alguém, que nós não formamos uma comunidade de pessoas capazes de nos ajudar a criar essa plataforma, embora muitos de nossos colegas homens tenham esse suporte?".

Não deveria surpreender, portanto, que a representação das mulheres comece a cair nos escalões mais altos. Embora 48% dos trabalhadores em nível inicial de carreira sejam mulheres, essa proporção cai para 30% no nível de vice-presidência e para 25% em níveis mais altos, de acordo com um estudo realizado em 2017.[18] Essa sub-representação alimenta um círculo vicioso: à medida que as mulheres avançam para funções gerenciais e observam que seu grupo não é tão equilibrado entre homens e mulheres quanto já foi, elas podem começar a se perguntar quanto tempo continuarão nesse gargalo. Mesmo que não tenham vivenciado oposição ou discriminação explícita, elas percebem que as trajetórias de homens e mulheres estão começando a se desdobrar de formas diferentes. A sensação das mulheres de que não estão seguindo um caminho sólido para a liderança é reforçada também quando elas se veem apartadas das oportunidades de desenvolvimento ou sem acesso a elas. Por exemplo, nas empresas multinacionais, os postos globais constituem um estágio-chave no caminho para os altos escalões, mas 18% das mulheres na faixa de 18 a 32 anos não acreditam ter oportunidades iguais de assumir funções internacionais, e tendem menos que seus colegas do sexo oposto a acreditar que seus empregadores lhes permitem igual acesso a essas funções.[19]

De modo geral, as mulheres com menos de 30 anos, em comparação com seus colegas homens, têm menos certeza de que podem chegar à cúpula de suas empresas.[20] E elas têm razão. Mesmo entre ex-alunos da HBS, persiste uma disparidade de gênero nos resultados relativos à carreira profissional. Entre aqueles no meio ou fim de carreira, existe menor probabilidade de que as mulheres tenham subordinados diretos ou responsabilidades relacionadas ao controle de lucros e perdas ou de estarem nos escalões mais altos de liderança, seja como membros da alta gerência, seja como diretoras integrantes do conselho de administração.[21] À medida que as mulheres vencem os primeiros anos de suas vidas profissionais (quando pode, na verdade, parecer que a questão de gênero não importa), o grupo de mulheres diminui a cada nível que elas ascendem na hierarquia organizacional.

Embora o número cada vez menor de mulheres em posições de maior responsabilidade e poder esteja claro, há muito menos consenso em relação à razão e à maneira como as lacunas se alastram e o que deve ser feito para contê-las. Uma crença amplamente alimentada afirma que o verdadeiro fator determinante das lacunas de gênero é que as aspirações das mulheres tendem a cair com o tempo, ampliando a distância entre suas metas e as funções de liderança. Essa noção subentende que a sub-representação das mulheres nas funções de liderança é, portanto, inevitável ou, pelo menos, tem menos relação com as barreiras organizacionais que com as decisões individuais. Mesmo entre as mulheres que galgam altos postos, essa sabedoria convencional domina. Em nosso estudo com ex-alunos, 85% das mulheres formadas pela HBS identificaram a "priorização da família sobre a profissão" como a principal barreira para o avanço profissional feminino, e as mulheres demonstraram igual tendência a apresentar essa explicação em relação aos homens.[22]

A prevalência dessa crença talvez não seja de surpreender, visto que o conflito entre vida profissional e vida familiar dominava as matérias sobre gênero e trabalho na mídia entre 2001 e 2009[23] e continua a figurar proeminentemente nas discussões sobre a carreira das mulheres, inclusive na enxurrada de matérias deflagrada pelo artigo de Anne-Marie Slaughter, "Why women still can't have it all" (Por que as mulheres ainda não podem ter tudo, em tradução livre), publicado na revista *Atlantic* em 2012 (e em seu livro *Unfinished business: women, men, work, family*, publicado posteriormente em 2015). Mas o poder explanatório dessa narrativa é limitado. Nosso estudo com ex-alunos da HBS constatou que a lacuna de gênero na alta gerência não era explicada pela maior tendência das mulheres a "eventualidades" na profissão – como tirar licenças, declinar uma promoção ou escolher um emprego com mais flexibilidade – para atender às suas responsabilidades familiares. Mesmo levando em consideração qualquer combinação de necessidades familiares e fatores como idade, número de filhos, setor de atividade e porte da empresa, a lacuna de gênero entre homens e mulheres nos altos níveis hierárquicos persiste.[24] E não está totalmente claro se as demandas familiares são o fator determinante da saída das mulheres do emprego: apenas 2% das mulheres que pretendiam deixar a empresa na época o estavam fazendo para se concentrar nas responsabilidades familiares, de acordo com uma pesquisa com mais de 70 mil trabalhadores.[25]

### Quando as empresas enfraquecem a trajetória das mulheres

Apesar da frágil evidência, essa narrativa de entrave da carreira profissional das mulheres por sua falta de interesse determina a maneira como as empresas explicam a parcela irrisória de mulheres em seus postos de liderança e, por sua vez, seus esforços no sentido de corrigir esse desequilíbrio. Consequentemente, as empresas podem não dar atenção – ou mesmo enxergar – o que está realmente determinando suas disparidades de gênero. Um desses sinais de alerta vem de uma grande empresa de consultoria que contratou uma equipe de pesquisadores externos para estudar a falta de mulheres nos níveis seniores e recomendou mudanças que permitissem a ascensão de um maior número de mulheres. O que a equipe constatou não foi o que a empresa esperava. Embora a empresa supusesse que mais mulheres estavam deixando o emprego basicamente por não conseguirem acompanhar as demandas da função, na verdade, homens e mulheres estavam deixando a empresa mais ou menos em igual proporção. Além disso, a cultura da empresa de trabalhar 24 horas – determinada, em grande parte, por uma norma de demonstrar um hiper-rendimento aos clientes como forma de superar os colegas de trabalho – era vista por homens e mulheres como exaustiva e desestimulante. As extensas entrevistas deixaram claro que essa cultura estava fazendo todos os funcionários, não apenas as mulheres, acharem que seu emprego os estava impedindo de estar totalmente presentes nos demais aspectos de suas vidas, inclusive como pais. Entretanto, embora tendo encomendado os dados, os dirigentes da empresa os rejeitaram e descartaram. Em vez que resolver a questão da sobrecarga de trabalho que estava deixando os funcionários insatisfeitos e desconfortáveis, independentemente do gênero, eles insistiram na crença de que as mulheres eram simplesmente menos aptas aos desafios dos altos cargos.

A solução, aos olhos dos dirigentes da empresa, era continuar incentivando as mulheres (mas não os homens, que também estavam tendo dificuldade com o excesso de trabalho) a aproveitar as políticas destinadas a atender às necessidades familiares, como horário flexível e jornadas reduzidas. Mas o uso desses benefícios excluía as mulheres da trilha da liderança e reforçava a noção de que elas não eram capazes de satisfazer as demandas dos altos cargos, perpetuando, em última análise, exatamente o problema que a empresa esperava solucionar.[26] Quando as empresas encurralam as mulheres em funções de nível inferior e menos recompensadoras com o bem-intencionado desejo de "apoio" às suas carreiras, elas entrincheiram ainda mais a expectativa de que a função básica das mulheres é fora do escritório. Ao mesmo tempo, a desigualdade de gênero em casa reforça uma norma cultural que associa os homens ao trabalho remunerado e as mulheres ao papel de cuidadoras. As mulheres em relacionamento heteroafetivo em que o casal trabalha fora fazem a maior parte do trabalho de donas de casa e cuidadoras; mesmo entre casais ricos que terceirizam grande parte das tarefas, as mulheres assumem a fatia maior da gestão e da coordenação desse tipo de trabalho.[27]

Entre as ex-alunas da HBS – um segmento com alto nível de escolaridade e desempenho de trabalhadoras –, a proporção de mulheres na faixa de 18 a 32 anos que pretendiam interromper suas carreiras para cuidar dos filhos é mais de duas vezes maior (37%) que a de mulheres *baby boomers*\* (17%) que pretendiam fazer o mesmo quando iniciaram suas carreiras. As ex-alunas da geração X também demonstraram menos tendência (28%) que as mulheres na faixa de 18 a 32 anos (*millennials*) que previam interrupções em suas carreiras para cuidar dos filhos. As baixas expectativas das mulheres mais jovens por igualdade na função de cuidadoras são um sinal de que o progresso rumo à igualdade de gênero está empacado em casa, e não apenas no trabalho, de maneiras que reforçam a desvantagem das mulheres em ambos os domínios. Na verdade, a perspectiva das mulheres entre 18 e 32 anos reflete a realidade vivenciada por gerações anteriores de mulheres; proporções significativamente maiores de ex-alunas da geração X e *baby boomers* afirmaram ter um casamento tradicional em que elas cuidavam mais dos filhos e relegavam suas profissões a um segundo plano do que esperavam quando se formaram.[28] Mais recentemente, a pandemia do coronavírus revelou até que ponto ainda se espera que as mães escolham entre a carreira profissional e a família. Em meio ao repentino fechamento de escolas e creches, bem como aos riscos associados ao fato de ter uma babá ou um parente para cuidar das crianças, as mulheres com filhos pequenos reduziram suas horas de trabalho de 4 a 5 vezes mais que os pais.[29] Embora os efeitos da pandemia em longo prazo sobre o emprego das mulheres ainda não estejam evidentes, parece provável que, para muitas famílias, a maior demanda pelo cuidado dos filhos venha inspirar a adoção de funções bifurcadas entre os gêneros que entravam a carreira das mulheres.

Apesar dos claros indícios de que as pressões externas estimulam as mulheres a reprimir suas ambições, a crença de que as mulheres não querem buscar a liderança persiste. Mesmo com recém-formados de nosso estudo professando forte interesse na igualdade de gênero no mercado de trabalho, eles quase sempre atribuíram a falta de colaboradoras em suas empresas ou em suas equipes à baixa ambição profissional das mulheres. Nas palavras de um ex-aluno que trabalha na Europa em uma empresa com sede nos Estados Unidos, "É difícil encontrar mulheres qualificadas e dispostas a trabalhar as horas extremamente longas da área de consultoria. Fica difícil escolher entre a profissão e a família, visto que o trabalho atrapalha

---

\* Mulheres nascidas entre 1945 e 1964 em países desenvolvidos como EUA, Inglaterra e França (N.E.).

um tempo importante com a família, e muitas mulheres têm dificuldade para fazer essa escolha". A consequência natural está implícita: Os homens não acham tão difícil fazer a mesma escolha. Todavia, como a empresa de consultoria citada anteriormente constatou (mas não acreditou), os homens também sofrem quando se espera que eles sacrifiquem seu tempo com suas famílias. Mas, em resposta, eles tendem a lançar mão de estratégias de superação diferentes, como reduzir, calados, suas horas de trabalho ou limitando sua disponibilidade sem pedir concessões formais, passando, assim, despercebidos e evitando ser tachados de não comprometidos.[30] Enquanto isso, as mulheres são bombardeadas com mensagens sobre a impossibilidade de administrar sua profissão e família. Uma mulher executiva dificilmente consegue passar por uma entrevista sem que lhe seja perguntado, às vezes, no fundo, com certa incredulidade, como ela consegue conciliar as duas coisas. E as mulheres que não seguem um caminho tradicional podem, às vezes, vivenciar mais que um simples ceticismo quanto à sua capacidade de conciliar vida profissional e vida pessoal: uma série de estudos constatou que os homens casados com mulheres que não trabalham veem suas colegas do sexo oposto de forma negativa e tendem mais a negar oportunidades de promoção às mulheres.[31]

Essas mensagens criam alguma dissonância para as mulheres jovens especificamente, que são associadas a exortações sobre o poder e o potencial das mulheres. (As mulheres podem fazer qualquer coisa, exceto ser mães e líderes ao mesmo tempo.) Uma aluna no último ano da faculdade afirmou que ela não esperava receber tratamento diferente dos homens em um ambiente de trabalho futuro, observando imediatamente também que, "em qualquer campo de atuação, essa questão de mulheres e filhos será sempre um problema". Não ficou claro se ela acha que a questão de "mulheres e filhos" trará dificuldades para *ela*, mas entende que o conflito entre trabalho e família esteja relacionado ao gênero e seja um "problema" enfrentado pelas mulheres no mercado trabalho.

De acordo com um estudo com trabalhadores entre 18 e 32 anos, as responsabilidades familiares geralmente são vistas como problemáticas por funcionários jovens: 44% das mulheres e 49% dos homens acreditam que, em suas empresas, o fato de se aproveitar os programas de flexibilidade de horário e equilíbrio entre a vida profissional e a vida pessoal tem consequências negativas.[32] Esses jovens profissionais não estão errados, de acordo com os pesquisadores que estudam a questão. O uso desses programas e dessas políticas está associado a um baixo crescimento salarial e a oportunidades de promoção reduzidas.³³ Os pesquisadores até inventaram um termo para isso: o estigma da flexibilidade. Esses benefícios são obstáculos colocados no caminho das mulheres por seus empregadores, não por seus filhos. Como a socióloga Panela Stone constatou em um estudo de referência com mulheres com alto grau de escolaridade que deixaram o mercado de trabalho, é menos provável que essas trabalhadoras tenham "saído" pela redução ou pela ausência de ambição profissional do que tenham sido colocadas para fora pela escassez de oportunidades, inexistência de mentores e patrocinadores e uma cultura organizacional que atribui baixo *status* às mães, mesmo que anteriormente elas tenham demonstrado alto desempenho.³⁴ Essas mudanças podem pegar as mulheres de surpresa, especialmente se elas estiverem em uma trajetória ascendente. Alguma surpresa que advogados, banqueiros, profissionais da área de tecnologia e consultores talentosos acreditem que serão capazes de manter suas profissões depois que se tornarem pais por meio de muito trabalho e planejamento estratégico, qualidades essas que lhes possibilitaram o sucesso até agora? O que eles talvez não prevejam são as maneiras pelas quais esse contexto se transformará em um contexto que desvaloriza o seu trabalho e está repleto de obstáculos não previstos a seu crescimento profissional.

Imagine que você seja, digamos, uma gerente de nível médio em uma grande empresa de serviços profissionais. Você começou na empresa depois da faculdade e retornou depois de obter seu MBA, quatro anos atrás. Você tem por objetivo tornar-se sócia da empresa. Com avaliações de desempenho altíssimas, você está cultivando o relacionamento com alguns executivos-chave e deixa claro para seu chefe que está ansiosa pelas atribuições complementares que a ajudarão a desenvolver e demonstrar seu potencial. Você e seu cônjuge decidem constituir família e, quando seu filho nascer, aproveitar a licença-maternidade padrão concedida pela sua empresa. Ao retornar ao trabalho, você marca uma reunião com seu chefe. Você quer propor concentrar-se nos clientes locais no próximo ano e ter a flexibilidade de sair do escritório por volta das dezesseis horas para ir buscar seu filho na creche, quando a norma em seu departamento é trabalhar no escritório ou no local do cliente até, pelo menos, as dezenove horas. Você explica que retornará ao expediente *on-line* após a rotina da noite e que não irá trabalhar menos, mas apenas trabalhará mais horas em casa. Você lembra que, quando iniciou na empresa, essas possibilidades foram aventadas, juntamente com a licença-maternidade que você acabou de tirar, como componentes-chave do pacote de benefícios da empresa. Você recorda inclusive que um dos sócios que falou no fórum das funcionárias os ressaltou como um ponto central do compromisso da empresa em reter e promover mulheres. Apenas para se certificar de que está de posse das informações corretas, você dá uma olhada na intranet do setor de recursos humanos para confirmar que seus planos propostos são apresentados explicitamente como opções.

Na reunião, você lembra seu chefe também sobre vários marcos que vocês dois discutiram como fundamentais para seu plano de carreira. E você destaca que é excepcionalmente qualificada para liderar um projeto com um cliente importante que, por acaso, está localizado em sua cidade. Embora você esteja na empresa há quase oito anos e saiba que seu supervisor tem tido boa impressão de seu trabalho, a conversa não transcorreu como você esperava. Seu gerente concordou com suas solicitações, mas abreviou a reunião. Nos meses subsequentes, você percebe que seu chefe não parece tão satisfeito com seu trabalho, o que é confuso, dado que seu rendimento nos projetos locais é igual ou superior a seu desempenho passado. Você fica decepcionada quando seu gerente incumbe um colega mais jovem de uma tarefa arrojada que está exatamente dentro de sua área de interesse, mas, quando você pede para participar do projeto, seu chefe simplesmente diz que seu colega tem "mais o perfil", embora ele esteja menos familiarizado com o setor. Com o passar do tempo, você percebe que continua a ser preterida para exatamente os mesmos tipos de projeto que a levariam à posição de sócia. E percebe também que seus colegas seniores, que antes a procuravam por seus conhecimentos técnicos ou pedidos especiais, deixaram de fazê-lo.

Você não sabe que sua solicitação para modificar seu esquema de trabalho deflagrou o estigma da flexibilidade presente em seu local de trabalho. Os pesquisadores descrevem os efeitos desse estigma como "reputacionais e concretos":

> Quando as restrições de cuidadora dos filhos se tornam evidente no trabalho, a qualidade das atribuições profissionais sofre as consequências. Isso, por si só, pode condenar uma carreira, uma vez que o desenvolvimento profissional é altamente dependente de treinamento prático altamente especializado. Entretanto, as consequências negativas para a carreira são exacerbadas: entre

outras penalidades estão a dificuldade em encontrar mentores e patrocinadores, o que, mais uma vez, é vital para o progresso profissional em funções elitizadas.[35]

Vivenciados os efeitos reputacionais e concretos, você se sente cada vez mais desconectada de seu trabalho, que já foi uma fonte de profundo significado e satisfação. Frustrada, você decide se candidatar a uma função semelhante em uma empresa concorrente, sabendo que eles têm mais sócias mulheres que sua empresa atual. Você se sente incentivada quando a gerente de contratações faz contato para uma entrevista. Embora sentindo que se saiu bem na entrevista, você não recebe nenhum retorno. Embora pense consigo mesma que eles simplesmente devem ter preferido alguém com outro tipo de experiência, você não pode evitar de se perguntar se o fato de você ser mãe de uma criança pequena influiu. Embora a gerente não tenha perguntado sobre sua família, você sabe que várias ex-colegas e amigas trabalham próximo a ela. Ao ouvir que um velho amigo da faculdade foi contratado – um jovem pai de duas crianças cuja esposa não trabalha fora –, você não pode deixar de se perguntar se ele era visto como uma opção mais segura que você. Sua incômoda sensação de que o campo de contratação não estava bem nivelado tem nome, novamente fundamentado na ciência social: a penalidade da maternidade. Mulheres com filhos têm menor probabilidade de serem contratadas que homens – com ou sem filhos – ou mulheres sem filhos. E nós sabemos por quê: as mães são vistas como menos comprometidas e menos competentes que quaisquer desses outros grupos.[36] A penalidade é específica do gênero. O "bônus do papai", em contrapartida, significa que homens com filhos, especialmente profissionais brancos, com nível universitário e uma divisão de tarefas tradicional por gênero em casa, são mais bem remunerados que homens sem filhos, de acordo com o controle de horas trabalhadas.[37]

Nesse ponto, diante do entrave do crescimento profissional, você pode muito bem decidir sair do mercado de trabalho se isso for financeiramente viável, mas, dentro desse contexto, a decisão parece menos um desejo de sair que um reflexo de que não compensa tanto ficar. Alguma surpresa que as mulheres ambiciosas, aquelas donas de um *"pedigree"* de elite e de um histórico profissional impressionante, interrompam ou abandonem suas carreiras? A profunda sensação de satisfação que elas extraem do trabalho se esmaece quando as oportunidades de aprender, crescer e liderar são impossibilitadas. A portadora de um MBA que sonha alto e abandona a força de trabalho remunerada é simplesmente um exemplo extremo da constante frustração das mulheres em empresas que as impedem de realizar seu pleno potencial.

## Como ser bem-sucedido nos negócios (e por que isso é ainda mais difícil para as mulheres)

Ao serem admitidas em renomadas faculdades de direito, medicina e negócios em meados do século XX, um crescente número de mulheres buscava um grau universitário para atenuar sua desvantagem estrutural na busca por emprego e promoções. O diário de uma mulher que recebeu um título de MBA na década de 1980 descreve sua decisão de se matricular em uma escola de negócios: "Era tão comum, ao que parecia, as mulheres carecerem da autoridade para assumir o controle de uma situação e serem ouvidas. Quando eu pensava na minha empresa e no trabalho que eu faria ajudando as pessoas a comercializar e financiar suas ideias, eu me imaginava sentada diante de um banqueiro tentando convencê-lo a conceder um empréstimo ao meu cliente. Quando essa imagem me vinha à mente, eu pensava também em um MBA. Ele estava lá, como um sócio, ajudando a consolidar minha credibilidade".[38] Um MBA ou outro grau universitário continua sendo um sinal para os empregadores, não apenas da qualidade do treinamento de um possível funcionário, mas também de sua ambição e orientação profissional. Um número cada vez maior de mulheres tem seguido o caminho desses primeiros graduandos. Hoje, 45% dos candidatos às faculdades de negócios são mulheres.[39]

Um MBA, especialmente de uma faculdade de renome, deve – em tese – ajudar a atenuar os efeitos da distribuição desigual de oportunidades e contrabalançar os estereótipos de gênero que tornam as mulheres menos dignas de crédito em determinados contextos. Os professores de administração, sem dúvida, estão cientes de que parte da proposta de valor que eles oferecem às mulheres representa uma probabilidade cada vez maior de ascensão aos postos em que aqueles que compartilham seu gênero são minoria. A Forté Foundation, uma instituição sem fins lucrativos que promove a formação em administração para mulheres, afirma em seu *site* (em uma seção intitulada "The value of an MBA for women") que "as mulheres com um MBA são mais confiantes e estão mais satisfeitas em suas profissões, além de ganharem mais que suas colegas sem MBA". E prossegue: "Um MBA é parada obrigatória no Caminho para a Sala do Conselho". O *site* observa também três líderes mulheres de alto perfil – a ex-CEO da Pepsi-Co, Indra Nooyi, a COO (*chief operating officer* – diretora de operações) do Facebook, Sheryl Sandberg, e a ex-CEO da DuPont, Ellen Kullman – que possuem um MBA.[40] A formação em administração, esse discurso sugere, dará às mulheres ambiciosas respaldo para que elas sejam bem-sucedidas naquele que continua sendo um mundo masculino.

Entretanto, ao entrar em uma sala de MBA, as mulheres têm absoluta consciência de que elas continuam sub-representadas. As mulheres são minoria no corpo docente, e os protagonistas dos estudos de caso – amplamente utilizados como material didático em todo o mundo – geralmente são homens (especificamente, homens brancos e heterossexuais). Nas palavras de um graduado em 2015 com MBA, a falta de mulheres nos casos "era uma vergonha, dado que 40% de meus colegas eram mulheres... Eu não acho que meu gênero tenha qualquer tipo de [impacto] negativo em minha experiência, mas eu sinto que a experiência acadêmica certamente tendia mais para os homens". As pesquisas têm demonstrado que a representação de mulheres nos espaços educacionais afeta o desempenho das estudantes e a maneira como elas veem suas opções futuras.[41] Quando analisamos a grade curricular da própria HBS, verificamos que três quartos dos casos ensinados no primeiro ano (quando todos os alunos cursam as mesmas matérias) apresentavam líderes homens. Dados esses números, não é de surpreender que as alunas de MBA se sintam deslocadas às vezes. Quando lhe perguntaram até que ponto o gênero, bem como outras identidades sociais, como a raça, era abordado no programa do curso, uma graduanda de 2013 disse: "Simplesmente não era abordado, pelo menos que eu tenha notado. Não tocavam absolutamente no assunto, e eu acho que o programa era muito mal integrado". E não apenas estudantes mulheres notaram a ausência de discussão em torno de questões como a diversidade de gênero. Um graduando de 2015 observou: "Na verdade, eu não me lembro de esses temas ocuparem mais de cinco minutos da conversa. Seria bom se fossem inteiramente integrados, não apenas tratados como 'Hoje estamos vendo a questão do gênero, amanhã vocês podem esquecê-la'".

O material do curso não é o único sinal que as estudantes de administração recebem. Outra graduanda de 2015 observou que a dinâmica de gênero na sala de aula pode minar a sensação de acolhimento das mulheres: "Acho que é mais difícil as mulheres se manifestarem na sala de aula, e acho que isso é algo subconsciente, pela maneira como as mulheres são julgadas com mais rigor, em comparação com seus pares... Acho que isso é bem verdade no contexto da sala de aula. Acho que isso impacta as estudantes mulheres". Fora da sala, as alunas de MBA vivenciam outras dinâmicas que evidenciam seu gênero. Como uma estudante recordou, "É engraçado, meus amigos homens que formavam grupos de golfe ou campeonatos esportivos nem sequer convidavam mulheres, ou achavam que fizesse sentido [convidar mulheres]. Eu sempre achei isso engraçado porque eu gosto de golfe! Eu jogaria golfe com meus amigos homens – no entanto, para eles, a atividade seria orientada para os homens". Outra estudante observou: "Socialmente, havia coisas que também não pareciam realmente iguais. Sem dúvida, havia uma turma de finanças com a qual você jamais poderia fazer amizade por ser mulher, mesmo que tivesse experiência anterior em finanças ou ambições futuras. Havia aqueles tipos de estereótipos frustrantes, mas eu optei por nem sequer lutar contra eles".

O clima educacional na escola de negócios afeta algo mais que as experiências das mulheres na sala de aula; influencia também a maneira como elas articulam suas ambições. Um estudo realizado em 2017 com estudantes de uma instituição de primeira linha constatou que, quando as mulheres não casadas acreditavam que suas respostas a questões sobre suas aspirações e metas profissionais seriam vistas por seus colegas, elas expressavam um desejo por um salário 18 mil dólares mais baixo do que quando suas respostas não eram vistas pelos colegas. Elas também se diziam dispostas a viajar sete dias menos por mês e trabalhar quatro horas menos, além de se dizerem menos ambiciosas profissionalmente e com menos tendência à liderança.[42] Como esses resultados deixam claro, as mulheres estão lutando com expectativas contraditórias. Mesmo em um contexto em que, por definição, todos querem progredir em sua carreira e aumentar seu poder de ganhos, as mulheres estão bem conscientes de que exatamente essas características podem fazer-lhes parecer ambiciosas "demais" e dificultar para elas a tarefa de encontrar parceiros para a vida.

Essa incômoda opção se intensifica à medida que essas mesmas mulheres avançam em suas carreiras, manifestando-se não apenas nos conflitos que as próprias mulheres enfrentam, mas também na maneira como elas são percebidas no mercado de trabalho. Como as características estereotipicamente associadas à liderança conflitam com aquelas associadas à feminilidade, as mulheres em posições de poder tendem a ser vistas como competentes, mas frias, ou boazinhas, mas ineficazes.[43] O desconforto com mulheres em funções de liderança está enraizado em uma contradição entre a "boa mulher" e a "boa líder".[44] A existência desse duplo viés não é nenhum segredo. Na realidade, as estudantes mulheres podem aprender isso em cursos sobre comportamento organizacional ou liderança. O que não faltam são livros, *workshops*, currículos ou grupos de apoio que visam ajudar as mulheres a conviver com isso, e qualquer mulher em nível executivo é capaz de se recordar do delicado ato de equilíbrio.

No começo de suas carreiras, as mulheres jovens podem acreditar serem capazes de cultivar uma imagem tanto de "boa mulher" como de "boa líder", permitindo-se obter recompensas profissionais e evitando, ao mesmo tempo, os rótulos pejorativos, como "mandona" e "dominadora". Resumindo, elas lutam para serem vistas como competentes *e* admiradas – líderes respeitadas com relações afetuosas e verdadeiras. Na verdade, quando pedimos aos estudantes do último semestre da faculdade que citassem mulheres que eles viam como um exemplo de sucesso, tanto as mulheres como os homens descreveram as mulheres que eles identificavam – de celebridades a professoras, líderes em seus setores de atividade e, até mesmo, membros de suas respectivas famílias – como admiráveis não apenas por suas realizações profissionais e influência ("alguém como Samantha Powers, muito respeitada no campo acadêmico, e que também aplica sua experiência na política"), mas também por conciliarem sua carreira com as funções de esposa e mãe ("e que também conseguiram se casar com aquele professor da faculdade de direito"). Mesmo quando os estudantes não ressaltavam essas funções familiares ao descrever o que consideravam admirável nas mulheres identificadas, quando solicitados a compartilhar o que eles poderiam perguntar a essas mulheres, os alunos geralmente diziam que lhes perguntariam como elas conseguiam equilibrar vida profissional e vida pessoal. Um aluno veterano, que havia aceitado um emprego na área de consultoria para depois que se formasse e que pretendia fazer um MBA, resumiu o duplo imperativo das mulheres:

Um dos amigos dos meus pais é, na verdade, uma mulher, mãe de dois filhos, sócia de uma empresa de consultoria. Para alguém assim conseguir unir o útil ao agradável – algo sobre o que tenho falado muito: mulheres capazes de ter uma família, e não apenas tê-la, mas conseguir realmente dedicar tempo à sua família e ser uma boa mãe, desenvolvendo, ao mesmo tempo, sua carreira profissional. Isso é algo que eu respeito muito.

O elogio desse estudante a uma sócia mulher "desenvolvendo, ao mesmo tempo, sua carreira profissional", e não apenas ter filhos, mas "ser uma boa mãe", reflete a narrativa dominante em relação à maternidade como o principal impedimento ao avanço profissional das mulheres. A sócia se destaca como a exceção que prova a regra: alguém que desempenha a função de boa líder (evidenciada por sua promoção à posição de sócia), bem como de boa mulher (demonstrado por sua dedicação materna). Mas a sócia é, na realidade, simplesmente uma exceção – menos de 20% dos diretores-gerentes e sócios de grandes empresas de serviços profissionais são mulheres.

O que acontece com as mulheres que alcançam a liderança? Suas histórias deixam claro que os pressupostos em relação à função de cuidadora estão longe de ser apenas um fator a contribuir para a sub-representação das mulheres nos cargos de diretoria e em outras funções executivas. O gênero se torna mais evidente à medida que as mulheres ascendem a posições mais elevadas, e esse *status* marginal se torna mais pronunciado à medida que as profissionais mulheres despontam no mercado. Como as manifestações de viés evoluem de um estágio da carreira para outro, as mulheres têm a tarefa de identificar e lidar com novas formas de sutil discriminação quando assumem papéis cada vez mais desafiadores e novas responsabilidades. O que há muito pode ter sido uma estratégia bem-sucedida de baixar a cabeça e prestar pouca atenção às diferenças de gênero geralmente falha quando as mulheres ascendem aos altos escalões, mesmo que suas funções de alto nível lhes possibilitem autonomia e flexibilidade que permitam administrar suas responsabilidades familiares com mais facilidade.

Alcançar o perfeito equilíbrio entre as expectativas em relação às mulheres e aquelas em relação aos líderes é, por definição, impossível; entretanto, as mulheres em funções de liderança dedicam tempo e recursos mentais significativos tentando conquistá-las – um tempo muito superior ao das demandas de suas reais funções. Como observou um vice-presidente com o qual falamos, "Não se trata de trabalho. O problema nunca está relacionado ao trabalho. Porque no trabalho eu produzo". À medida que as mulheres lidam com as crescentes complexidades decorrentes do escopo e da responsabilidade ampliados de funções mais altas, elas devem administrar simultaneamente os desafios de ser uma exceção – outro tipo de segundo turno. Quanto mais alto uma mulher ascende, mais se nota que ela se diferencia da norma masculina, uma percepção que geralmente lhe ocorre à medida que ela sobe de posição e se dá conta de ser a única mulher na sala. Falamos com dezenas de mulheres em funções executivas, das quais muitas almejavam uma promoção a cargos de diretoria à época de nossas entrevistas. O próximo capítulo trata de suas experiências e da tática que elas empregaram para lidar com a evolutiva trajetória dos obstáculos.

# Rumo ao topo
## A honorável Barbara Hackman Franklin

Na década de 1950, as mulheres com grau universitário tinham poucas opções para seguir uma vida profissional – e aquelas que o tinham deveriam abandonar seus empregos quando se casavam. Barbara Franklin pretendia trilhar um caminho diferente. Ela recorda: "Não tenho certeza se poderia ter definido o significado de sucesso – mas eu sabia que eu queria uma carreira". Incentivada por um pai que dizia "Você pode fazer o que quiser, mas faça bem-feito", Franklin ingressou na universidade Penn State com aspirações altas, ainda que ligeiramente obscuras. ("Acho que minha mãe, na verdade, nunca aprovou totalmente a ideia", ela observa.)

Configurou-se então uma trajetória de desbravamento, assim como um antigo hábito de trilhar caminhos tradicionalmente considerados territórios dos homens. Em 1962, no último ano de Franklin na universidade, ela recebeu uma ligação da reitora do corpo discente feminino. A Harvard Business School, que oferecia, em parceria com o Radcliffe College, um programa de certificação para mulheres chamado Harvard-Radcliffe Program in Business Administration, começara a permitir que mulheres formadas por esse programa cursassem o segundo ano de seu currículo tradicional de MBA. Pela primeira vez desde a fundação da faculdade em 1908, as mulheres podiam fazer MBA em Harvard. Franklin pensava em se formar em ciência política e direito, mas ela sabia que uma formação profissional em Harvard abriria as portas para oportunidades até então acessíveis a poucas mulheres.

Na época, Franklin não via sua ambição como algo particularmente notável, mas ela sabia que era uma exceção. Na HBS, sua condição minoritária era patente: "O desafio eram simplesmente todos aqueles homens. Havia seiscentos e poucos alunos, e muito poucas eram mulheres. Acho que começamos com 14 na turma de 1964". Embora alguns colegas homens fossem hostis em relação à presença delas, a maioria era relativamente neutra, e alguns eram abertamente solidários. Mas, ainda que as atitudes dos homens em relação às estudantes fossem equilibradas e amistosas, Franklin e suas colegas nem sempre eram tratadas da mesma forma:

> Nós mulheres tínhamos a mesma experiência de ser chamada pelo professor e expor um caso, e ninguém podia dizer nada. A discussão seguia dali, e então algumas pessoas podiam dizer algumas coisas, frequentemente as mesmas coisas em outras palavras, e elas eram apreciadas como um comentário inteligente. E você ficava com vontade de dizer: "Mas foi isso mesmo que eu disse!".

Havia obstáculos mais explícitos também. Um eminente professor negou a Franklin e várias de suas colegas de turma vagas em seu ultrapopular curso, uma política da qual a administração da faculdade se recusou a dissuadi-lo. "Ele não queria mulheres no curso, e foi muito claro com relação a isso", ela se recorda.

Depois de se formar, Franklin foi à luta, ingressando na Singer Company, em Nova York, como a primeira funcionária mulher da empresa com um MBA e a única mulher no departamento no qual ela foi contratada. À medida que a carreira de Franklin se desenvolvia, ela começou a ficar de olho na liderança corporativa: "Quando comecei a entrar nas empresas, eu estava sempre visando à cúpula, e assim essa passou a ser minha aspiração – chegar ao topo". E, apesar dos desafios de atuar no mercado de trabalho predominantemente masculino da época, Franklin parecia estar no caminho certo lá. Havia três vice-presidentes assistentes [no que hoje é o Citibank] e eu era uma delas. Eu era a mais jovem e estaria com o caminho livre se houvesse a possibilidade de me tornar vice-presidente". O fato de Franklin estar a caminho da alta gerência é algo ainda mais notável porque não havia outras mulheres que lhe servissem de modelo, e certamente não havia nenhuma mulher no banco em condições de lhe servir de mentora. "Não havia nenhuma mulher no cargo de vice-presidente plena", ela se recorda. Aliás, "não havia muitas mulheres em quaisquer posições além das secretárias".

Franklin entendia que sua liderança emergente se desviava das expectativas convencionais:

> Casei-me com uma pessoa que não demonstrava muito entusiasmo pela minha carreira. Ele dizia que meus objetivos profissionais, minha carreira, não

seriam problema, mas isso era só da boca para fora. Acho que esse tipo de má comunicação acontece hoje também. Falamos das mesmas coisas e utilizamos as mesmas palavras, mas os significados não são os mesmos, principalmente quando se trata de algo relacionado às aspirações femininas.

Esse primeiro casamento logo acabou, e mais tarde Franklin se casou novamente. Hoje ela está no seu trigésimo ano de união de dupla carreira, com um cônjuge "maravilhosamente solidário" como parte importante de sua jornada.

Surpreendentemente, possibilitar as aspirações femininas passaria a ser a própria missão profissional de Franklin em uma notável reviravolta em sua carreira. No início da década de 1970, ela foi recrutada para chefiar uma iniciativa da Casa Branca sobre as mulheres no governo e atuou como assistente de equipe do presidente, liderando uma iniciativa de recrutamento de mulheres para funções profissionais de alto nível e políticas no governo federal. Quando Franklin terminou, o número de mulheres nessas funções havia triplicado. Seu sucesso não foi uma surpresa para o colega da época da escola de negócios Ed Hajim, que comentou no jornal da universidade *Harvard Crimson* anos mais tarde: "qualquer coisa que ela realize, seja na esfera pública, seja esfera privada, no que quer que ela se envolva, é para melhorar".[45]

Como líder de equipe do programa, Franklin realizava pronunciamentos altivos sobre a necessidade de mais mulheres no governo participarem das operações cotidianas:

> Era um esforço gerencial, o que significava que o presidente necessitava de planos de ação para promover todas as suas secretárias de gabinete e chefes de repartições, e esses planos eram monitorados. Eram monitorados por mim, e havia relatórios que eram encaminhados a esferas superiores, e o presidente recebia. Se um secretário de gabinete – eram todos homens lá – fizesse o que deveria fazer e alcançasse suas metas, ele recebia um bilhete do presidente dizendo "Você foi bem nessa tarefa". Isso faz a diferença. Caso contrário, ele recebia outro tipo de bilhete. E eu sei disso porque era eu que redigia os bilhetes.

O trabalho de Franklin, juntamente com o visível apoio do Presidente Nixon, ajudou a mudar a retórica nacional sobre as mulheres na força de trabalho em uma época em que, como ela observa, "não havia um consenso em nossa sociedade sobre mulheres e carreira profissional". Embora os esforços de Nixon para promover as mulheres na força de trabalho federal tenham começado depois da pergunta de um repórter sobre a questão em uma coletiva de imprensa em 1969, Franklin especula que o presidente não fora inspirado apenas por um expediente político.[46] Nixon estava, sem dúvida, respondendo à pressão do movimento das mulheres, especialmente porque "As mulheres republicanas estavam fazendo 'barulho' – não se tratava apenas do time do outro lado". Mas Franklin ressalta que a Primeira-Dama Pat Nixon era, "de fato, uma mulher que alcançara o sucesso por esforço próprio", financiando seus estudos universitários na década de 1930 e trabalhando para a Cruz Vermelha Americana e o órgão federal Office of Price Administration no início de seu casamento com o presidente. "Eu realmente acho que ela teve um papel – cochichando no ouvido dele ou o que lá possa ter sido. E eles tiveram duas filhas."

O plano de carreira da própria Franklin, que já não era convencional, continuou a se mostrar revolucionário. Na década de 1980, ela atuou nos conselhos de sete empresas públicas em uma época em que praticamente não havia mulheres nos conselhos de administração. No início da década de 1990, ela foi nomeada secretária de comércio pelo Presidente George H. W. Bush, tornando-se a mulher com o cargo mais alto em seu governo. Sua atuação no serviço público incluiu quatro gestões no Advisory Committee for Trade Policy and Negotiations nas décadas de 1980 e 1990, bem como uma nomeação para representante substituta na 44ª Assembleia Geral das Nações Unidas. Próximo ao final de seu mandato como secretária de comércio, o Presidente Bush lhe pediu que realizasse a polêmica missão de restabelecer as relações econômicas entre os Estados Unidos e a China, que ficara estagnada após a repressão do governo chinês aos protestos pró-democracia em Tiananmen Square (Praça da Paz Celestial) em 1989. A perspectiva de relações mais amistosas com a China não desfrutava de popularidade depois de Tiananmen Square: alguns membros republicanos do Congresso viam a viagem como uma aprovação tácita do comunismo, enquanto os democratas condenavam as violações aos direitos humanos. Em meio a pressões negativas, nas últimas semanas do governo Bush, Franklin viajou a Pequim para conversar com as autoridades chinesas sobre as relações comerciais e incentivar novos acordos comerciais. Quando ela retornou alguns dias depois, quase 1 bilhão de dólares em contratos haviam sido assinados com empresas americanas, preparando o terreno para um contínuo relacionamento comercial. Hoje estamos acostumados a ver mulheres como oficiais de gabinete empreenderem missões internacionais de grande porte, mas nenhuma mulher jamais havia feito isso antes da visita de Franklin à China em 1992.

Franklin tem passagens pelos conselhos de aproximadamente 20 empresas e presidiu a National Association of Corporate Directors de 2009 a 2013. Enquanto ascendia em sua carreira, ela constatou que, embora alguns obstáculos "tenham sido vencidos" à medida que normas sociais, leis e políticas mudavam, "surgiram outros menos visíveis. É difícil quando há um preconceito ou um estereótipo na cabeça de uma pessoa". Como membro de um conselho corporativo, ela descobriu que, embora muitos colegas homens fossem receptivos, "era preciso andar 'pisando em ovos' um pouco... para ser aceita como membro do grupo – e ser respeitada como tal". Franklin reconhece que, embora muito tenha mudado desde o início de sua carreira, ainda há resistência às mulheres em papéis de liderança: "Simplesmente existe".

Apesar da persistência desses obstáculos, Franklin vê motivo para otimismo. Embora as mulheres ainda sejam minoria nos conselhos e em outras listas de liderança, "hoje existem muito mais grupos de mulheres. Você entra sem ter que "pisar em ovos" tanto quanto eu tive que fazer no início, visto que, automaticamente, existe algum respeito. Existem diferentes graus desse [respeito], mas está muito melhor do que há 30 anos". Franklin acredita também que as líderes mulheres de hoje têm um papel a desempenhar no sentido de aumentar os números: "Eu deixo claro quando saio de qualquer grupo, como um conselho, por exemplo, que, se eu tiver qualquer envolvimento com a seleção de um sucessor, eu procuro me certificar de que seja uma mulher".

Franklin não restringiu seus esforços ao avanço das oportunidades profissionais das mulheres a conversas com seus colegas corporativos. "Conversei com vários reitores da Harvard Business School ao longo dos anos", ela diz. "Lembro-me de uma vez em que preparei bem três minutos, ponto por ponto, sobre o que acreditava que a faculdade precisava pensar e, talvez, mudar. Acho que não foi fácil. Foi preciso muita gente para derrubar algumas barreiras que faziam parte da cultura da Harvard Business School, e eu tenho orgulho dela por ter chegado aonde está. Eu realmente tenho. E ela precisa continuar caminhando".

CAPÍTULO 2

# Escassas, escrutinadas e em ascensão
## As mulheres na liderança

Lembre-se das vozes dos graduandos do capítulo anterior, que observaram a falta de mulheres nos altos escalões dos setores e empresas em que estavam prestes a ingressar. "O campo jurídico ainda é dominado principalmente pelos homens", uma estudante de direito observou. "Não há muitas sócias mulheres", disse outra sobre a empresa de consultoria na qual ela logo ingressaria. "Todos os executivos do outro lado da mesa", observou outra estudante após uma entrevista de emprego, "eram homens". Lembre-se também de que os estudantes explicavam essas disparidades como um vestígio das práticas que não prevaleciam mais. Essas jovens supunham com segurança que, para suas carreiras, "a questão do gênero já não importa muito".

Em parte, elas tinham razão – o gênero agora importa muito menos que antes. Não mais limitadas a funções tipicamente femininas, as mulheres chegaram a um nível de maiores oportunidades e certamente muito menos discriminação de julgamento. Mas as desigualdades persistem. Embora algumas mulheres tenham furado o bloqueio às altas funções de liderança, a proporção permanece muito menor que a de sua participação na força de trabalho. Dos trabalhadores empregados em funções profissionais nos EUA a partir de 2017, 52% eram mulheres; entretanto, a proporção de mulheres executivas e funcionárias de nível sênior nas empresas da S&P

500 eram apenas a metade disso – 26,5%.[1] As mulheres são ainda mais escassas nos escalões mais altos da empresa; a partir de maio de 2020, 7,4% das empresas da lista *Fortune 500* eram lideradas por uma CEO mulher. E essa proporção era a mais alta de todos os tempos.[2] Tradicionalmente, existem apenas 87 mulheres que ocuparam o cargo de CEO de uma empresa integrante da lista.[3] Em 2018, um artigo do *New York Times* rapidamente viralizou por destacar que havia menos mulheres CEOs de empresa na lista que presidentes homens chamados James.[4] Apenas duas mulheres pretas apareciam na lista: Ursula Burns, CEO da Xerox de 2009 a 2017, e Mary Winston, que atuou como CEO interina da Bed Bath & Beyond por seis meses em 2019.[5] Com a saída de Indra Nooyi da Pepsi Co. no final de 2018, a comunidade empresarial começou 2019 com menos de 1% das cadeiras de CEO das empresas da lista da *Fortune 500* ocupadas por mulheres não brancas.[6]

Os dados são claros: as mulheres começam a escassear à medida que a hierarquia corporativa sobe. Muitas daquelas que chegam quase ao topo não conseguem atingir o cargo de CEO ou funções semelhantes, assistindo enquanto homens brancos continuam a dominar a maioria das altas posições, dos projetos lucrativos ou das linhas de negócios. Para usar apenas um exemplo do mundo real, no *Building on a Culture of Belonging: 2020 PwC Diversity & Inclusion Transparency Report* da PriceWaterhouseCopper, a empresa revelou que três quartos de suas maiores contas de auditoria eram liderados por sócios homens brancos. Durante aquele ano fiscal, a empresa havia trabalhado com 90% das empresas integrantes da lista *Fortune 500*, mas apenas 19% desses contratos-chave eram liderados por mulheres ou por homens não brancos.[7]

---

Para estudar as mulheres que conseguiram galgar posições sênior, realizamos entrevistas detalhadas com 75 executivas de 26 países, todas na qualidade de sócias, vice-presidentes, chefes de divisão ou líderes com cargos de diretoria em multinacionais e outras empresas de grande porte à época de nossas entrevistas. Perguntamos a todas elas sobre a influência do gênero em seus planos de carreira e que condições e estratégias contribuíram para seu sucesso. Suas experiências ressaltam os obstáculos mais duros enfrentados pelas mulheres – fatores com os quais até mesmo os líderes mais ilustres continuam a se deparar –, bem como revelam os pontos fortes e as limitações das estratégias comuns utilizadas para superá-los. As mulheres que entrevistamos são sobreviventes. Elas deram as grandes tacadas e, contando com colegas com altos cargos dispostos a apoiá-las, conseguiram as oportunidades de liderar projetos de destaque. Para cada mulher com que falamos, há uma série de outras desconhecidas, igualmente qualificadas e ambiciosas, que nunca chegaram ao nível executivo. Entender como essas mulheres líderes percorreram terrenos acidentados pode nos ajudar a assimilar o que precisa mudar para que mais de seus pares conheçam o sucesso.

## O ponto fora da curva

As mulheres com quem falamos estavam absolutamente cientes de que seu gênero as destacava, tanto para melhor como para pior. Uma delas, diretora operacional do setor de energia, ponderou: "Eu sempre estive em ambientes dominados pelos homens, no mercado de trabalho e nas empresas. Acho que uma das primeiras lições que aprendi foi que as mulheres ficam em evidência nesses ambientes, em ambos os sentidos. Isso significa que se você falhar, e todos falham em algumas áreas, o fato está muito visível e todos tomam conhecimento. Em contrapartida, se você for bem-sucedida, o fato também é altamente visível". Vários entrevistados dão essa conotação à condição de minoria, inclusive uma CEO: "De certa forma, destacar-se é uma enorme vantagem. As pessoas não esperam [uma mulher] quando você entra na sala". Mas mesmo ela reconhecia que isso tinha um custo: "Você sempre ficará um pouco deslocada no círculo social, e o trabalho não se limita apenas a fechar um negócio; trata-se também do ambiente e das pessoas com as quais você trabalha". Uma executiva de uma grande empresa de seguros constatou que o fato de ser uma mulher não branca aumentava esse desafio:

> Sou uma mulher de origem não europeia em um ambiente predominantemente dominado por pessoas brancas. Isso deixava as pessoas simplesmente sem saber como se relacionar comigo. As pessoas são muito cautelosas em como lidar comigo. E leva muito mais tempo para eu conquistar a confiança delas ou criar relacionamentos porque sou uma estranha para eles. Sou estran-

geira demais; não sou homem e não tenho origem europeia. Levou muito tempo para eu construir qualquer tipo de *rapport* *ou relação de trabalho.

As mulheres em posições de poder se destacam não apenas por serem raras, mas também porque os arquétipos de liderança estão alinhados com os homens e a masculinidade. Décadas de pesquisa demonstraram isso, e nossas entrevistadas sentiram isso em primeira mão, como uma executiva financeira observou: "Existe um tipo de norma masculina. Isso não tem nada a ver com um vício ou uma norma negativa, mas é uma norma segundo a qual você é diferente, você é anormal". Em outras palavras, as crenças tradicionais sobre mulheres – voltadas para a comunidade, emocionalmente sensível e atenta às necessidades dos outros – contrastam com os atributos considerados característicos da liderança, como autoridade, independência e racionalidade.[8] Embora os papéis de gênero tenham evoluído com o tempo, o líder arquetípico continua sendo homem. Pedir a um grupo de profissionais que desenhe um "líder efetivo" gera desenhos de homens e legendas sobre as qualidades "dele", como um professor de administração constatou enquanto conduzia *workshops* em várias empresas.[9] Enquanto isso, as mulheres em posições de autoridade abalam tanto nossas expectativas – de mulheres e de líderes – que podemos até supor, conscientemente ou não, que nossas colegas mulheres não *querem* ostentar poder. A CFO (*chief financial officer* – diretora financeira) de uma empresa de biotecnologia continuamente observou suas colegas perderem promoções para candidatos homens em início de carreira, muito depois de ela mesma ser uma executiva. "Eu perguntava aos homens, quando eles promoviam alguém: 'Você cogitou essas mulheres?', e eles automaticamente vinham com a suposição 'Bem, ela provavelmente não está interessada'."

Serem avaliadas de acordo com a norma masculina era típico para as mulheres com quem falamos e significava mais um obstáculo a ser vencido. A vice-presidente sênior de uma empresa de entretenimento descreveu o consequente ônus de suas ambições: "Eu realmente tive de me esforçar para entrar no clube dos rapazes, por assim dizer. Para as mulheres na Ásia, trabalhar em minha função entre homens é algo muito raro". Uma execu-

---

\*   *Rapport* significa criar uma relação; trata-se de uma técnica com o intuito de promover empatia e proporcionar uma comunicação sem resistência (N.E.).

tiva de marketing disse que "se sentia como se estivesse entrando em um clube só de homens e [sendo] sumariamente descartada no início. Acho que tive de trabalhar muito para ganhar credibilidade". No caso das mulheres que atuavam em setores centrados no cliente, como consultoria, por exemplo, a dificuldade em construir *rapport* com clientes homens era uma experiência comum. Algumas chegavam até a abster-se de trabalhar com determinados setores ou empresas para evitar culturas em que "as barreiras fossem altas demais", como afirmou uma sócia de uma empresa de consultoria.[10]

Ocorreu um fenômeno repetidas vezes em nossas entrevistas: quando as mulheres se aproximavam dos escalões mais altos em suas empresas, o ceticismo em relação à adequabilidade delas para a liderança de repente se manifestava. O desempenho delas normalmente não era questionado, mas seu perfil para a liderança era. Uma executiva do setor bancário ressaltou que os homens podem estar dispostos a trabalhar com mulheres, mas menos satisfeitos em tê-las como iguais: "Com seus 30 e poucos anos, eles esperam que você se case, tenha filhos e nunca volte. Quando você está com 40 e poucos anos, eles começam a vê-la como uma competidora real, em um duelo cabeça a cabeça". Às vezes as mensagens que minam as ambições das mulheres eram explícitas; uma delas ouviu que nunca seria CEO porque "não tinha perfil" para o alto cargo. (Mais tarde ela foi nomeada CEO.)[11] Outras vezes era mais sutil, como descreveu esta executiva de vendas:

> Nos primeiros 15 anos de minha carreira, eu nunca me considerei uma líder. Eu era apenas uma executiva de negócios ou uma administradora de empresa, exatamente como qualquer outro colega meu do sexo masculino. E eu nunca sequer me vi como líder. Mas comecei a sentir isso nos últimos dois anos. Eu não sabia se era porque, quando você alcança posições elevadas, de alguma forma começa a sentir que não está avançando no mesmo ritmo que os outros. Eu particularmente me pergunto: será que eu deixo determinados homens inseguros quando eles estão perto de mim? Eu faço um chefe se sentir inseguro em relação a mim? Esse tipo de pensamento não costumava me ocorrer, mas começou a me ocorrer nos últimos dois anos.

As mulheres participantes de nosso estudo que alcançaram o proverbial teto de vidro não são únicas. Em 2018, o Parlamento australiano apresentou um caso exemplar de perda de *momentum* de uma bem-sucedida líder quando Julie Bishop concorreu às eleições para liderar o Partido Liberal, a primeira mulher a fazê-lo. Embora Bishop tenha sido presidente substituta do partido por mais de uma década e tivesse taxas de aprovação mais altas do que seus dois oponentes homens, ela perdera com menos de 13% de apoio de colegas legisladores.[12] Apesar da ficha altamente elogiada de Bishop como ministra das relações exteriores e de sua popularidade com os eleitores, o alto cargo, onde ela teria ostentado grande força sobre o partido, era inacessível. Em um exemplo do setor privado, a ex-diretora de operações da Pinterest, Françoise Brougher, processou a empresa em 2020, alegando ter sido excluída do processo decisório, receber remuneração inferior à de seus colegas homens e ter sido demitida após expressar seu descontentamento com a discriminação de gênero. Brougher, uma requisitada executiva do setor de tecnologia com passagens por empresas como Square e Google, ficou chocada ao se deparar com esses obstáculos depois de ser pessoalmente recrutada para a empresa por seu CEO apenas dois anos antes. "Aí está um teto de vidro no qual eu só fui bater aos 50 e poucos anos, de forma repentina e muito violenta." Brougher disse ao *New York Times*: "Você não enxerga a dimensão desse teto até que se choca contra ele".[13]

## Sob o microscópio

Assim como Brougher, as mulheres que entrevistamos normalmente não previam barreiras ao final de suas carreiras. Para muitas que começaram nas décadas de 1980 e 1990, especialmente em setores com uma significativa proporção de mulheres, o gênero parecia incidental até que, de repente, se tornasse primordial. A vice-presidente de um grande conglomerado de mídia explicou:

> Havia muitas empresas com "moças da internet" e "mulheres da nova mídia", e eu nunca quis fazer parte delas. Eu era ocupada demais. Eu pensava: "Eu não tenho tempo para isso. Eu nem sequer entendo do que elas estão falando. Limite-se a trabalhar. Trabalhe arduamente que você estará bem". E é interessante que, até determinado nível em sua carreira, isso é verdade. Mas não quando você está realmente tentando romper a camada final – que é onde

estou agora –, especialmente nesta época em que as empresas estão cada vez mais complicadas. Eu me deparei com isso pela primeira vez na [minha empresa anterior], que é uma empresa grande de telecomunicações dominada por homens. Eles tinham pouquíssima paciência ou tolerância à diversidade na equipe gerencial. Acho que os desenhos esquemáticos deles para a alta gerência são dominados por homens. Eles realmente estão precisando entender como as mulheres se enquadram.

A resistência enfrentada pelas mulheres era exatamente essa: uma força de arrasto sobre sua velocidade, desacelerando seu avanço. Uma executiva do setor financeiro estima que sua trajetória tenha sido retardada uma década:

> Tenho absoluta certeza de que se eu fosse homem, tanto no comportamento como na forma de ser vista, eu teria, sem dúvida, uma carreira mais rápida. Não posso dizer que eu esteja insatisfeita com o resultado disso, mas acho que eu teria gostado de alcançar o nível em que estou hoje aos 40 e poucos anos, e não aos 50 e muitos, e acho que a questão do gênero, sem dúvida, teve seu papel aí.

Como parte dessa nossa pesquisa, falamos também com uma amostra menor de homens em funções seniores. Eles raramente mencionavam a necessidade de administrar as percepções em suas empresas como parte de seu desenvolvimento profissional, enquanto as mulheres afirmavam despender consideráveis níveis de energia e esforço para fazer isso. As mulheres contavam histórias como a de uma antiga executiva do setor de energia que se esmerava para ajudar seus colegas homens a se sentirem à vontade em sua presença e demonstrar empatia pelos sentimentos de incerteza deles no que dizia respeito à maneira de se relacionar com ela. Ela e outras expressavam a necessidade de alcançar um delicado equilíbrio no sentido de evitar alienar os homens e resistir ao viés de gênero que eventualmente parecia ameaçar a carreira delas. A gestão de relacionamento e a gestão de imagem que a mulher ambiciosa desempenha é quase sempre descrita como a metáfora da corda bamba, mas pode ser caracterizada com mais precisão como um peso invisível. Para as mulheres participantes de nosso estudo, administrar a maneira como os outros percebem e reagem a seu gênero agregava um ônus de natureza cognitiva e prática à já pesada carga de responsabilidades da função. Apenas a título de exemplo, examinamos os dados de homens e mulheres dentro de um único setor, de consultoria, para uma comparação de maçãs com maçãs e constatamos que, embora o desenvolvimento de uma "marca pessoal" fosse visto como algo fundamental para todos, o que isso significava, na verdade, era mais complexo e mais oneroso para as mulheres. Todos precisavam se especializar, buscar visibilidade e aprimorar uma visão de longo prazo para criar uma marca pessoal efetiva, mas, por cima de tudo isso, as mulheres precisavam se empenhar para encontrar um estilo de liderança adequado e treinar para se comunicarem de forma assertiva. As mulheres do setor citaram também a necessidade de buscar ativamente um *feedback* de desenvolvimento para compreender em que aspectos elas precisavam crescer e melhorar, enquanto os homens simplesmente falavam da necessidade de trabalhar suas deficiências.[14] Essa diferença reflete o resultado da pesquisa de que as mulheres tendem a receber menos *feedback* prático que os homens, ouvindo elogios vagos que não oferecem recomendações direcionadas ou, até mesmo, *feedback* distorcido que dispensa ou minimiza críticas construtivas.[15]

Quanto mais graduada a mulher, maior a probabilidade de ela ser a única mulher na sala, enfrentando uma crescente necessidade de administrar percepções e sustentar a credibilidade à medida que ela ascende na escala hierárquica. Uma executiva do setor bancário participante de nosso estudo explicou: "Eu vejo que, quando as mulheres alcançam níveis mais altos, mais do que cumprimentá-las por sua capacidade, as pessoas tendem a dizer: 'Ah, ela é próxima desta ou daquela pessoa', quer haja um relacionamento ou não". Os estereótipos persistentes sobre a capacidade inata das mulheres alimentam algumas dessas dúvidas, como observou a vice-presidente de uma empresa do setor de energia que se recordava de vários colegas que diziam "nunca ter encontrado uma mulher que fosse boa em matemática". (De fato, um estudo realizado em 2017 constatou que a crença de que as mulheres são piores que os homens em matemática diminui a probabilidade de os empregadores contratarem mulheres, mesmo quando o desempenho individual delas é tão alto quanto o dos candidatos do sexo oposto.[16]) Em um estudo conduzido em 2018, as mulheres que geralmente eram as únicas funcionárias mulheres em seu ambiente de trabalho tendiam especialmente a afirmar que eram questionadas em seu julgamento, que precisavam fornecer provas adicionais de sua competência ou que eram confundidas com alguém que desempenhava funções de nível muito inferior.¹⁷ Uma de nossas entrevistadas, uma executiva em uma empresa de alimentos multinacional, reafirma esses achados: "Eu acho muito mais difícil ser levada a sério. Tive de me preparar muito mais do que eu percebo que um colega homem precisa. Preciso ter muito mais certeza do que estou dizendo para ser levada a sério ou ser digna de crédito". E outra mulher de um setor muito diferente – do setor bancário – fez a mesma avaliação: "Estou em ambientes totalmente dominados pelos homens em que as mulheres certamente têm de trabalhar muito e de maneira mais inteligente que seus pares para galgar os altos escalões". E as mulheres não brancas tendem a vivenciar um "ônus da prova" ainda maior, além de experimentar outro nível de escrutínio à medida que exercem suas profissões.¹⁸

Ter de se submeter ao escrutínio mais rigoroso que os colegas homens foi uma questão aventada repetidas vezes em nossas entrevistas. Uma alta executiva de uma empresa de consultoria global explicou que "como mulher, e como uma mulher preta, eu tinha de trabalhar cinco vezes mais para ser notada". A funcionária de uma grande empresa de seguros disse: "O gênero importava muito. Isso não significava que eu perdesse oportunidades; significava apenas que eu sentia que tinha de trabalhar muito mais que qualquer outra pessoa". Esse padrão mais alto significava não apenas que as mulheres tinham de trabalhar mais para serem reconhecidas, mas também que seus passos em falso eram vistos com mais rigor. "Não há nenhuma tolerância com a mulher que não esteja em seus melhores dias", disse a vice-presidente de uma empresa de embalagens. "Você será tachada de emotiva ou alguém que não consegue lidar [com seu trabalho]." Uma executiva do setor bancário descreveu um imperdoável caso de dois pesos e duas medidas: "Eu acho que as mulheres são criticadas muito mais por seu comportamento que os homens. Se uma mulher perde a paciência, ela é vista como emocional, enquanto, se um homem perde a paciência, isso é visto como normal; ele está apenas sendo forte, ou o que for. E eu acho que, por essa razão, as mulheres têm de ser sempre incrivelmente cuidadosas em relação a seu comportamento."

Essa necessidade de vigilância não é lenda; estudos já constataram que as mulheres que expressam emoções – como raiva – no local de trabalho são realmente consideradas menos competentes que os homens que fazem o mesmo.¹⁹ As mulheres pretas vivenciam um ônus extra, como a executiva citada se sentia. Os pesquisadores constataram que as líderes pretas eram julgadas com mais rigor por suas falhas organizacionais que os homens brancos, os homens pretos ou as mulheres brancas.[20] Especialmente no caso das mulheres não brancas, tanto é mais difícil conquistar como é mais fácil perder a reputação de competente. Mesmo as mulheres que estão no controle da situação sentem a ameaça e, por conseguinte, se protegem. Recentes pesquisas sobre a remuneração executiva constataram que as CEOs mulheres negociam rescisões mais altas em seus contratos que os homens, sugerindo que as mulheres que ingressam em cargos de liderança de grande visibilidade percebem que podem ser "mais dispensáveis que seus colegas homens".[21]

## Contudo, ela persiste

Cumprindo seu papel, muitas empresas notam e tentam remediar a disparidade de gênero quando se trata de promoções e avanço na carreira. Mas, com muita frequência, esses esforços dedicam pouco tempo aos tipos de vieses de que nossas entrevistadas falaram em favor da criação de acordos para atender a necessidades familiares. Ao mesmo tempo, a cultura organizacional delas estigmatiza os horários flexíveis e outras "políticas que favorecem a família", de tal modo que chegam a minar a carreira das mulheres que se beneficiam dessas políticas.[22] Nossas entrevistadas eram executivas seniores que já haviam, em grande parte, solucionado ou resolvido os desafios do equilíbrio entre suas funções profissionais e familiares, mas ainda tinham dificuldade em realizar plenamente seus objetivos profissionais. Várias delas constataram que, à medida que ascendiam na hierarquia, elas ganhavam mais autonomia e flexibilidade, tornando mais fácil, na verdade, administrarem as demandas da competição enquanto assumiam mais responsabilidades no trabalho. Infelizmente, o foco no conflito entre trabalho e família como o fator mais importante e mais esclarecedor da sub-representação das mulheres na liderança obscurece e desvia a atenção de outros obstáculos, entre os quais as atitudes e os comportamentos enviesados, o que significa que menos esforço é dedicado no sentido de atenuar a discriminação, mesmo quando esse é o fator mais premente.[23] A CEO de uma empresa do setor de transporte viu exatamente esse fenômeno se manifestar muitas vezes:

Você via um número enorme de pessoas muito talentosas deixando a empresa, e as razões que elas alegavam ao sair não eram aquelas pelas quais elas realmente estavam saindo. As razões alegadas eram "horas de trabalho excessivas, trabalho duro demais, impossibilidade de ter uma família e trabalhar, equilíbrio entre a vida profissional e a pessoal". E aí é que está – a verdade é que elas não estão sentindo reconhecimento. As mulheres levam mais tempo para alcançar o mesmo nível de realização que os homens, e elas se cansam de não serem ouvidas.

Se as políticas da empresa para atender a necessidades parentais não foram a principal razão para que as mulheres com que falamos se mantivessem em uma trilha de liderança, que fatores – tanto individuais como organizacionais – foram instrumentais no sucesso dessas mulheres? As mulheres que entrevistamos geralmente eram os únicos membros restantes de suas turmas; uma delas, vice-presidente sênior de um grupo de investimentos imobiliários, fez as contas ao descrever sua trajetória:

> Quando eu estava em [um banco de investimentos], havia 20 analistas em minha turma que estavam começando; esse número caía para cerca de 15 pessoas à época em que você entrava no nível de associados, e depois, quando alcançava o nível de vice-presidência, restavam talvez 10 pessoas da turma inicial. Em geral, você enfrenta 50% de atrito – nessa época eu era a única mulher. Quando nós começamos, havia cerca de 40% de mulheres na turma. Quando chegamos ao nível de vice-presidência, eram literalmente 10%. E os números pioram no nível de diretor-executivo.

Como as mulheres com quem falamos mantiveram uma trajetória ascendente enquanto suas colegas deixavam a empresa ou se encontravam empacadas em níveis mais baixos? Parte da resposta, obviamente, está na capacidade e disposição dessas mulheres para responder às contraditórias demandas oriundas das normas sobre gênero e liderança discutidas anteriormente. Expor suas ambições poderia ter um preço, como nos disse uma executiva financeira: "Quando as mulheres dizem 'Eu quero um aumento' ou 'Eu quero isto', elas às vezes são tratadas como se estivessem fazendo pressão, enquanto a expectativa ou a previsão é de que os homens digam 'Eu mereço isto'". Ao mesmo tempo, quando a suposição predefinida é de que as mulheres "provavelmente não estão interessadas" em assumir funções de nível mais alto, como a CFO do setor de biotecnologia citada anteriormente constatou que seus colegas acreditavam, o fato de não ser explícita em relação às suas aspirações poderia facilmente significar que você nunca ascenderia na hierarquia. Após este capítulo, há um perfil de Ana Paula Pessoa, uma bem-sucedida executiva do setor de mídia, investidora em tecnologia e diretora-geral que poderia não ter alcançado quaisquer dessas posições de poder se não tivesse expressado seu desejo de aproveitar novas oportunidades, mesmo que isso significasse sua transferência para outra cidade – algo que um gerente inicialmente presumiria que ela não estivesse disposta a fazer.

As mulheres chegam à liderança passando pelo buraco da agulha – sendo suficientemente diretas em relação às suas ambições para contrabalançar a suposição de que não querem ou não são capazes de assumir altas funções, mas sem serem tachadas de excessivamente agressivas ou desagradáveis. Em ambientes em que a norma masculina define as expectativas, as mulheres se esforçam para articular, esclarecer e enfatizar suas aspirações à liderança. A dirigente de uma empresa do setor de agronegócio aposentada resumiu o esforço para buscar o equilíbrio:

> Você não quer que as pessoas façam suposições por você, por exemplo, "Ah, ela nunca disse que estaria interessada em ser CEO. Talvez essa não seja a 'praia' dela. Ela quer a média gerência, ou ela gosta de vendas ou blá-blá-blá". Não deixe que façam suposições por você, mas não o faça de maneira direta, como "Eu quero sua função, eu quero ser CEO. Eu vou ser CEO". Em vez disso, diga algo como "Eu gostaria de ter a oportunidade de continuar progredindo nesta empresa e o meu maior objetivo seria ser CEO ou eu adoraria ser um dos membros da equipe executiva".

Administrar esse equilíbrio entre competência e simpatia resulta em desgaste mental à medida que as mulheres lutam para serem vistas como capazes ("Eu adoraria ser a CEO") sem alienar (sendo demasiadamente "direta" em relação a seu objetivo) os pares e superiores de cujo endosso elas necessitam para progredir. Examinando os dados de nossas entrevistas, um fator subjacente que permitiu às mulheres assumir esse trabalho dia após dia tornou-se aparente: elas haviam, de modo bastante consciente e deliberado, cultivado um sentido de resiliência. "Parte do desafio é que, em um ambiente em que existem muito menos [líderes mulheres], você levanta a cabeça e vê uma, talvez duas, e quase duvida da própria capacidade", disse uma executiva do setor de consultoria, explicando a necessidade de alimentar suas ambições de liderança. As mulheres participantes de nosso estudo quase sempre reformulavam a experiência de ser a minoria, como descreveu uma CFO: "Eu trabalhei muito em ambientes preparados mais para homens que para mulheres, e acho que isso me influenciou para que eu me tornasse uma pessoa mais forte, porque você precisa ter disposição para ser bem-sucedida e realmente querer ser bem-sucedida nesse ambiente". De modo semelhante, uma executiva financeira transformou hostilidade em motivação:

> Havia um homem na empresa que, por alguma razão, simplesmente não gostava de mim. Havia uma promoção que eu queria, que eu pensava merecer, e me disseram no fim do ano que a razão para que eu não a conseguisse era essa determinada pessoa – eles achavam que ele deixaria a empresa se eu fosse promovida. Eu não sabia nem como responder. Era algo tão enfurecedor. Não havia nenhuma lógica. Eu pensei: vocês vão tomar uma decisão ruim por causa de uma pessoa da empresa? Cheguei a me questionar se queria continuar trabalhando lá. Mas aí eu pensei: vou provar que ele está errado, e foi o que eu fiz. E esse colega acabou sendo meu subordinado. Ele deixou a empresa cerca de 3 meses depois, mas eu o tratava de maneira justa como a qualquer outra pessoa.

Decidir ignorar ou minimizar mentalmente o viés ou outros obstáculos era uma tática comum. Como afirmou uma executiva da área de recursos humanos: "Eu dispenso e realmente não dou nenhum espaço a esse tipo de atitude". Outra mulher, de uma empresa de serviços de alimentação, descreveu uma abordagem curiosa que a ajudou a eliminar a ansiedade à medida que ela se esforçava para progredir: "Eu nunca parei para ponderar – talvez eu devesse recuar ou não, ou talvez eu devesse esperar que alguém me perguntasse. Eu simplesmente pensava eu quero fazer isso, e eu ia e fazia". Uma casca grossa provou ser tão útil quanto a sagacidade nos negócios. As executivas nos contaram muitas histórias do proverbial "quem ri por último ri melhor", inclusive uma contada pela presidente de uma empresa química. Ela se recordava de ter participado, como convidada, de uma reunião de executivos locais no início de sua carreira:

Eu olhei para dentro da sala e percebi que não havia nenhuma mulher lá. Eu [pensei comigo] devo estar no lugar errado. Mas vi meu nome e imaginei que não, estou no lugar certo. Eu me sentei e cumprimentei as pessoas que estavam na mesma mesa; eu não conhecia ninguém. Comecei a conversar com as pessoas na minha mesa, e havia um cavalheiro que simplesmente me ignorou. Cerca de 10 anos mais tarde [em um evento semelhante], eu o vi. "Olá, sr. Fulano", eu disse. "Há quanto tempo, mas o senhor não se lembra da primeira vez que nos encontramos?". Eu lhe contei a história e ele disse: "Eu realmente fiz isso?". Sim, fez.

Diante do fato de ser ignorada, diminuída ou desprezada, havia um ímpeto confortante: "Você precisa acreditar que pode contribuir e deveria estar lá. Não há razão para não estar. Eu sempre parti do pressuposto de que sou capaz e, por essa razão, eu serei, embora às vezes eu seja reconhecida apenas com rancor ou rotulada de difícil", disse uma mulher. As líderes que participaram de nosso estudo estavam ancoradas em um sentido de propósito que as inspirava a serem "duronas" quando era preciso. Uma CEO reconheceu que as mulheres não podiam contar com a possibilidade de serem ouvidas: "Eu percebi que em alguns dos debates e discussões em torno da mesa, a menos que eu realmente me impusesse, desafiasse e me engajasse, eu provavelmente ficaria lá sentada e calada por muito tempo". Essa determinação de deixar para lá e contornar barreiras é ainda mais fundamental para mulheres não brancas, que enfrentam também a desvantagem de serem uma minoria racial na grande maioria dos contextos profissionais. Várias de nossas colegas realizaram um estudo sobre mulheres pretas que alcançaram cargos de diretoria ou outras funções de liderança e constataram que um fator que contribuía para o sucesso delas era a agilidade em contornar e transformar muitos obstáculos que elas vivenciavam no decorrer de suas carreiras, geralmente fazendo mudanças não convencionais de setor ou função e saindo de empresas em que elas não tivessem como crescer.[24]

## Por trás de toda mulher bem-sucedida

À medida que continuamos a explorar o que as mulheres diziam sobre resiliência, víamos que não se tratava apenas de uma qualidade intrínseca, mas também de um produto da interação entre as mulheres e seus ambientes. A resiliência poderia ser cultivada ou suprimida, e o contexto era importante. Como explicou a vice-presidente sênior de uma empresa de energia, "Eu descobri que precisava defender meu território, mas é difícil fazer isso quando você é a pessoa de nível mais júnior e a única mulher na sala". Uma executiva em fim de carreira e membro do conselho administrativo de várias empresas explicou: "Você precisa encontrar caminhos que respaldem essa resiliência", tanto no trabalho como nas relações pessoais. E uma executiva financeira fez uma argumentação apaixonada pela priorização do ambiente certo. Mais do que simplesmente se adequar à cultura, um contexto em que as mulheres possam ser bem-sucedidas é aquele em que sua confiança é alimentada, ela explicou:

> Não se deixe cercar por pessoas que diminuam sua autoestima. Eu deixei meu primeiro emprego em um banco por essa razão. A vida é curta, e a autoconfiança é o recurso mais importante que você tem; você deve nutri-la e protegê-la. Caso se veja nessa posição, pule fora. Se você não puder mudar a situação e não vir sinais de melhora, corra o risco e siga em frente. Pode ser difícil e assustador deixar um emprego hoje, em um ambiente em que não há tanta oferta quanto já houve em outras épocas, mas busque oportunidades em que você seja incentivada. Você deve estar em um ambiente em que as pessoas a ajudem a ser bem-sucedida, não em lugares em que elas irão derrubá-la.

A presença de modelos femininos surgiu como uma característica crucial dos ambientes que desenvolvem a resiliência. O fato de ver pelo menos uma mulher na liderança em suas empresas ou setores poderia alimentar o otimismo. Uma líder visível, respeitada e valorizada dentro da empresa era uma garantia de que o alto desempenho seria recompensado. "Eu trabalhei com uma chefe mulher, e ela era muito eficiente; ela era conhecida em nosso banco como uma das gerentes muito eficientes. Ela havia ascendido em sua carreira muito cedo na vida e por isso servia de modelo para mim", disse a chefe de operações de um grande banco. "Eu aguardava ansiosamente a hora de imitar aquele tipo de crescimento em minha carreira, simplesmente sendo tão eficiente e eficaz quanto ela". Enquanto isso, uma executiva do setor de energia enfatizou o impacto que a presença de uma mulher bem-sucedida no topo da carreira tivera nela:

Durante os 5 anos que passei na [minha empresa anterior], tivemos uma CEO. De modo que aquele foi um período extraordinariamente importante para mim. Foi uma experiência excelente, excelente mesmo para mim, porque eu tinha uma CEO mulher, bem como um conselho que a apoiava muito. Eu via quão importante era não apenas a presença de mulheres em funções de liderança, mas também de líderes homens que apoiavam totalmente as mulheres nessas funções.

A existência de mulheres em posições de supervisão e seniores tornara nossas entrevistadas conscientes de seu potencial de liderança, tanto direta como indiretamente. A vice-presidente de uma empresa multinacional de petróleo e gás nos falou da influência transformadora de uma chefe mulher que acreditava em seu potencial: "Uma de minhas gerentes mais inspiradoras era mulher. Eu me lembro de suas palavras: 'Você é tão capaz que um dia eu serei sua subordinada, ou você me ultrapassará'. E ela era extremamente capaz e tinha muito potencial. Ela dizer isso, e me dar aquele claríssimo voto de confiança, era imensamente inspirador". Para outra executiva, ter uma patrocinadora mulher era permitir acesso a redes importantes:

Ela não orientava dizendo o que fazer. Ela o fazia sempre lhe permitindo o máximo de exposição. Por exemplo, ela se aproximava de um presidente de conselho e dizia: "Tudo bem para você se [a entrevistada] vier à reunião do conselho e redigir a ata?". Não se tratava de lhe dar as habilidades, mas de lhe permitir a exposição para lidar com pessoas de diferentes níveis dentro da empresa sem se sentir ameaçada por isso.

Quer ou não os modelos tenham sido mentores pessoais ou supervisores diretos, a presença desses modelos possibilitou que as mulheres se projetassem em funções de liderança e, o mais importante, acreditassem que sua empresa era um lugar em que mulheres poderiam galgar posições elevadas. Igualmente importante, constatamos, eram os homens que optavam por criar oportunidades para as mulheres de alto desempenho e reconheciam suas contribuições, como contou uma executiva:

Um de meus primeiros empregos na [minha empresa atual] foi com o CIO (*chief information officer* – diretor de tecnologia da informação), que basicamente me passou minhas atribuições, me disse que eu era a pessoa mais qualificada que ele poderia esperar encontrar e que iria deixar o caminho livre para que eu fizesse acontecer. Ele estava lá à minha disposição quando eu precisasse, mas ele basicamente disse: "Eu sei que você é capaz", e saiu de cena.

Embora as líderes mulheres geralmente tivessem sido fundamentais como modelos, a maioria das mulheres que estudamos fora basicamente subordinada a homens; sem mentores e apoiadores homens, suas carreiras teriam ido por água abaixo. A predominância dos homens nas funções de supervisão é uma característica crucial do contexto vivenciado pelas mulheres, e os gerentes homens definem profundamente até que ponto seus ambientes de trabalho permitem ou minam o desenvolvimento das mulheres. No Capítulo 4, exploraremos com maior profundidade o papel dos homens em lidar com a sub-representação das mulheres na liderança, mas nossas conversas com executivas já deixam claro que os homens podem exercer enorme influência positiva no avanço profissional das mulheres. Considerando o fato de que os homens ainda detêm a maioria das posições gerenciais e decisórias, as empresas precisam deles para engajar-se totalmente no projeto de remoção dos obstáculos ao avanço das mulheres se quiserem finalmente ver maior equilíbrio de gêneros em seus postos de liderança.

Entretanto, a própria atipicidade de nossa amostra – altas executivas, muitas atuando em setores dominados por homens, como finanças, energia e mineração – subentende uma falta de compromisso sistêmico. As "sobreviventes" que estudamos chegaram ao topo da hierarquia por meio da própria disposição para assumir o trabalho proveniente da condição de minoria, mas também por meio dos homens, e de algumas mulheres, detentores de posições de poder que abriram portas que, de outra forma, poderiam ter permanecido trancadas. Em nosso capítulo final, trataremos do papel das empresas na criação de "escadas" menos arriscadas e mais sistemáticas para a liderança. Mas primeiro voltaremos nossa atenção para o nível mais alto do poder corporativo – a sala do conselho – e a maneira como as mulheres estão se mobilizando e criando estratégias para ocupar assentos à mesa.

# A liderança com um propósito
## Ana Paula Pessoa

Quando Ana Paula Pessoa era criança no Brasil, nas décadas de 1970 e 1980, a imprensa do país era censurada por um regime militar que acabaria por cair à época em que Pessoa se mudou para os Estados Unidos para estudar na Stanford University. De modo que talvez não seja surpreendente que, anos mais tarde, ela tenha se tornado uma executiva na maior empresa de mídia da América do Sul. "Eu acabei trabalhando no campo que eu sentia ser realmente importante para a democracia: uma mídia forte e livre", ela reflete, reportando-se aos 18 anos que passou no Grupo Globo, sediado no Rio de Janeiro. Mesmo antes de lançar sua carreira na mídia, Pessoa foi motivada por sua aspiração a uma sociedade melhor, procurando maneiras de combinar seu amor pela matemática e pela economia com o desejo de melhorar a vida das pessoas.

Depois de se formar, Pessoa foi trabalhar para a Organização das Nações Unidas e o Banco Mundial, gerenciando projetos enquanto mantinha pesquisas em desenvolvimento econômico. Embora ela inicialmente visasse a um doutorado em economia do desenvolvimento, seus interesses começaram a se ramificar no início da década de 1990, à medida que ela observava as rápidas mudanças tecnológicas à sua volta. Os microcomputadores e outras inovações estavam gerando, como ela recorda, "um incrível impacto na vida cotidiana. As mudanças eram profundas e me interessavam muito. Eu tinha a intuição de quão importante a tecnologia seria para as pessoas, não apenas para empresas e países".

Em 1993, Pessoa retornou ao Brasil depois de quase uma década distante, ingressando na Globo como gerente de telecomunicações. A transição para o setor de mídia em rápida evolução foi um passo natural, permitindo-lhe empregar sua aptidão técnica e produzir impacto nas mudanças socioeconômicas que se desenrolavam no seu país natal. Um sentido de missão motivava Pessoa enquanto ela galgava posições mais altas na Globo:

Eu trabalhei muito e de maneira destemida, com o coração aberto e muito confiante no fato de que o que eu estava fazendo não era egoísmo; era movido por uma causa muito boa. As promoções que recebi eram, em última análise, porque eu achava o trabalho realmente interessante, e eu nunca tive medo de perguntar "Posso fazer isto?", nunca tive medo de me disponibilizar para o trabalho.

O sentido de propósito e as possibilidades ajudaram Pessoa a neutralizar suposições que ameaçavam retardar seu ritmo. No início, um chefe bem-intencionado pensou que ela não estivesse interessada em assumir uma função no escritório da Globo em São Paulo, a 6 horas de distância de carro, mas Pessoa não perdeu tempo em deixar claro:

Tomei conhecimento de um cargo em São Paulo para o qual eu não havia sido escolhida. Eu fui ao [meu gerente] e disse, sabe, eu me mudaria. E ele ficou chocado porque eu estava recém-casada. Ele disse: "Ah! Eu nunca imaginei que você estivesse disposta a se mudar. Eu pensava que você não fosse se transferir para São Paulo". Eu expliquei a ele que não haveria problema. É uma viagem de 1 hora de avião – eu poderia ir na segunda-feira e voltar para casa no Rio na sexta-feira, passando, assim, o fim de semana com meu marido. E se eu ficar lá mais de 2 anos, eu prossegui, talvez ele se mude para São Paulo também. Não consegui aquele cargo para o qual eu havia sido preterida, e se passou talvez mais um ano para que abrisse um novo cargo, mas aí eles sabiam que eu estava disposta a aceitar. Acho que esse tipo de situação ocorre com muitas mulheres, uma vez que o mundo corporativo supõe que as mulheres não estão dispostas ou não podem se transferir para aproveitar uma oportunidade. Você precisa abrir a boca e dizer "Eu vou!".

Pessoa passou quase duas décadas na Globo em funções de negócios de responsabilidade cada vez maior, acabando por se tornar CFO da sucursal editorial Infoglobo, responsável por toda a mídia impressa. Em 2011, ela fez uma segunda grande mudança profissional, dessa vez deixando o setor de mídia para investir em *startups* de tecnologia, uma empreitada que combinava seu antigo interesse em inovação com sua qualificação em finanças, bem como um retorno à época em que ela se formara no coração do Vale do Silício. "Eu sempre tive esse interesse em *startups* e tecnologia integrada aos negócios", ela explica. "Embora estivesse na área financeira, eu sentia que a tecnologia seria cada vez mais crucial e permearia toda atividade no futuro." Depois de vender a Neemu, uma *startup* de *e-commerce*, Pessoa passou 18 meses como CFO das Olimpíadas 2016 no Rio de Janeiro, e outra conversa do tipo "Eu vou!" plantara a semente para essa oportunidade, como ela explica:

> Eu havia comentado com um amigo que eu, naturalmente, estaria interessada na função, apesar de não estar aberta na época. Mas, quando surgiu, aconteceu de ser o momento certo na minha vida, e eu fui chamada para uma entrevista. Novamente, se você não expressar e demonstrar seus desejos – não apenas no trabalho, mas em tudo o que você fizer –, ninguém saberá sua opinião.

Depois de sua passagem pelas Olimpíadas, Pessoa retornou ao setor de tecnologia do Brasil como sócia da Kunumi, uma empresa de inteligência artificial recém-lançada. No decorrer dos anos, ela não se sentiu em desvantagem como mulher, embora tivesse por objetivo construir credibilidade e produzir resultados: "Eu trabalhava mais que os homens? Provavelmente. Provavelmente as mulheres precisam trabalhar mais, embora, convenhamos, eu fosse *workaholic* desde o primeiro dia", ela diz. Pessoa expressou seus objetivos e o que ela pensava ser melhor para sua equipe e a empresa, certificando-se de que sua voz seria ouvida: "Para garantir meu território, eu sentia que precisava ser mais severa às vezes. Especialmente no início – eu era muito jovem e sentia que era necessário ser 'durona' para ser respeitada".

A determinação de traçar o próprio curso era fundamental, mas os colegas seniores – muitos dos quais homens – também tiveram seu papel na trajetória profissional de Pessoa. O fato de as gerentes de Pessoa acreditarem no potencial das mulheres para a liderança significava que ela tinha oportunidades significativas para contribuir:

> Eu sempre tentei trabalhar com chefes que me ensinassem, que realmente me ajudassem em meu intento de aprender. Tive chefes homens durante toda a minha carreira, e aprendi muito com eles, e eles sempre foram receptivos às minhas habilidades e pontos fortes específicos. Um chefe emblemático que me contratou como CFO tinha um assistente, uma função normalmente desempenhada por mulheres – esse pequeno detalhe me mostrou que ele real-

mente não se importava com o gênero. Ele me nomeou CFO do maior conglomerado jornalístico do Brasil, e foi ótimo. Eu era a única mulher e a diretora mais jovem em torno da mesa.

Quando Pessoa teve seu segundo filho, logo depois de assumir o cargo de CFO, ela não foi marginalizada; ao contrário, teve o apoio de seu CEO para continuar chefiando a função financeira. Quando ela retornou da licença-maternidade, a empresa estava em meio a uma grande reestruturação. Ela se recorda de administrar essa época na carreira e na vida pessoal com sua típica tranquilidade:

> Eu ainda estava amamentando e por isso negociei meu retorno antecipado da licença, desde que eu pudesse continuar amamentando. A reestruturação levou 3 anos, e durante o primeiro ano eu utilizava uma bomba coletora de leite se precisasse. Eu ligava a minha bomba elétrica em reuniões com advogados, com banqueiros, em reuniões de diretoria e do conselho, literalmente em qualquer reunião. Depois de todos esses anos, as pessoas ainda se lembram do barulho que fazia!

Ajudar a liderar a reestruturação durante essa nova fase de sua vida foi importante para Pessoa, não apenas porque ela queria que os trabalhos fossem bem-sucedidos. Ela sabia que, normalizando a maternidade no trabalho, poderia servir de modelo para outras mulheres na Globo e até mesmo em outros lugares. "Tive chefes compreensivos e solidários, e eu geralmente lhes agradecia", ela explica, "lembrando-os de que eu estava fazendo aquilo pelas filhas deles, na esperança de que fosse mais fácil para elas no futuro".

À medida que sua carreira progredia, Pessoa arranjou tempo para cultivar contatos fora da Globo. Em um determinado ano ela fez uma viagem pelos Estados Unidos visitando grandes jornais como parte do esforço de entender as tendências mundiais no setor. Anos depois, um editor que ela conhecera nessa viagem falou em uma conferência de jornalismo no Brasil. Pessoa o procurou:

> Fui até ele e perguntei se se lembrava de mim. Ela não se lembrava; eu refresquei sua memória e sugeri, com meu marido, levá-lo para jantar. Ele estava participando da reunião com a esposa, e nós demos uma volta pela cidade

e passamos uma ótima tarde juntos. Isso foi talvez em 2007, e nós continuamos a manter contato. Anos depois, esse editor se tornou CEO da empresa. Ele me procurou e disse: "Você realmente conhece a empresa – gostaria de fazer uma entrevista para o nosso conselho?". Eu não estava mais na Globo na época, portanto estava livre para aproveitar a oportunidade. É superimportante manter esses relacionamentos, mas precisa ser algo real, precisa haver uma conexão de confiança. É importante formar redes com mulheres, com homens, com todos. Em 2007, eu estava simplesmente interessada na transformação que ele estava implementando na sala de imprensa, implantando a tecnologia digital, e nunca me passou pela cabeça que nossa interação resultaria em uma frutífera colaboração futura. Simplesmente nunca se sabe no que acabarão dando esses contatos. Você não pode ter medo de se expor. Era uma conferência enorme, mais de 300 pessoas, e fui eu que abordei esse editor. Por que não eu?

Aquela primeira entrevista com o conselho resultou em uma nomeação, e Pessoa logo se viu sendo recrutada para outras diretorias. Hoje ela ocupa uma cadeira nos conselhos da NewsCorp, da construtora francesa Vinci, da Credit Suisse e da Suzano, a maior empresa de papel e celulose do Brasil. Ela atua também no Global Advisory Council, da Stanford University, e no Brazil Consulting Board, da Nature Conservancy. À medida que o portfólio de governança de Pessoa crescia, ela via os benefícios da diversidade em nível de conselho, mas, ao mesmo tempo, observava que as mulheres continuavam excluídas das funções de alto nível que as tornariam candidatas viáveis. Os conselhos precisam alavancar vários tipos de diversidade para serem efetivos, ela argumenta. "Todos devem ser especialistas em finanças? Não. Os conselhos enfrentam diferentes questões. Deve haver diversidade. Se você for uma empresa global, deve buscar diversidade geográfica, de habilidades e de gênero. É bom quando há perfis das áreas jurídica, de negócios e de tecnologia. Ter todas essas perspectivas fortalece um conselho."

Entretanto, as mulheres em todos os campos e setores de atividade preenchem o funil da liderança, mas não alcançam altas posições a partir das quais os conselhos tendem a recrutar. "Um grande exemplo para mim é o setor de comunicações", ressalta Pessoa. "Existem muitas mulheres trabalhando nas equipes de comunicações, em todas as empresas. Elas estão em toda parte. Entretanto, as diretorias normalmente são ocupadas por homens. Veja os jornalistas. Há muitas mulheres entre eles", ela diz, "possivelmente mais de 50% de muitos editoriais, mas quantas são editoras? Editoras de alto padrão? Editoras-chefes? São poucas. Ou sócias de escritórios de advocacia. Pode haver muitas sócias mulheres, sim. Mas quantas são sócias-administradoras, a número um, proprietárias dessas empresas?".

Pessoa fez parte de uma onda de mulheres profissionais que mudaram o cenário para aquelas que vieram depois, e se sente gratificada em ver aonde as mulheres chegaram, embora insatisfeita com o atual estado das coisas. "Acho que muitas de nós, mulheres de nossa geração, precisaram ser muito 'duronas' o tempo todo", ela reflete. "Hoje eu vejo mulheres mais jovens expressando seus diferentes pontos de vista de maneira muito mais poderosa". No caso das mulheres em ascensão, ainda há muito a provar, mas o sucesso de Pessoa dissipa qualquer noção de que as mulheres não eram "talhadas" para a liderança ou preparadas para serem mães e profissionais. Hoje ela é uma apaixonada pela necessidade de alimentar as ambições de moças e mulheres. "Acho que o ensino médio é o ponto crucial", ela diz. "É a hora em que as jovens param de sonhar em ser astronautas ou o que quer que elas queiram ser. Precisamos trabalhar muito no sentido de permitir que elas sonhem e continuem sonhando, continuem almejando o que elas querem, e precisamos garantir que elas sejam capazes de realizá-lo".

Hoje, Pessoa vê uma oportunidade de apressar o passo das mudanças e derrubar as barreiras que impedem as mulheres de chegar ao topo. "Acho o #MeToo e tudo relacionado ao movimento incríveis", ela diz. "A minha pergunta é: o que está por vir? Como se vai além? Precisamos pensar no sistema como um todo quando se trata de empresas – o que acontece com as mulheres, onde e quando elas começam a passar despercebidas? Precisamos empurrar as mulheres para cima para que a cultura mude."

CAPÍTULO 3

# Rachaduras no teto
## As mulheres nos conselhos corporativos

"As mudanças vêm de cima" é uma máxima repetida com frequência. As prioridades dos líderes moldam uma agenda organizacional, determinam a alocação de recursos e transmitem aos funcionários e a outras partes interessadas (*stakeholders*) uma mensagem sobre os valores da empresa. E as mudanças *em* cima? Como vimos no capítulo anterior, as mulheres continuam sendo minoria entre os funcionários de nível sênior em todos os setores. As executivas que estudamos haviam agilmente empregado diversas estratégias para evitar cair de uma escada ainda mais precária enquanto subiam. A presença delas desafia a representação excessiva dos homens na liderança. Entretanto, as incursões das mulheres nos altos escalões não mudaram radicalmente o desequilíbrio no topo da hierarquia corporativa.

Nas salas dos conselhos corporativos em todo o mundo, os homens brancos predominam. Mais de 98% dos conselhos constantes no MSCI ACWI Index, que abrange tanto economias desenvolvidas como emergentes, são majoritariamente compostos de homens.[1] Entre janeiro de 2019 e o início de 2020, mais da metade das 304 empresas nos Estados Unidos e na Europa que haviam executado ou anunciado uma oferta pública inicial não tinham nenhuma mulher em seus conselhos.[2] Um censo dos conselhos constantes na lista *Fortune 500* constatou que 22,5% dos assentos eram ocupados por mulheres, e apenas 4,6%, por mulheres não brancas. A dramática sub-representação feminina reflete uma representação excessiva geral de conselheiros brancos; o mesmo estudo verificou que os homens pretos ocupavam menos de 12% dos assentos dessa lista.[3] Uma revisão do FTSE 100 constatou que mais de um terço das empresas não tinha nenhum conselheiro representante de uma minoria racial ou étnica.[4] As mulheres não brancas foram, em grande parte, deixadas de fora até mesmo dos limitados ganhos da diversidade de gênero até agora.

## A lacuna da governança

Quando começamos a escrever este capítulo, a *Fortune* publicou uma história sobre o conselho da General Motors, que havia acabado de se tornar majoritariamente feminino, com 6 mulheres e 5 homens, o que fazia da General Motors uma das 11 empresas da lista *Fortune 500* com conselhos formados majoritariamente por mulheres ou equilibrados por gênero. Tão excepcional é um conselho não dominado por homens que a existência de (quase) doze em que mulheres têm representação equânime (ou majoritária) é um fato digno de notícia.[5] Mas, para além dessa história isolada, o interesse na composição demográfica dos conselhos está aumentando. Na última década, o *New York Times*, o *Wall Street Journal* e o *Financial Times* publicaram coletivamente mais de 260 histórias sobre a diversidade nos conselhos. O interesse acadêmico, refletido nas publicações de pesquisas, também vem crescendo gradativamente desde meados da década de 2000, e os educadores especializados em negócios têm assumido o comando.[6] Nossa instituição e outras escolas de negócios oferecem cursos de educação executiva para mulheres que almejam posições nos conselhos. Os estudos de caso sobre os esforços no sentido de alcançar a diversidade de gênero nos conselhos proliferam, enquanto as agências de recrutamento e as empresas de consultoria produzem relatórios e recomendações.

Os conselhos estão ouvindo? Nem todos aceitam a necessidade de diversificar. Em 2019, bem menos da metade (38%) dos conselheiros concordava que a diversidade de gênero nos conselhos era importante, de acordo com uma pesquisa com mais de 700 empresas de capital aberto. A diversidade racial e étnica conta com um apoio ainda menor: apenas 25% dos conselheiros concordavam ser importante.[7] Em 2020, esses números subiram, com 47% dos conselheiros acreditando que a diversidade de gênero era muito importante e 34% dizendo o mesmo sobre a diversidade racial – quase certamente uma consequência dos protestos contra a injustiça racial manifestados no verão daquele ano em todo o mundo.[8] Um foco renovado na desigualdade parece estar convencendo mais membros de conselho de que se trata de algo importante, mas resta saber até que ponto os conselhos enfatizarão o recrutamento de conselheiros não brancos. Até o momento houve poucos estudos, novas matérias e iniciativas abordando a falta de diversidade racial nos conselhos de administração, e o progresso rumo à diversidade de gênero tem se beneficiado basicamente da presença de mulheres brancas. Entretanto, mais de 20 conselheiros pretos ingressaram nos conselhos de empresas de capital aberto em setembro e outubro de 2020 – mais que o total de 2019.[9] Os próximos anos revelarão se essa onda de diversidade racial, que poderia reforçar a proporção de mulheres pretas nas salas do conselho, foi um fenômeno isolado ou o início de uma tendência.

A menos que as atitudes evoluam, é improvável que um progresso significativo rumo a qualquer tipo de diversidade seja visto. Cerca de um quarto dos conselheiros sente que o foco na diversidade está levando à nomeação de candidatos desnecessários ou desqualificados, de acordo com a mesma pesquisa.[10] Outras pesquisas constataram que as pessoas percebem a nomeação de uma mulher para membro de um conselho como a priorização do desempenho social em detrimento dos interesses dos acionistas.[11] (As evidências de países que implementaram cotas de gênero não apoiam esses temores. Na Noruega, as mulheres nomeadas para os conselhos depois da efetivação de uma cota de 40% apresentaram, na verdade, um perfil educacional e profissional mais forte que as mulheres nomeadas antes da lei.[12]) O persistente ceticismo em relação à importância da diversificação dos conselhos provavelmente é uma das razões pelas quais toda a atenção ainda está por resultar em uma mudança de maré. Até mesmo as novas empresas estão presas a uma antiga mentalidade: entre 200 empresas privadas financiadas por capital de risco, apenas 7% dos assentos do conselho eram ocupados por mulheres. Em 60% desses conselhos, não havia nenhuma mulher.[13]

Quando perguntados sobre esse progresso lento e limitado, os atuais conselhos apontam uma escassez de mulheres nas funções consideradas antecedentes naturais das conselhos. O comitê da Hampton-Alexander, do Reino Unido, ouviu esse sentimento de presidentes de conselho entrevistados; um refrão comum era "simplesmente não havia mulheres suficientes em nível sênior" para preencher as vagas disponíveis.[14] No entanto, os conselhos tendem a recorrer aos mesmos grupos de candidatos predominantes de homens brancos quando buscam novos membros. Apenas 25% dos conselhos que acrescentaram um novo conselheiro em 2018 elegeram alguém que não havia atuado anteriormente no conselho de uma empresa de capital aberto.[15] Há evidências também de que, quando as mulheres começam a obter acesso aos conselhos, a oportunidade se restringe a um punhado de mulheres isoladas ou estrategicamente controladas, de modo que os homens ainda dominam individualmente os conselhos. Uma análise de 2019 das principais 200 empresas da Austrália constatou que um aumento geral da diversidade de gênero nos conselhos era determinado por apenas 8 mulheres que atuavam em múltiplos conselhos.[16] Uma série de estudos da S&P 500 constatou que um número desproporcional de conselhos tem duas conselheiras mulheres; a partir do momento em que há duas mulheres, é estatisticamente menos provável que os conselhos nomeiem quaisquer outras mulheres – um teto aparente que os pesquisadores denominam *"twokenism"* (duplo tokenismo, em tradução livre).[17]

Independentemente de quantas executivas sejam capazes de atuar, se os conselhos mantiverem sua condição insular, há pouca oportunidade para as mulheres avançarem em grandes números. "Às vezes é fácil arranjar desculpas para uma mulher não se enquadrar em um conselho", disse Bill George, que serviu nos conselhos de empresas como Goldman Sachs, ExxonMobil e Target Corporation, entre outras. George viu de perto a tendência para as oportunidades de conselho circularem dentro de redes fechadas. "Ouvi muitas vezes: 'Ah, eu conheço um cara excelente lá do clube'. A seleção precisa ser feita entre um número mais amplo de pessoas durante determinado período, de maneira muito mais profissional, e é preciso haver muitas mulheres nesse *mix* e pessoas não brancas. Você não está servindo a empresa se tiver um clube de velhos colegas e todos com as mesmas opiniões". Da mesma forma, Cindy Fornelli, ex-chefe do Center for Audit Quality, ressaltou em uma entrevista que as empresas não irão buscar diversidade de candidatos se continuarem dependendo dos proverbiais suspeitos de costume: "Ouvimos esse argumento de que há um problema de oferta de diversidade de candidatos. Existe muita diversidade entre os candidatos, mas isso exige que as pessoas saiam de suas redes individuais, e principalmente as empresas menores que podem ter recrutado somente seus amigos precisarão frequentar outros lugares, como um evento da

Women Corporate Directors. Ouvimos muito isso... 'Não há mulheres, ou pessoas não brancas'. Bem, realmente não haverá se você só olhar para seus refúgios tradicionais".

Mesmo grandes empresas com processos mais estruturados e formais para o preenchimento de seus conselhos podem vivenciar esse círculo de *feedback* se não houver um esforço real no sentido de expandir o grupo. Um pequeno subgrupo normalmente supervisiona o processo de identificação dos novos conselheiros, e, quando esses comitês de nomeação não incluem nenhuma mulher, a probabilidade de o novo conselheiro ser uma mulher despenca.[18] Henrietta Holsman Fore, ex-conselheira da General Mills e de outras empresas de capital aberto, ressaltou que o desmantelamento das redes (*networking*) é fundamental para angariar novos membros que sejam diferentes do conselheiro típico:

> O comitê é um subconjunto de todo o conselho, e o conselho em si já é pequeno e não se presta a aventar os nomes de mais mulheres. Quanto mais os conselhos se diversificam, melhores as redes informais se tornam. Se houver mais diversidade no comitê de nomeações, as redes informais começam a se tornar mais amplas, e mais candidatos são identificados e avaliados.

## Fachada ou renovação de cultura?

Por que os conselhos – ou, para além disso, acionistas, consumidores, legisladores e o público – deveriam se importar com a escassez de conselheiras mulheres? Em sua carta de 2020 aos acionistas, o afamado investidor Warren Buffett destacou a continuada sub-representação das mulheres na sala do conselho. Embora o ano tenha marcado o 100º aniversário da 19ª Emenda "garantindo às mulheres norte-americanas o direito de serem ouvidas em uma urna de votação", ele observou: "a conquista delas de uma condição semelhante na sala do conselho continua a ser um processo em andamento". Buffett enfatizou ainda a importância da independência dos conselhos, observando que a aprovação das decisões dos CEOs pode ser altamente tentadora e que o pensamento do grupo geralmente traça a trajetória. O rompimento da composição homogênea de um conselho o ajuda a governar de maneira mais efetiva? A pesquisadora Rosabeth Moss Kanter argumentou que é quase certo que sim: "A falta de diversidade pode levar a um tipo de capitalismo de camaradagem em que os participantes favorecem outros participantes, cercam-se de pessoas que veem e pensam como eles e raramente ouvem outros pontos de vista", ela explicou em uma opinião editorial de 2020.[19] Os conselheiros precisam ser inquisitivos, independentes e estar dispostos a fazer perguntas duras – tudo isso pode ser difícil de fazer em um contexto de clube fechado em que todos se parecem com você. (Vale notar que Buffett resistiu à proposta de um acionista que teria formalmente exigido que a própria empresa diversificasse as listas de candidatos por raça e gênero ao conduzir o recrutamento de conselheiros e CEOs, embora ele afirmasse apoio a seu último objetivo.)[20]

É claro que os membros do conselho são administradores agindo no interesse de todos os que têm participação em uma empresa e, desse modo, esperam ganhar dinheiro. A maior diversidade de gênero poderia não apenas ajudar na proteção contra uma administração ruim mas também levar a um desempenho financeiro mais robusto? Embora o chamado caso de negócios pela diversidade afirme que isso leva a melhores rendimentos, as evidências favoráveis a uma ligação causal são inconclusivas. Alguns estudos constataram o efeito positivo de um maior número de mulheres nos conselhos, enquanto outros verificaram que esse aumento inibe o desempenho, e houve aqueles ainda que não observaram nenhum efeito. As implicações da diversidade racial e étnica dos conselhos para o desempenho foram muito menos estudadas e produziram resultados igualmente incertos.[21] Todas essas pesquisas da relação entre a composição dos conselhos e o desempenho enfrentam o desafio de muitos fatores não observáveis e desconhecidos que provavelmente influenciam tanto a composição dos conselhos como os resultados financeiros, tornando essa relação excessivamente difícil de ser mensurada.

Seria de argumentar que a ênfase no acréscimo de mulheres aos conselhos para agregar lucros na verdade não ajuda os conselhos a se tornarem mais diversificados e inclusivos. Aliás, ela impede uma discussão mais rica e significativa sobre os benefícios que a diversidade realmente pode oferecer e as razões pelas quais continua sendo tão difícil cultivá-la. O discurso vazio sobre o "valor da diversidade" não se traduz em amplas mudanças, e pouquíssima atenção vem sendo dispensada para entender o motivo. Um recente estudo sobre as opiniões dos conselheiros sobre gênero e raça na sala do conselho constatou que, embora quase todos endossassem abstratamente a diversidade, a maioria não conseguia articular claramente as razões para esse apoio, recorrendo a anedotas sobre as contribuições de mulheres brancas ou não brancas que raramente diziam respeito a estratégias de alto nível ou outros domínios do processo decisório dos conselhos.[22] Toda a atenção atraída pelo assunto não parece estar levando a um claro entendimento sobre a maneira como os conselhos podem alavancar um grupo mais diverso de conselheiros. Os conselhos estariam mais bem servidos fazendo uma pergunta mais elaborada: o que nos impede de incentivar a diversidade e tirar o máximo proveito dela?

Os benefícios surgem sob determinadas circunstâncias altamente relevantes para a governança corporativa. Por exemplo, quando os grupos precisam lidar com tarefas e decisões complexas ou aproveitar o pensamento coletivo de um grupo para solucionar problemas e gerar ideias, a diversidade de gênero é uma dádiva.[23] Quando a estratégia de uma empresa tem como alvo a inovação, o desempenho melhora com maior número de mulheres na liderança.[24] Existem também evidências convincentes de que a diversidade de raça e gênero instiga as equipes a pensar de forma mais criativa, considerar pontos de vista alternativos e tornar-se menos propensas ao pensamento em grupo.[25] Mas é vital que se compreenda que esses efeitos positivos podem não se concretizar. Os conselhos, como qualquer grupo de indivíduos incumbidos de um propósito comum, devem saber *como* colher os benefícios da variedade de vozes na sala. As contribuições daqueles que falam diferente, literalmente ou de forma figurada, podem muito facilmente se perder ou ter impacto e importância reduzidos. Abordar a diversidade não como um acréscimo superficial, mas como um insumo básico, pode gerar um real aprendizado. Com esse tipo de abordagem, as diferenças são vistas como fontes de profundo conhecimento e discernimento, e as pessoas, tanto nos grupos majoritários como nos minoritários, acreditam que suas perspectivas são respeitadas e valorizadas.[26] Mas, quando é aceita com ressentimento ou vista como moralmente correta porém não relacionada ao "trabalho real", a diversidade não alavanca benefícios como solução de problemas, criatividade ou tomada de decisões do grupo. O melhor cenário atual pode ser aquele dos conselheiros descritos anteriormente que endossavam a diversidade, mas não conseguiam ver como ela realmente melhorava as tarefas básicas de seus conselhos. O que é mais perturbador é que esse tipo de apoio superficial pode reforçar estereótipos que acabam sendo inúteis e, até mesmo, minando a igualdade racial ou de gênero. Em 2010, o conglomerado francês de artigos de luxo LVMH respondeu a uma proposta de cota de gênero nomeando a ex-primeira-dama Bernadette Chirac para o conselho e citando sua participação regular em desfiles de moda como sua principal qualificação.[27]

Se os conselhos não aceitarem totalmente a diversidade que já têm, os conselheiros minoritários estarão menos integrados e serão menos capazes de exercer influência. A probabilidade de que eles venham a exercer funções de maior poder formal, como presidente do conselho ou diretor-geral, também é menor. Mesmo com a proporção geral de mulheres nos conselhos sendo ligeiramente maior, houve pouca ou nenhuma mudança na proporção de conselheiras mulheres em cargos de liderança. De acordo com uma análise de 2019, a grande maioria de presidentes de conselho é composta de homens.[28] Entre as 500 maiores empresas de capital aberto (por receita) nos Estados Unidos, o percentual de mulheres como diretoras-gerais, presidentes de conselho e presidentes de empresa aumentou menos de 1% (para 7,5%) entre 2015 e 2019.[29]

Mesmo quando as qualificações e a experiência delas são idênticas ou superiores às de seus colegas conselheiros, as mulheres brancas e as pessoas não brancas têm menor probabilidade de desempenhar funções-chave de liderança, como presidente de conselho, diretor-geral e presidente de comitê.[30] Essas oportunidades de liderança podem ser poderosas, conforme refletido na experiência de Monique Leroux, uma executiva canadense do setor bancário. Em 2008 ela foi eleita presidente da empresa e presidente do conselho da Desjardins Group, um banco importante em Quebec, e aproveitou a oportunidade para abordar a falta de mulheres na liderança da instituição: "Eu decidi colocar diversidade na agenda como um item de peso internamente, uma vez que não havia essencialmente nenhuma diversidade em nossa empresa. Tínhamos menos de 20% de mulheres nos níveis seniores, e eu disse: isso não é aceitável. Desse modo, estabeleci uma meta. Combinamos no conselho uma meta de pelo menos 30%, embora o objetivo fosse de 40%. Sem metas claramente comunicadas, não se pode fazer nenhum progresso real".

Nomear mulheres brancas ou pessoas não brancas para o conselho deixando-as efetivamente à margem pode, na verdade, impedir um maior progresso rumo à diversidade; ser negligenciado para funções influentes aumenta a probabilidade de mulheres e conselheiros minoritários deixarem seus conselhos.[31] A marginalização pode também assumir formas mais sutis. Em um estudo que realizamos, as conselheiras mulheres descreveram ser tratadas como agentes externos, uma dinâmica à qual seus colegas homens pareciam indiferentes. Mais da metade dos conselheiros homens que participaram do estudo não acreditava que as mulheres enfrentassem obstáculos decorrentes de seu gênero; as experiências das mulheres, no entanto, contavam uma história muito diferente. Elas contaram que suas contribuições eram ignoradas ou descartadas nas reuniões, que elas eram excluídas das reuniões e atividades externas formais e que suas qualificações eram questionadas ou que seus pontos de vista eram tratados como invasivos.[32] Infelizmente, esse entendimento não é novo. Há mais de 70 anos, Wilma Soss fundou a Federation of Women Shareholders para defender a representação das mulheres na governança corporativa; em 1954, ela disse ao *New Yorker* que "uma única mulher nesses grandes conselhos não é suficiente. O que uma única mulher pode fazer contra 30 homens?".[33]

Hoje os conselhos corporativos não são tão grandes, mas o princípio continua válido. Phyllis Campbell, conselheiro do Alaska Air Group, nos falou sobre sua experiência passada como membro de vários conselhos e observou como as contribuições das mulheres poderiam ser facilmente minimizadas: "Quando eu era a única de apenas duas mulheres, nossas vozes normalmente eram abafadas". Na realidade, as pesquisas têm demonstrado que as mulheres sozinhas se manifestam com menos frequência que as mulheres em grupos mais equilibrados por gênero, e que as mulheres são vistas de forma mais favorável em contextos profissionais em que há pelo menos duas delas em um grupo.[34] Um estudo identificou um claro ponto decisivo na dinâmica dos conselhos quando as conselheiras mulheres são três ou mais. As mulheres afirmaram ser estereotipadas ou excluídas quando estavam sozinhas ou mesmo quando eram duas, mas que exerciam mais influência e se sentiam mais confortáveis e efetivas para levantar questões quando havia pelo menos duas outras mulheres no conselho. Essa dinâmica era observada não apenas pelas próprias conselheiras mulheres, mas também pelos CEOs que viam o padrão se manifestar na sala do conselho.[35] Por esse prisma, o *"twokenism"* (duplo tokenismo) implícito a que nos referimos anteriormente é uma nova barreira a ser ultrapassada antes que as mulheres realmente entrem na sala do conselho.

Isabelle Marcoux, presidente do conselho da Transcontinental, uma empresa de mídia de capital aberto com sede no Canadá, afirmou a importância da massa crítica: "Quando somos três, você faz parte de um grupo e não é mais rotulada como a 'voz da mulher'. Portanto, eu realmente acredito nos números. Para mim, três é o mínimo; os conselhos devem ter pelo menos três mulheres, e quatro ou cinco é ainda melhor, porque você obtém um grupo de mulheres mais diversificado". E, quanto mais houver mulheres, maior a probabilidade de o conselho se movimentar rumo à paridade de gênero. Uma mulher solitária defendendo maior diversidade pode ter impacto, especialmente se ela for a presidente do conselho ou chefe da comitê de nomeações, mas um coro de vozes é ainda mais difícil de ser ignorado, como explicou Herta von Stiegel, presidente de uma desenvolvedora de energia limpa e conselheira de várias grandes empresas europeias: "Quando chegou ao ponto em que eu estava em condições de realmente exercer muita influência direta na composição do conselho como presidente ou no comitê de nomeações, eu pressionei fortemente para que houvesse diversidade. E não apenas diversidade de gênero, mas diversidade em termos de perfil étnico, cultural e racial, embora eu não tenha sido tão bem-sucedida com relação à segunda. O ambiente mais saudável que conheço é realmente um ambiente diverso em que haja pelo menos 40% de mulheres".

## Pressão de todos os lados

Em uma economia global mais complexa, desperdiçar o talento e o discernimento das mulheres, sejam elas excluídas do debate significativo entre os conselheiros ou excluídas totalmente da sala do conselho, certamente pode não ser uma vantagem estratégica. Mas não apenas a homogeneidade dos conselhos parece uma potencial desvantagem para as empresas como ela está se tornando cada vez mais insustentável, uma vez que vários acionistas criticam a predominância de homens brancos na governança corporativa e demandam, por meio de pressão pública e da legislação, que as empresas ajam para diversificar seus conselhos. Nos últimos 15 anos, os governos de todo o mundo entraram em cena para determinar uma representação maior das mulheres. Esses esforços estão concentrados na Europa, mas também se estendem a Israel, Malásia e Índia, onde os conselhos das grandes empresas ou das empresas de capital aberto devem incluir mulheres, e a Quebec, Quênia e Emirados Árabes Unidos, onde as empresas estatais são obrigadas a contar com a presença de conselheiras mulheres. Em 2018, a Califórnia aprovou uma legislação exigindo que as empresas sediadas no estado incluam mulheres em seus conselhos, e o estado de Washington seguiu o mesmo caminho em 2020.[36] Também em 2020, a União Europeia anunciou que reveria uma proposta, discutida em 2012, determinando uma cota de 40% de mulheres nos conselhos das empresas com sede em seus estados-membros.[37]

Esses tipos de cotas legislativas são variados em tipo e efeito. Algumas são "difíceis" e implicam sanções que impedem ou bloqueiam as operações de uma empresa. Na Noruega, as empresas que não satisfizerem a cota de 40% podem ser removidas da bolsa de valores, e em outros países europeus as nomeações de conselheiros podem ser anuladas e as empresas podem ser multadas por descumprimento. Mas algumas cotas não são vinculantes; as empresas podem ser publicamente apontadas como infratoras, mas não enfrentam sanções. Na Espanha, as empresas que cumprem a cota de 40% recebem incentivos, como ter preferência na concessão de contratos do governo, mas não estão sujeitas a multas ou quaisquer outras medidas se não atingirem a cota.[38] Outros países, como a Austrália e os Estados Unidos, optaram por um toque ainda mais leve, com consórcios de negócios e líderes do governo defendendo, com algum sucesso, metas para a representação das mulheres.

Em 2011, um comitê de revisão instituído pelo governo para examinar a questão da diversidade de gênero nos conselhos das empresas do Reino Unido recomendou uma meta voluntária de preenchimento de 25% dos assentos dos conselhos das empresas listadas no FTSE 100\* com mulheres até 2015, uma proporção que duplicaria o número de assentos ocupados por elas. Recorrendo aos órgãos reguladores, às agências de recrutamento de executivos e às próprias empresas em busca de apoio ao esforço, o comitê instou todos os participantes a remover as barreiras à nomeação de mulheres. Concomitantemente, um grupo de executivas formou o Clube dos 30% para defender maior representação. Juntos, o clube e o comitê, conhecido como Davies Review, alavancaram a mídia para chamar atenção para a ação (ou inação) das empresas e realizaram divulgações pessoais aos presidentes de conselho e outros participantes poderosos. A meta não foi alcançada em 2015, mas, no ano seguinte, 26% dos assentos representa-

---

\* O índice FTSE 100 é divulgado pela Financial Times Stock Exchange (FTSE) e consiste nas 100 maiores empresas em valor de mercado do Reino Unido (N.R.C.).

dos na lista FTSE 100 eram ocupados por mulheres.[39] Em 2020, a proporção alcançou 33%.[40]

A vontade para a criação de cotas tem sido pequena entre as autoridades nos Estados Unidos, onde as determinações dos estados da Califórnia e Washington são importantes exceções. Em 2019, Illinois aprovou um projeto de lei exigindo que as empresas sediadas no estado tenham pelo menos uma mulher, uma afrodescendente e uma conselheira de etnia latino-americana, em seus conselhos, mas a exigência acabou sendo abandonada; em vez disso, as empresas de Illinois devem publicar a composição de raça e gênero de seus conselhos e das equipes da gerência executiva em seus *sites* na internet.[41]

Existe uma política de divulgação em nível federal desde 2010 em função de uma regra da Securities and Exchange Commission – SEC (Comissão de Valores Mobiliários) obrigando as empresas a explicar se e como os comitês de nomeações consideram a diversidade ao nomear novos conselheiros. Embora uma análise sobre os conselhos das empresas da lista *Fortune 500* abrangendo os anos de 1996 a 2015 tenha identificado uma tendência de alta na proporção de mulheres depois de 2010, para a maioria das empresas o aumento já havia começado antes da regra da SEC, não permitindo assegurar que a regra mudou efetivamente a política dos conselhos. Enquanto isso, um estudo com vários países constatou que as metas e as cotas são mais eficazes que as exigências de divulgação.[42]

A abordagem da SEC permite que as próprias empresas definam "diversidade" e especifiquem como elas acreditam que a diversidade possa aumentar. Um dos efeitos desse conceito mais ampliado e maleável poderia consistir em incentivar as empresas a considerar múltiplas dimensões de diversidade ao mesmo tempo. Como observado anteriormente, os conselhos são extremamente homogêneos quando se trata de raça: os homens não brancos perdem para as mulheres brancas em representação, enquanto as mulheres não brancas detêm uma fração minúscula dos conselhos; entretanto, a diversidade de gênero por si só há muito domina a conversa. Essa ênfase significa que os desafios enfrentados pelas mulheres não brancas são obscuros ou negligenciados. Infelizmente, a definição de diversidade aberta à interpretação pode facilmente se tornar excessivamente ampla. As pesquisas sobre os efeitos da regra da SEC constataram que as empresas, na verdade, tendem a não citar a diversidade de gênero *ou* de raça em suas divulgações, mas a discutir a experiência anterior e a qualificação dos candidatos como formas de diversidade, uma abordagem que, obviamente, não tem levado a mudanças importantes quando se trata da composição demográfica dos conselhos.[43] De modo semelhante, somente cerca de metade das políticas de diversidade dos conselhos das empresas representadas na lista FTSE 250 mencionam especificamente a diversidade racial e étnica, e a grande maioria não estabelece nenhum objetivo mensurável em torno da questão.[44]

Na ausência de políticas públicas, outros participantes do mercado nos Estados Unidos têm tentado exercer influência e pressão. As grandes empresas de investimentos e os fundos de pensão têm pedido às empresas em que eles investem que revelem a composição de gênero e/ou de raça de seus conselhos e descrevam sua estratégia para avançar com a diversidade. Vários, como BlackRock, State Street Global Advisors e California Public Employees' Retirement System, abstiveram-se de votar ou votaram contra os candidatos ao conselho como forma de protesto contra a falta de progresso das empresas na questão da diversidade nos conselhos.[45] Em 2020, a Goldman Sachs anunciou que não subscreveria as ofertas públicas iniciais das empresas norte-americanas e europeias com conselhos compostos inteiramente de homens.[46] Quando este livro estava no prelo, a bolsa de valores Nasdaq apresentou uma proposta que exigiria que as empresas listadas tivessem em seus conselhos pelo menos uma mulher e um conselheiro de uma minoria sub-representada ou que se identificasse como LGBTQ+.[47]

As propostas dos acionistas pressionando as empresas a aumentar a diversidade de raça e gênero são cada vez mais populares. Somente uma empresa, a Trillium Asset Management, apresentou mais de 50 propostas relacionadas à diversidade entre 2016 e o início de 2019.[48] Analisamos as propostas dos acionistas representados na lista S&P 1500 de 1997 a 2018 e constatamos mais de 330 relacionadas ao assunto. Além disso, verificamos que as propostas que visavam a maior diversidade totalizavam, em média, 8% mais de votos a favor que outras propostas. Refletindo esse interesse dos acionistas, a diversidade se tornou um tópico frequente nos registros de títulos das empresas. Analisando as convocações para as assembleias gerais dos acionistas registradas na SEC, verificamos um salto de mais de 10% no número de convocações que discutiam a diversidade entre 2009 e 2010 e um aumento gradativo na década desde então. Em 2018, mais de 20% das convocações faziam algum tipo de menção à diversidade. A tendência está também atraindo ampla atenção pública fora da imprensa de negócios e dos conselhos. Em 2018, a Amazon enfrentou uma onda de retaliação dos próprios funcionários após a rejeição inicial da proposta de um acionista defendendo a implementação de uma "Regra Rooney" exigindo que as listas de candidatos aos conselhos incluíssem mulheres e representantes de grupos minoritários. Pouco depois da repercussão dos protestos na mídia, a empresa reverteu o curso e disse que o comitê de nomeações do conselho adotaria, na verdade, esse tipo de política.[49]

Toda essa atenção pode ter ajudado a estimular alguns benefícios recentes. O ano de 2017 testemunhou o maior salto até então na nomeação de mulheres para os conselhos, quando 38% das nomeações de conselheiros das empresas *Fortune 500* foram para mulheres (contra 27% em 2016). A parcela de oportunidades das mulheres aumentou ligeiramente para 40% em 2018.[50] O mandato da Califórnia, que contou com ampla cobertura da mídia nos Estados Unidos, levou à nomeação de 511 mulheres para os assentos dos conselhos das empresas sediadas no estado, das quais muitas nunca haviam tido uma conselheira mulher. Entretanto, devemos mais uma vez observar que as mulheres brancas dominaram essa mudança para uma maior diversidade de gênero, perfazendo 78% desses novos conselheiros.[51] (Em 2020, a Califórnia ampliou seu mandato por diversidade de modo a incluir a adoção de cotas para a diversidade étnica e racial nos conselhos.[52])

## O poder da irmandade feminina corporativa

Apesar de haver mais conversações, não está claro se a pressão dos investidores e do público está fomentando um sentido de urgência da parte dos conselheiros atuais, especialmente aqueles integrantes de grupos majoritários. Um estudo que realizamos com mais de 5 mil conselheiros de empresas de mais de 60 países revelou que os homens eram mais propensos a atribuir a contínua sub-representação das mulheres à falta de candidatas mulheres qualificadas, uma explicação apontada por um número muito menor de suas colegas mulheres (mais de um terço dos homens contra 7% das mulheres). Em vez dessa lógica da oferta, as conselheiras mulheres citaram a persistência das redes dominadas por homens e declararam que, apesar de tudo o que dizem, a diversidade não é uma prioridade quando se trata do recrutamento de novos membros.[53] Em outro estudo que realizamos com conselheiros de ambos os sexos baseados principalmente nos Estados Unidos, quase 30% dos homens citaram a falta de experiência e conhecimento como um impedimento ao acesso das mulheres aos assentos dos conselhos; no entanto, apenas 4% das conselheiras mulheres concordavam.[54] E a tradicional visão de que o conselheiro ideal precisa ter experiência de CEO, uma abordagem que limita radicalmente o grupo de candidatas mulheres, persiste. Em 2018, os atuais e ex-CEOs perfaziam 60% de todos os nomeados para os conselhos das empresas da lista *Fortune 500*, o percentual mais alto de todos os tempos. "Está claro", destacou uma agência de recrutamento, "que as empresas não estão buscando de maneira consistente todas as opções".[55] Os conselhos ainda precisam passar por uma mudança de paradigma em relação a seu modo de pensar, promover e valorizar a diversidade.

Michele Hooper, cujo perfil consta no final deste capítulo, não tem paciência com a ideia de que a falta de candidatos seja o principal impedimento à diversidade nos conselhos. "Todo esse argumento de que não se encontram candidatos qualificados é simplesmente papo-furado. Nossos mercados, clientes e funcionários estão se diversificando. Existem pessoas diversas bem qualificadas para nossos conselhos. É necessário expandir os grupos em que buscamos esses candidatos. Precisamos buscar habilidades e experiências, independentemente de sexo ou etnia." Fatima Al Jaber, que atuou nos conselhos de várias empresas sediadas nos Emirados Árabes Unidos e foi a primeira mulher eleita para o conselho da Abu Dhabi Chamber of Commerce (Câmara de Comércio de Abu Dhabi), argumenta que, mesmo na região do Golfo Pérsico, onde as mulheres são menos representadas na força de trabalho em comparação com muitas outras partes do mundo, "Somos qualificadas. Temos a experiência necessária e as candidatas certas. Mas o problema é que precisamos que as portas se abram". E as executivas mulheres estão tentando passar pelas estreitas aberturas hoje existentes. Várias instituições acadêmicas e centros sem fins lucrativos oferecem treinamento formal, programas de orientação e acesso a agências de recrutamento, tudo com o objetivo de preparar as mulheres para percorrer os canais de recrutamento para os conselhos e ingressar nas posições de conselho com as habilidades necessárias para serem consideradas efetivas. Os esforços no sentido de tornar as candidatas mulheres mais visíveis para as empresas e agências de recrutamento proliferam. Iniciativas como o Clube dos 30% e o 2020 *Women on Boards* direcionam o diálogo e a atenção para a sub-representação das mulheres nos conselhos e defendem a aceleração do ritmo de mudança.

O programa *Women on Boards* da nossa escola (HBS) já testemunhou um vertiginoso entusiasmo, estimulando uma rede de ex-participantes comprometidas não apenas com o serviço dos próprios conselhos, mas com o sucesso das outras. Quando o programa foi lançado, em 2016, as vagas foram preenchidas com mais rapidez do que de costume para os cursos de educação executiva da faculdade, e a demanda continuou acelerada. Até o momento, mais de 400 mulheres de todo o mundo participaram do programa, e o interesse excede a capacidade a cada ano. A partir da turma inicial, as participantes começaram a realizar videoconferências mensais depois do término do curso, a fim de manter o *momentum* com a troca de referências, conselhos e contatos profissionais. Uma rede de mídia social ativa é um fórum para um apoio estratégico ainda maior, bem como uma maneira de as participantes manterem raízes em uma comunidade global de líderes mulheres. As mulheres que até agora garantiram um assento nos conselhos estão trabalhando para retribuir a suas colegas participantes e criar um movimento que vá muito além do tempo passado no *campus*.[56]

Essa rede em franca expansão da HBS está baseada em um precedente estabelecido há mais de duas décadas por outro esforço organizado visando ao acesso de mais mulheres aos conselhos, a Women Corporate Directors (WCD). A evolução da WCD é um exemplo do motivo pelo qual esses grupos continuam a ser necessários, bem como alguma medida de otimismo sobre seus efeitos. Fundado em 2001, a WCD foi inicialmente apenas um fórum para as mulheres que já eram membros de conselho. Elas raramente encontravam colegas conselheiras mulheres.[57] Em uma entrevista, a fundadora da WCD, Susan Stautberg, explicou como a necessidade desse tipo de grupo se tornou clara para ela:

> Eu fazia parte de um conselho e via como era difícil conseguir o ingresso de mais mulheres nos conselhos. Eu via também que as mulheres estavam constantemente tentando se reunir de maneira informal para falar sobre como ser efetivo na sala do conselho. Como fazer as perguntas difíceis? Para onde devo me dirigir quando eu quiser saber mais sobre determinado tópico? E como lidar com as questões de gênero que surgem? O que fazer quando o CEO coloca a mão em seu joelho? As mulheres que estavam nos conselhos na época não tinham realmente um lugar para recorrer.

Uma amiga de Stautberg, Edie Weiner, era uma dessas mulheres e havia renunciado a um conselho em que sua qualificação fora questionada e suas opiniões não eram ouvidas. "Eu não consegui fazer os colegas me ouvirem", Weiner, presidente de uma empresa de consultoria em estratégia, nos contou. "O CEO não estava muito interessado em qualquer coisa que eu tivesse a lhe dizer." Weiner já havia atuado em outros conselhos com bastante sucesso, mas se sentia desanimada e frustrada por encontrar esse viés retrógrado em pleno século XXI. "Eu liguei para Susan e disse: eu conheço o próximo grupo de mulheres que você irá reunir. As conselheiras mulheres podem falar uma com as outras."

Nas duas décadas seguintes, a WCD cresceu, passando de apenas algumas mulheres que se reuniam no apartamento de Stautberg em Nova York para muitas centenas de mulheres em comitês de mais de 40 países. Não demorou para que as conselheiras reunidas em torno da mesa da sala de jantar de Stautberg e, mais tarde, em conferências realizadas em diversas cidades dos Estados Unidos estivessem falando sobre as mulheres que faltavam em seus postos, como descreveu Elaine Eisenman, membro fundador:

> Tudo começou como um grupo que se reuniu para jantar e ofereceu apoio mútuo, educação e compartilhou experiências sobre a melhor maneira de contribuir como a única mulher em nossos respectivos conselhos, mais do que qualquer outra coisa. Éramos companheiras de viagem na mesma sala, compartilhando histórias sobre como percorrer o território estrangeiro da sala do conselho. Mas também passou a ser uma força política dizer que deveria haver mais mulheres nos conselhos. À medida que o tempo passava, de maneira lenta, mas de forma certeira, mais mulheres ingressavam nos conselhos, o grupo começou a se transformar e ir além da simples função de apoio e compartilhamento, reconhecendo que há mais mulheres como membros de conselho – perguntando por que não há ainda um número maior de nós? Existem talentos extraordinários por aí, e a necessidade de diversidade é fundamental, especialmente tratando-se do turbulento mercado de trabalho de hoje. Não se pode ter uma visão singular de crescimento e impacto.

Quando outro membro fundador, a executiva financeira Alison Winter, mudou-se para Chicago, ela formou um comitê local ao qual logo aderiram os comitês de Boston, Atlanta e Washington. Em 2004, a demanda era clara. As mulheres membros de conselhos tinham fome de oportunidades para formar redes entre si, aprimorar suas habilidades e preparar o terreno para mais conselheiras mulheres. Stautberg abordou a empresa de serviços profissionais KPMG para patrocinar a instituição, e a WCD começou a realizar conferências regulares para sua crescente filiação. Joan Steel, membro baseada em Chicago, explicou que os eventos da WCD melhoravam as habilidades que as mulheres poderiam trazer para os conselhos e desmantelavam as redes fechadas que tendiam a deixá-las de fora da corrida pelos assentos vagos:

> Aprendemos sobre as melhores e mais avançadas práticas de governança dos conselhos públicos e privados de todo o mundo. Isso é importante para nossa formação e crescimento como conselheiras. Existem também oportunidades para a formação de redes com outras mulheres membros de conselho que procuram expandir ou renovar seus conselhos ou que têm conhecimento das oportunidades. É o acesso a possíveis oportunidades nos conselhos, os recursos de rede, os recursos educacionais e as amizades que enfatizam o valor da WCD. A WCD ajudou a mudar o sistema de colocação de mulheres nos conselhos. Para que as empresas que dizem não conseguir encontrar conselheiras mulheres qualificadas ou as agências de recrutamento que procuram ampliar seu campo de candidatos, a WCD é um reservatório de conselheiras talentosas, capazes e experientes a ser explorado. Quaisquer que sejam suas exigências para um conselheiro – quer você seja uma agência de recrutamento de profissionais, um CEO, o presidente de um comitê de nomeações e governança –, nós podemos oferecer acesso a nossos membros, as melhores e mais brilhantes conselheiras.

Conseguir que mais mulheres "entrem no clima", como diz a fundadora Stautberg, das oportunidades na área de governança significa aproveitar cada via de influência. "Por exemplo, estamos promovendo cada vez mais eventos em que trazemos fundos de *private equity* para se reunirem com as mulheres," disse-nos Stautberg, "porque as empresas de *private equity* estão colocando muitos homens nos conselhos de suas empresas". A WCD também não se intimidou com outras táticas de persuasão mais fortes. Em 2016, quando o grupo se preparava para uma conferência no Chile, Stautberg recebeu uma ligação do vice-presidente executivo da Bolsa de Valores de Santiago. Ele convidou a liderança da WCD para tocar o sinal de abertura, marcando a primeira vez que uma mulher o faria. Mas Stautberg não ficou satisfeita com o peso simbólico desse tipo de gesto, não quando o conselho da bolsa de valores não contava com nenhum membro mulher. Ela se recordava de ter explicado ao presidente do conselho: "Eu não posso fazer isso. O conselho da bolsa de valores é composto de 11 homens brancos. Quando você eleger mulheres para o conselho da bolsa, nós viremos tocar o sinal". O vice-presidente executivo chamou Stautberg no dia seguinte e prometeu nomear uma mulher. Em 2017, a WCD realizou sua conferência do Chile, e um membro local foi nomeado para o conselho da bolsa de valores chilena como a primeira conselheira mulher.[58]

Quando a instituição completou a marca dos 15 anos, Stautberg passou as rédeas a Susan Keating, que se tornou a segunda CEO da WCD. Exatamente quando Keating se preparava para assumir, no outono de 2017, o movimento #MeToo deslanchou. Perguntada sobre a missão do grupo à luz dessa mudança cultural, Keating viu uma oportunidade: "Esse é um grande acerto de contas para muitas empresas no momento. Acredito que a WCD pode fazer parte dessa solução. Podemos garantir que esses problemas não continuem a ser institucionalizados e a acontecer no futuro. A solução está na boa governança, e a diversidade nos conselhos é parte disso. Precisamos nos assegurar de que as empresas tenham a cultura, os processos, os procedimentos, as informações e a supervisão certos". Na realidade, o movimento #MeToo tem deixado cada vez mais claro que quaisquer tentativas de resolver as persistentes disparidades de gênero exigirão que os altos líderes – que continuam sendo homens em sua maioria – façam o duro trabalho de identificar e abordar todos os modos como as desigualdades de gênero são permitidas e perpetuadas em todas as estruturas e culturas que eles supervisionam.

De sua parte, a WCD tem sido clara quanto ao valor do engajamento masculino desde seus primórdios. Stautberg observou que a participação dos homens tem sido fundamental para o impacto produzido até agora:

> No início, em torno da mesa da minha sala de jantar, geralmente trazíamos para as reuniões diretores-gerais homens, membros do conselho homens, e só conversávamos sobre diversas questões da sala do conselho e depois perguntávamos também o que poderíamos fazer melhor. O que vocês acham que podemos fazer para ter mais mulheres nos conselhos? Você os deixa relaxar e ter algumas ideias. E, sabe, os homens são competitivos, e aí o que se ouve é "na próxima vez em que tivermos uma oportunidade no conselho, avisare-

mos". Eles não querem ser deixados para trás. Mas isso era também para fazê-los passar algum tempo com as executivas mulheres e verem que essas pessoas são competentes. Hoje fazemos isso com nossos comitês. Veja o comitê de São Francisco. Uma vez por ano eles realizam um coquetel, e toda conselheira mulher que participa tem que convidar um conselheiro homem, e o ideal é que elas convidem conselheiros homens que sejam membros dos comitês de nomeações. O comitê elabora um folheto com a biografia de todos os participantes e o distribui a todos. Eles fazem esse coquetel e têm a oportunidade de conhecerem uns aos outros apenas de maneira geral. Os homens, de fato, comparecem porque outros homens estarão lá. E, depois de cada uma dessas reuniões, o comitê tem conseguido colocar mulheres nos conselhos, porque os homens comparecem e veem que se trata de pessoas realmente brilhantes, eles têm a biografia dessas pessoas, e a coisa realmente funciona.

Centenas de mulheres garantiram um assento nos conselhos por meio da rede da WCD, mas a presidente Keating sabe que ainda há muito trabalho pela frente:

Acho que algumas empresas estão abrindo o caminho. Outras estão reconhecendo a importância da diversidade nos conselhos, mas temos um longo caminho pela frente. Existe alguma resistência. Toda vez que você vai contra uma norma institucional ou cultural, pode haver resistência. Como vencemos essa resistência então? Buscando líderes que defendam a diversidade e levem seus conselhos a avançar para a diversidade e dar-lhes uma plataforma.

Mudar do *status quo* nunca é fácil, mas, quando as pessoas que estão no poder agem como aliadas e defensoras, elas podem acelerar o *momentum*. No próximo capítulo, veremos o papel que os homens, de dentro e de fora da sala do conselho, podem exercer para desenvolver igualdade de gênero.

# Preparando o terreno e retribuindo

Michele Hooper

Michele Hooper, estudiosa filha de uma dona de casa e de um trabalhador da mina de carvão local, cresceu em uma grande família em uma pequena cidade da Pensilvânia. "Eu vivia, como dizia o meu pai, com a cara enfiada nos livros. Eu simplesmente amava ler e aprender", ela se recorda. "E eu puxei isso de meus pais. Minha mãe, no tempo em que era dona de casa, era muito criativa – ela cozinhava, costurava e pintava. Ela sempre foi muito interessada em educação – na 6ª série, eu fui selecionada para aprender russo. Recordo-me de chegar em casa todos os dias ensinando à minha mãe as lições de russo que havia aprendido. E o meu pai testava meus conhecimentos sobre assuntos da atualidade. Ele chegava em casa depois do trabalho, pedia que eu lesse o jornal do dia em voz alta e me fazia perguntas sobre o que eu estava lendo. Esse amor por aprender e a curiosidade fazem parte de mim desde sempre."

Embora fosse uma aluna excepcional, Hooper não sabia ao certo que tipo de vida profissional poderia existir: "Não havia ninguém na minha família que tivesse cursado uma universidade. Minha família era pobre (embora eu não achasse na época), de modo que eu não sabia o que eram negócios nem tinha quaisquer modelos profissionais para seguir". Se não fosse por uma iniciativa da University of Pennsylvania de recrutar estudantes da zona rural, ela poderia ter perspectivas muito mais baixas do que o caminho profissional que acabou por trilhar, ela explica: "Embora eu tivesse obtido uma colocação avançada e feito todos esses cursos universitários, minha orientadora no ensino médio me aconselhara a ser enfermeira ou professora, que era o que eles aconselhavam jovens pretos e de destaque a fazer na época." Mas, felizmente, o Small Communities Talent Search (programa de recrutamento de talentos em pequenas comunidades) da universidade estava se estendendo às áreas rurais da Pensilvânia para identificar jovens capazes que, de outra maneira, não seriam incentivados a se candidatar a uma vaga na universidade de maior prestígio do estado, e Hooper logo estava no *campus* da University of Pennsylvania fascinada com cursos como economia e direito comercial. Depois de se formar, ela se candidatou à University of Chicago e conseguiu "muitas bolsas e concessões, além de muitos empréstimos" para estudar.

Logo depois de concluir seu MBA, Hooper iniciou sua carreira como analista financeira na empresa de saúde Baxter International antes de ingressar na área de estratégia e análise industrial. Em 1998, ela foi designada para chefiar a subsidiária da empresa canadense, uma mudança crítica. "Eu fui a primeira mulher a ser transferida de uma função administrativa para uma função de linha sênior", ela se lembra. A Baxter Canada "era um microcosmo da empresa – eu supervisionava a fabricação, a distribuição, uma fábrica sindicalizada, tudo isso. E o fato de ser uma mulher afrodescendente de 38 anos naquela função me conferia um perfil ligeiramente mais elevado". A visibilidade de Hooper logo resultou em ofertas para ingressar em diversos conselhos corporativos, embora ela não estivesse inicialmente buscando essas oportunidades, como ela se recorda:

> Havia pouquíssimas mulheres nos conselhos na década de 1980. Hoje eu oriento mulheres, e elas me perguntam "como eu devo me posicionar para entrar em um conselho?". Os tempos mudaram muito. Para mim, não era um objetivo, mas algo que eu fui incentivada a fazer. Meu mentor achava que seria muito útil para mim liderar a empresa, porque parte do que você ganha por ser membro de um conselho é conhecimento e qualificação, que você traz de volta para sua própria empresa.

O mentor de Hooper, o então CEO da Baxter, ajudava-a a avaliar ofertas dos conselhos que ela recebia, mas o mais importante é que ele patrocinava ativamente seu progresso profissional, um benefício que, como muitas pesquisas já demonstraram, é menos acessível às mulheres, especialmente mulheres não brancas, que aos homens. "Ele me colocou na fábrica canadense. Ele sentia que eu tinha capacidade para enfrentar, francamente, a oposição de muitos altos executivos homens e brancos na empresa. Ele se certificou de que houvesse uma porta aberta para mim. Eu precisava entrar e ser bem-sucedida, e ele se certificou de que a porta estivesse aberta."

Em 1989, Hooper ingressou no conselho da Dayton-Hudson Corporation, hoje Target. Era a introdução ideal à governança, como ela conclui em retrospecto:

> Eu não imaginava na época, mas a Dayton-Hudson era muito avançada no que diz respeito à governança. Muitos dos regulamentos de boa governança que surgiram com a Lei Sarbanes-Oxley eram coisas que a Dayton já fazia havia anos, por isso, eu ascendi em uma base de governança fortíssima. Meus colegas conselheiros eram CEOs experientes, de modo que dissecar as questões na sala do conselho era como obter outro grau universitário. Era uma incrível oportunidade para crescer como executiva.

Embora ela fosse a única mulher, a única pessoa preta e a conselheira mais jovem no conselho da Dayton, Hooper não se deixava intimidar por sua condição de minoria. "Eu sempre fui a única, a minha vida inteira, a começar pela escola", ela explica. "Fui criada em uma pequena cidade voltada à mineração e era uma das melhores alunas da escola, por isso sempre lidei com o fato de ser a diferente. Você precisa descobrir como fazer as coisas. Eu me concentrei em trazer meu jogo do conceito A+ da escola para a sala do conselho. Eles me elegeram para este conselho, portanto sou igual a eles." Hooper acredita que essa convicção lhe permitiu alcançar o sucesso:

> Eu fui criada acreditando que eu sou tão boa quanto qualquer pessoa. Se você entra com uma atitude de pertencimento, segue em frente a todo vapor. Eu não me lembro de ser marginalizada, embora as mulheres sempre tenham o problema de se certificarem de que suas vozes sejam ouvidas.
>
> Às vezes os caras silenciam você; isso ainda acontece. Você só precisa continuar defendendo seu ponto de vista, e, se alguém defender um ponto que eu já tiver defendido, eu digo: "Não foi isso que eu acabei de dizer?". Eu sempre fiz isso. Essa é a única maneira de você, como mulher preta, se fazer ouvir. Sua função também pode ajudar. Eu era presidente do comitê de auditoria, era membro do comitê de sucessão do CEO, portanto eu era levada a sério como colega. Mas eu também precisava ter a atitude e a confiança de que eu era igual a eles, de que eu tinha com que contribuir.

Depois de 4 anos dirigindo as operações canadenses da Baxter, Hooper se transferiu para a Caremark, uma unidade que havia acabado de se cindir da empresa. Enquanto formava a carteira de novos negócios internacionais da Caremark, ela aproveitou outras oportunidades de serviço no conselho. "Eu não estava restrita pela Caremark a atuar em um único conselho, como às vezes acontece com os executivos, de modo que, na realidade, eu atuava em dois conselhos enquanto chefiava a nossa unidade internacional. E quando eu dormia? Sabe-se lá! Mas eu atuei em vários conselhos em funções de liderança." No início do ano 2000, Hooper estava atuando na área de governança corporativa em tempo integral. "A Caremark foi vendida", ela explica, "e eu passei a trabalhar para duas pequenas empresas privadas, mas acabei deixando as duas e tentava decidir o que fazer na vida em seguida." A governança acabou vindo a calhar naturalmente para Hooper. "Eu exerci todas as funções que existem em um conselho. Eu havia sido diretora-geral de várias empresas. Eu havia presidido comitês de auditoria por mais de 20 anos. Eu havia presidido comitês de nomeações e governança. Eu havia recrutado CEOs. De certa forma, exerci todas as atividades do que se pode fazer em governança." À medida que sua carreira progredia, ela se tornou cada vez mais envolvida na liderança de governança, atuando no conselho da National Association of Corporate Directors (NACD) por uma década, chefiando o comitê de Chicago da NACD e prestando consultoria e lecionando governança corporativa aos conselheiros atuais e futuros.

Em 2003, Hooper cofundou o Directors' Council. "Eu abri a empresa com algumas colegas conselheiras e queria me concentrar nas questões relativas à diversidade nos conselhos. Muitas pessoas vinham nos pedir ideias sobre como aumentar a diversidade de gênero, e nós pensávamos, bem, isso é um negócio." O Directors' Council ajuda os conselhos a identificar e recrutar mulheres brancas e pessoas não brancas para compor os conselhos, bem como prestar orientação e treinamento aos candidatos. Embora o conselho eleve a diversidade racial e de gênero, a primeira – para a decepção de Hooper – recebia muito menos atenção das empresas e da imprensa de negócios. "A discussão sobre gênero é assunto de destaque há muito tempo", ela observa:

> Eu acho que o foco não será nas pessoas não brancas e na diversidade étnica, a menos que haja líderes. No momento, parece que grande parte do oxi-

gênio na sala está sendo sugado pela igualdade de gênero, que é importante, mas não é a única questão. Eu sempre digo a outras mulheres como eu – e a qualquer um que ouça, francamente – que estamos avançando para uma sociedade mais multicultural. Nossos clientes, nossos funcionários, nossos patrocinadores e nossos participantes estão se tornando cada vez mais diversificados do ponto de vista étnico. Fui a um evento recentemente, e o palco estava cheio de homens brancos, e a plateia, cheia de homens e mulheres brancos. Onde nós estamos na conversa mais ampla da diversidade étnica e racial? Quando você olha especificamente para as mulheres não brancas na sala do conselho, por exemplo, vê que elas são menos de 4%. Isso é um absurdo quando se olha para a composição demográfica. Existem pessoas não brancas talentosas e experientes que merecem ser orientadas e treinadas para ingressar nas altas posições executivas e serem capazes também de ocupar um lugar à mesa da sala do conselho. Deve haver um caminho melhor; deve haver uma conversa mais ampla.

Hooper ressalta que as pessoas não brancas não recebem o mesmo grau de preparo e desenvolvimento que seus colegas brancos ao longo de suas carreiras para galgar os níveis seniores, o que resulta em um grupo mais limitado de candidatos aos conselhos. "Os executivos seniores não estão fazendo um bom trabalho no sentido de identificar, reter, buscar dentro de suas empresas e trazer para a linha de frente pessoas talentosas que sejam diferentes deles. É toda a cadeia de abastecimento. Estamos fazendo um trabalho melhor, mas não suficiente, com as mulheres brancas." Apesar desse problema subjacente, ela acredita que há passos imediatos que os conselhos podem dar para se diversificar, inclusive exigindo diversidade nas listas de candidatos. A diversidade nas listas, ela argumenta, "permite que os conselhos e as equipes gerenciais vejam uma série de indivíduos qualificados, desbancando a noção de que não se consegue encontrar candidatos qualificados".

Entretanto, Hooper nota que os conselhos devem estar verdadeiramente abertos a candidatos que ainda não estejam em suas redes (amplamente homogêneas). "Eu fazia recrutamento para os conselhos e trazia uma lista de pessoas, e a resposta era 'Nós conhecemos alguma dessas pessoas? Meus colegas do conselho conhecem esses candidatos? Não, não conhecem, e foi por isso que vocês me trouxeram para o conselho! É por isso que vocês verificam as referências". Além de fornecer e considerar uma série de candidatos, Hooper também vê os conselhos como beneficiários de abordagens de avaliação mais rigorosas: "Precisamos descobrir nossa versão de audição às cegas feita para orquestras, entender como podemos eliminar os vieses conscientes e inconscientes. Poderíamos rever os currículos sem identificá-los, apenas como um primeiro passo, e assim estaríamos fazendo uma seleção a partir de um grupo de currículos, verificando apenas as qualificações antes de chegar à entrevista presencial". A peça final do quebra-cabeças, Hooper argumenta, é a comunidade investidora:

> Acho que os investidores têm um papel a desempenhar que poderia ser bastante significativo e efetivo. Eu vejo algumas das outras questões de governança que foram tratadas porque os conselhos têm sido derrotados, por assim dizer, pelos investidores. Existem coisas como a eleição anual de conselheiros que eu nunca teria pensado que acontecesse quando fui pela primeira vez para o conselho, 23 anos atrás. Isso só acontece porque havia um argumento muito direcionado e robusto da parte dos investidores. A minha esperança é de que cheguemos ao ponto em que os investidores digam que, se não houver diversidade, inclusive diversidade multicultural, no conselho de vocês, votaremos contra vocês. Isso atrairá a atenção dos conselheiros.

Em 2017, Hooper foi nomeada "Conselheira do Ano" pelo NACD em reconhecimento a seu profundo impacto no campo da governança corporativa. O ex-CEO da Medtronic e membro sênior da Harvard Business School, Bill George, serviu com Hooper no conselho da Target Corporation no início dos anos 2000 e se recordava dela como "uma poderosa força naquele conselho". Tendo acompanhado a carreira de Hooper desde então, George ressaltou que ela continuou em sua ascensão em momentos cruciais: "Ela não é apenas um membro do conselho – ela assumiu funções de liderança, presidindo comitês e sendo diretora-geral. Funções muito importantes e que absorvem muito tempo. Ela tem ampla experiência e melhorou a governança do conselho, não apenas em termos de diversidade".

Perguntada sobre o papel de empresas como o NACD na diversificação dos conselhos, Hooper se mostra esperançosa em relação ao poder do treinamento e da educação. "Muitas empresas, de fato, vão além por meio de conferências e outros eventos, na tentativa de angariar mais mulheres e pessoas não brancas que estão prestes a assumir um cargo de conselho para entender como é ser membro de um conselho. Procuramos preparar esses indivíduos para serem entrevistados como candidatos a membros de conselho e estarem prontos a participar como novos conselheiros." Preparar candidatos sub-representados não apenas para serem vistos como possibilidades viáveis, mas também para serem bem-sucedidos como conselheiros, acredita Hooper, ajudará a mudar o ponto de equilíbrio do poder de maneira mais fundamental nas salas dos conselhos. "É importante não apenas ingressar em um conselho, mas assumir posições de liderança no conselho", ela explica. "É na liderança que você causa mais impacto. E, quando as mulheres exercem uma função de liderança no conselho, elas estão mostrando aos colegas homens a capacidade de liderar das mulheres – o que, depois, permite que os homens se sintam mais à vontade para trazer outras mulheres para as equipes gerenciais e outros conselhos dos quais eles façam parte."

Refletindo sobre seu próprio papel na normalização da presença das mulheres e das minorias raciais na sala do conselho, Hooper vê seu sucesso como algo inextricavelmente ligado ao projeto mais amplo de eliminação das barreiras:

> Sem dúvida, eu me vejo como um modelo e como mentora, e sempre me vi assim. Eu sempre fui uma de muito poucos afrodescendentes – e de muito menos afrodescendentes mulheres – em qualquer função. Por isso, eu me sentia na obrigação de ser bem-sucedida. Eu sinto que eu tenho a responsabilidade de fazer bem-feito para que meu sucesso ajude outras pessoas a seguirem meus passos e irem além. Eu me apoio nos ombros de muitas pessoas, e há muitas pessoas que se apoiarão em meus ombros e irão ainda mais longe.

PARTE 2

# LIBERANDO O CAMINHO PARA A IGUALDADE DE GÊNERO NO AMBIENTE PROFISSIONAL

CAPÍTULO 4

# Aliados ou meros espectadores
## O papel dos homens

Durante a elaboração deste livro, começamos a ouvir especulações sobre os resultados do movimento #MeToo. Alguns dos homens proeminentes que perderam o poder em razão de revelações de conduta sexual imprópria e agressão estavam retornando silenciosamente ao exercício da profissão, mesmo quando jornalistas continuavam a publicar novas histórias sobre a cultura de assédio sexual que permeava as empresas.[1] Ouvimos falar também sobre as mudanças promovidas pelo movimento, como *startups* acrescentando "cláusulas #MeToo" a seus contratos, exigindo que os empreendedores revelassem se haviam sido acusados de assédio, e contratos executivos que agora permitiam que as empresas negassem o pagamento de indenização e outros benefícios aos mandachuvas exonerados por conduta sexual imprópria.[2] Muitas empresas criaram mecanismos para relatar casos de assédio e novas medidas para evitar retaliação, internalizando os protestos do movimento contra o silêncio. As empresas prometeram liderar a prevenção e a punição de comportamento discriminatório. A condição das mulheres no ambiente de trabalho assumiu importância renovada e caráter de urgência.

Entretanto, à medida que víamos a conscientização maciçamente crescente se traduzir em mudanças organizacionais, começamos também a ouvir preocupadas ponderações de mulheres e homens em diversos setores.

Muitas foram as especulações de que a atenção aos homens como perpetradores de assédio criaria um clima de temor entre eles. Isso ensejou uma pergunta ansiosa: Os homens começariam a limitar suas interações com colegas mulheres – abstendo-se de sua condição de mentores, seus conselhos, sua amizade profissional? Alguns estudos preliminares sugeriram que os homens reduziram suas interações com as colegas mulheres e seu apoio a elas à medida que o movimento #MeToo se desdobrava.[3] Mais pesquisas são necessárias para que se entenda a natureza dessas reações – pelo menos um estudo constatou maior retaliação em ambientes de trabalho com culturas hipermasculinas, o que, em princípio, gera mais assédio – e nós precisamos conhecer melhor os fatores subjacentes que os determinam.[4] Não está claro ainda se esses homens que se esquivavam de suas colegas mulheres são o padrão ou se a reação é concentrada entre aqueles predispostos a desvalorizar ou excluir as mulheres.

Em nível individual, os homens que abominam trabalhar próximo a mulheres podem, naturalmente, ter um efeito nocivo na carreira de suas colegas mulheres. Mas aqueles apáticos em relação à igualdade de gênero também, sem necessariamente ter a intenção, atrapalham o avanço das mulheres. Hoje estamos em uma espécie de encruzilhada. A representação das mulheres em funções de liderança de diferentes áreas e setores permanece praticamente inalterada desde a década de 1990. Os homens evitarão lidar com as condições complexas e persistentes que perpetuam esse estado das coisas ou eles responderão à demanda, expressa vigorosamente no movimento #MeToo, de que eles trabalhem ativamente para eliminar a discriminação? Na luta para criar culturas no ambiente de trabalho em que as mulheres possam ser bem-sucedidas, os homens se recolherão à sua posição de espectadores ou entrarão na batalha?

## A igualdade de gênero é uma questão masculina

Os homens nunca estiveram totalmente ausentes da luta para ampliar o acesso econômico e as oportunidades profissionais para as mulheres. O primeiro artigo da *Harvard Business Review* destinado a examinar os vieses em relação às mulheres nas funções gerenciais, "Are women executives people?", de 1965, foi autorizado e escrito com a coautoria do então editor Stephen Greyser. Mais ou menos na mesma época, a Society of Women

Engineers formou o Men's Auxiliary, composto dos maridos e dos parceiros das mulheres membros com o intuito de arrecadar fundos de apoio à instituição.⁵ Em 1984, o Presidente da Câmara dos Deputados dos Estados Unidos, os governadores de Nova York e Ohio e o prefeito da cidade de Nova York – todos homens – se pronunciaram em favor da nomeação de uma mulher para a chapa de candidatos à presidência do Partido Democrático; o candidato Walter Mondale acabou escolhendo Geraldine Ferraro para sua vice-presidente, a primeira mulher a concorrer na chapa de um grande partido.⁶ Esses exemplos ajudam a ilustrar por que o apoio dos homens é fundamental: os homens estão em posições de poder, autoridade e influência. Em 1984, os homens ocupavam o cargo de governador em todos os estados americanos, à exceção de um, o cargo de prefeito na maioria das cidades americanas e mais de 95% das cadeiras no congresso nacional. O acesso de Ferraro a uma função de liderança importante foi produto não apenas de décadas de ativismo e agitação por parte das mulheres, mas também do poderoso endosso dos homens a essas demandas, uma prática que continua a ser importante hoje. Em 2020, o candidato democrático à presidência, Joseph Biden, prometeu selecionar uma mulher como sua nomeada à vice-presidência e acabou compartilhando a vitória eleitoral com a colega de chapa Kamala Harris, a primeira mulher e a primeira não branca a ser eleita vice-presidente.

Em 2019, o diretor do National Institutes of Health, Francis Collins, expediu um apelo público para que "se encerrasse a tradição de painéis formados exclusivamente por homens" nas conferências de ciências, prometendo examinar se e como os organizadores dos eventos haviam trabalhado no sentido de criar agendas diversificadas e declinar palestras em que a inclusão não se refletisse no programa. Em uma entrevista com o *New York Times* sobre a declaração, Collins observou que o movimento #MeToo teve impacto na biomedicina e elevado seu sentido de urgência em relação à criação de ambientes em que as cientistas mulheres vivenciassem igual oportunidade e tratamento. O neurocientista de Princeton Yael Niv, cujo *site* BiasWatchNeuro.com monitora o gênero dos palestrantes nas conferências de neurociência, explicou ao *New York Times* por que a declaração de Collins era tão importante: "As pessoas realmente o querem na conferência – ele atrai as multidões. Por isso, se ele disser 'Eu não vou à sua conferência para fazer o discurso de abertura porque não vejo uma representatividade adequada', o impacto é enorme".⁷

Niv ressaltou ainda que a influência de Collins ocorre em duas dimensões: "É ótimo ver alguém como uma figura líder e um homem" assumir essa posição. O papel de Collins à frente de uma das instituições mais importantes e respeitadas é importante. Como Niv observa, Collins "atrai as multidões" como um cientista famoso. Mesmo em termos mais específicos, porém, Collins é um homem que defende maior representação das mulheres, e os pesquisadores que estudam a defesa da diversidade têm constatado que os esforços dos homens no sentido de combater o sexismo ou de apoiar a inclusão de gênero geralmente são vistos como mais legítimos e favoráveis que os das mulheres. Os homens podem evitar parte da retaliação que as mulheres recebem; uma série de estudos constatou que as mulheres que pressionam por mais equilíbrio de gênero nas contratações e nas promoções são vistas como menos competentes, enquanto seus colegas homens que defendem a paridade de gênero não sofrem essa penalidade.[8] As vozes masculinas são fundamentais por causa de seu gênero e não apesar dele. Quando os homens se manifestam contra as disparidades ou a discriminação de gênero, eles não se tornam apenas aliados com os quais se pode contar com o apoio às iniciativas do setor ou da empresa para desenvolver a paridade; além disso, eles fomentam a conscientização e a aceitação sobre a desigualdade de gênero como um problema compartilhado, não como um interesse individual. A promessa de Collins destaca esses dois benefícios: as conferências que querem assegurá-lo como palestrante são incentivadas a mudar suas práticas de modo a incluir mais mulheres, e, ao mesmo tempo, sua declaração pública enquadra a sub-representação feminina como um problema para o setor. Na realidade, o impacto desse enquadramento foi sentido quase imediatamente quando o presidente do Wellcome Trust, uma proeminente instituição global de saúde sem fins lucrativos, postou um *tweet* declarando que ele e seus colegas também declinariam convites para eventos que não priorizassem a diversidade de gênero entre os palestrantes.

Entrevistamos vários homens que defendiam o avanço das mulheres em suas próprias empresas e em outros cenários, inclusive Doug Conant, ex-CEO da Campbell Soup, que via o talento feminino – e a diversidade de forma mais ampla – como fator fundamental de sua estratégia de mudança para a empresa, que se encontrava em dificuldade quando ele assumiu o comando, em 2001. "Nós precisávamos criar uma proposta de valor para o funcionário que funcionasse para todos", ele explicou. Conant sabia que a percepção de inclusão e da equidade dos funcionários era baixa e que a empresa precisava demonstrar um investimento em sua força de trabalho de mais de 20 mil pessoas. No início de sua gestão, a empresa criou seus primeiros grupos de afinidades de funcionários, começando com o Women of Campbell: "Tudo o que tínhamos a fazer era sancionar o primeiro evento, que passou de algo em torno de 12 mulheres para, eu diria, 5 mil mulheres em cerca de um ano em todo o mundo. Só precisávamos abrir a porta e apoiar o conceito das mulheres ajudando uma empresa a ter melhor desempenho".

Conant abordou o cultivo das líderes mulheres como uma responsabilidade individual também. Denise Morrison sucedeu Conant como CEO em 2011, a primeira mulher a ocupar o cargo mais alto na Campbell Soup; Conant fora o mentor de Morrison por vários anos antes que o conselho de administração da Campbell começasse a dar atenção às necessidades de sucessão de seu CEO. Ele recorda: "Eu contratei Denise Morrison para uma função administrativa como nossa primeira diretora de atendimento global ao cliente, mas depois a coloquei em uma função de lucros e perdas (do inglês P&L – *profit and loss*), e ela teve a chance de mostrar que era capaz de dirigir linhas de negócios por 6 ou 7 anos antes que o conselho tivesse uma conversa sobre minha sucessão. Naquela época, ela tinha um claro histórico de contribuição e experiência". Os conselhos geralmente se queixam da escassez de mulheres prontas para assumir o cargo de CEO, mas o exemplo de Conant mostra que não precisa ser assim – se os homens em posições de poder hoje abrirem as portas para as mulheres entrarem amanhã.

A participação dos homens não só é necessária para mudar as práticas e as normas que limitam o avanço das mulheres, como os próprios homens também têm a ganhar com a extinção do *status quo*. A hierarquia de gênero que deixa as mulheres em desvantagem cria armadilhas para os homens, que são penalizados se não aderirem a um padrão de comportamento masculino idealizado e rígido. Para os homens, demonstrar vulnerabilidade e empatia, ser afável e agradável e expressar emoções (além de raiva) já se mostraram ações que provocam críticas. Embora essas características e comportamentos sejam conhecidos por gerar maior confiança e efetividade dentro das empresas (na realidade, os *coaches* executivos geralmente trabalham com os clientes para melhorar exatamente essas características), os homens que os promovem são vistos como menos competentes e simpáticos.[9]

O desvio dessa norma talvez seja mais difícil e tenha mais consequências quando se trata do papel dos homens como cuidadores. Mesmo quando a carreira dos homens pode ser reforçada pelas desigualdades de gênero dentro das empresas, eles pagam um preço alto quando se trata de vida além do trabalho. No início da década de 1990, a *Harvard Business Review* sugeriu que as expectativas dos homens em relação ao trabalho e à família podem estar mudando, observando que "o corporativismo norte-americano originalmente projetado por homens não funciona mais para a maioria de nós", com uma nova geração de homens almejando maior envolvimento como pais e parceiros mais iguais.[10] Entretanto, quase 30 anos depois, os homens ainda se veem presos a um conjunto desfasado de expectativas que diminui e limita seu compromisso de cuidadores e pais. Em 2015, o *New York Times* reportou que, apesar de terem crenças mais igualitárias em relação aos papéis de gênero que as gerações anteriores, os profissionais homens *millennials* estavam, em grande parte, vivendo a vida de seus pais e avós: trabalhando longas horas e cuidando pouco dos filhos.[11]

Esse fato não deve surpreender, dada a maneira como muitas empresas abordam as responsabilidades paternais dos homens: na melhor das hipóteses, uma bizarrice que os torna suspeitos ou, na pior, uma brincadeira que não deve ser levada a sério. Embora a licença-maternidade/licença-paternidade seja um benefício-padrão em muitas grandes empresas, os homens tiram muito menos licenças que as mulheres. Em 2018, a Society for Human Resource Management informou que 36% dos homens que tinham acesso à licença tiravam o tempo total de folga disponível, em comparação com 66% das mulheres.[12] Em 2019, a JPMorgan Chase concordou em pagar um acordo de US$ 5 milhões em uma ação coletiva movida por um funcionário que fora impedido de aproveitar a licença de 16 semanas do banco concedida a cuidadores primários. O funcionário, um investigador de fraudes de Ohio, foi informado de que só teria direito à licença se comprovasse que sua esposa não poderia ser a cuidadora primária da criança. Era inconcebível para seus gerentes que ele pudesse optar por uma função desse tipo, e, na visão deles, o benefício da licença-maternidade/licença-paternidade não tinha por finalidade amparar os homens que exercem essa função, mas, ao contrário, beneficiar as mulheres, mesmo que, no papel, reconhecesse a neutralidade de gênero da função.[13] Em outros casos, essas expectativas se tornam explícitas e são usadas contra os homens que não se enquadram nas regras. Um ex-funcionário do escritório de advocacia Jones Day, um dos maiores dos Estados Unidos, alegou em um processo, em 2019, que as políticas de licença-maternidade/licença-paternidade da empresa discriminavam os pais e que os sócios da empresa incentivavam os estereótipos prejudiciais de gênero. De acordo com a reclamação, um importante sócio zombou de outro associado por tirar licença e perguntou: "O que um homem faria na licença-paternidade – ficaria vendo sua esposa esvaziar a máquina de lavar louça?".[14] Outros processos semelhantes contra a CNN e o US Transportation Department movidos por cuidadores homens que tiveram suas licenças negadas ou que sofreram retaliações por tirarem licença são um lembrete de que as políticas e a cultura que trata homens e mulheres de maneiras diferentes não apenas limitam a carreira das mulheres, mas também restringem as opções dos homens.[15] E o viés em relação aos homens que priorizam sua condição de pais não se limita a empresas antiquadas e tradicionais somente. Em 2020, um processo movido por um ex-funcionário da SoulCycle alegava que o CEO da empresa criticara um executivo por sua iminente licença, zombando que "a licença-paternidade é para maricas".[16]

## Os homens no banco de reserva

Se a plena participação dos homens no combate às disparidades de gênero não é apenas necessária mas também, em última análise, benéfica tanto para os homens como para as mulheres, por que não vemos isso com mais frequência? Os homens podem ter dificuldade para não atender às expectativas tradicionais, acreditar que o ganho das mulheres significa perda para os homens (jogo de soma zero) ou sentir-se inseguros em relação a seu lugar no debate sobre a desigualdade de gênero – ou os três. Quando os homens agem de maneira anticonvencional em relação ao trabalho e à família, eles podem correr o risco de sofrer consequências para sua profissão e sua reputação. Como senador, Barack Obama foi repreendido por um colega legislador ao perder um voto em virtude da doença de sua filha pequena: "usar a filha como desculpa para não comparecer ao trabalho também mostra a fraqueza de caráter de um indivíduo", disse seu colega senador Donne Trotter à imprensa.[17] Esse tipo de crítica – explícita ou implícita – desestimula os homens a resistir às expectativas de que "o trabalho deve estar acima de tudo". Um profissional da área financeira disse a um repórter da Bloomberg que os homens que tentam tirar integralmente a licença-paternidade oferecida por suas empresas "estão praticamente pedindo para serem demitidos".[18] Em uma pesquisa de 2016, um terço dos homem disse que tirar licença-paternidade poderia prejudicar sua posição, e menos da metade disse que seus patrões incentivavam um ambiente em que os homens se sentissem à vontade para tirar licença.[19] Os pesquisadores constataram que, quando existem políticas de equilíbrio entre trabalho e família, como licença-maternidade/licença-paternidade, os homens têm menor probabilidade de utilizá-las se acreditarem que seus colegas homens compartilham crenças tradicionais sobre os papéis masculinos.[20] Os homens podem temer o estigma oriundo da priorização da função de cuidador e aceitar calados um *script* social que desestimula a criação de mais parcerias igualitárias.

Os homens podem relutar em nadar contra a maré das expectativas convencionais por medo de retaliação ou por uma crença de que seus colegas preferem o *status quo*, mas pode ser que eles vejam um campo de atuação mais nivelado do que aquele que as mulheres relatam. Um estudo realizado pela IBM em 2019 constatou que a maioria dos executivos homens não acreditava ter trilhado uma carreira mais desafiadora que as mulheres; 80% disseram que teriam tido pelo menos as mesmas chances de promoção a uma função de alta liderança se fossem mulheres.[21] Diversos outros estudos demonstraram que os homens acham que as mulheres têm mais oportunidade do que elas dizem ter realmente. Em um estudo, os homens demonstraram tender a dizer mais que as mulheres que as oportunidades e promoções eram distribuídas de acordo com critérios justos.[22] Uma pesquisa do Pew Research Center verificou que 56% dos homens acreditam que os obstáculos ao avanço das mulheres são, em grande parte, coisa do passado; enquanto isso, 63% das mulheres pensam que continuam existindo "obstáculos significativos" em seus caminhos.[23] Uma pergunta semelhante em outra pesquisa produziu o mesmo resultado, com 58% dos homens concordando que os obstáculos para as mulheres, em grande parte, deixaram de existir.[24] E, em uma pesquisa do Gallup em 2020, 42% dos homens nos Estados Unidos afirmam que a igualdade no trabalho foi alcançada — o dobro da proporção de mulheres que concordavam.[25]

Se os homens tendem a ver as barreiras estruturais como mínimas ou inexistentes, não é de surpreender que eles se sintam pouco incentivados a sair em defesa das mulheres. Na realidade, pesquisas acadêmicas recentes constataram que o menor apoio dos homens às iniciativas de diversidade no ambiente de trabalho está diretamente atrelado ao fato de que os homens tendem a acreditar menos que as mulheres que a discriminação de gênero seja a causa dos resultados desiguais.[26] A apreensão em relação à perda de *status* ou poder pode ser particularmente relevante para os homens que demonstram ceticismo quanto ao papel dos vieses de gênero no ambiente de trabalho. O jogo de soma zero em relação ao avanço das mulheres pode ser visto como uma ameaça à sua própria posição, gerando resistência às políticas e práticas adotadas para contrabalançar ou atenuar a discriminação.[27] Conduzimos pesquisas sobre as opiniões dos homens após o movimento #MeToo, e os resultados sugerem que a atenção renovada à desigualdade de gênero no trabalho é, às vezes, vista pela lente da soma zero: em uma pesquisa com ex-alunos da Harvard Business School (HBS), 12% dos formandos homens achavam que os homens perderam *status* no ambiente de trabalho à medida que as mulheres ganharam *status*. Embora esse seja obviamente um ponto de vista minoritário, torna-se desconcertante quando somado aos 27% de homens que optaram por "não concordar nem discordar" da afirmação de que os homens perderam *status* enquanto as mulheres foram beneficiadas. Ou seja, 40% dos homens, no mínimo, não tinham certeza se o avanço das mulheres é prejudicial aos homens. E um estudo do Pew realizado em 2020 sobre a desigualdade de gênero constatou que mais de um quarto dos homens norte-americanos achava que os benefícios das mulheres vieram à custa dos homens.[28]

Entretanto, mesmo os homens que não se preocupam que os benefícios das mulheres resultem em perdas para os homens, que veem a discriminação de gênero como um problema real e continuado e acreditam sinceramente que o problema deve ser corrigido, nem sempre assumem papel ativo. Aliás, a crença de que o viés de gênero é real e persistente às vezes pode, paradoxalmente, dificultar para os homens se manifestarem. Nossas pesquisas sugerem que muitos homens estão bastante conscientes das desigualdades de gênero no trabalho. Como um jovem de nosso estudo com estudantes universitários recém-formados afirmou, "No que diz respeito à maneira como sou tratado no ambiente de trabalho, eu sinto que sou favorecido como homem". Em uma pesquisa de 2019 publicada no jornal do estudante da HBS, os estudantes homens de MBA classificaram a gravidade da desigualdade de gênero como de nível 6 em uma escala de

7 pontos, na qual 6 indicava "um problema muito grande".[29] E, em nosso estudo com ex-alunos da HBS, mais de 40% dos homens disseram acreditar que o gênero fora uma vantagem em suas carreiras.[30] Se os milhares de homens representados por essas estatísticas – sem mencionar seus colegas que pensam da mesma maneira – defendessem francamente a igualmente de gênero, as mudanças poderiam se acelerar.

Por que somente alguns deles se manifestam claramente? "Mesmo para os homens que querem se envolver, existe a dúvida se devemos ser as pessoas a liderar a tentativa de solução desses problemas ou se devemos viver os valores da equidade e recuar para que as mulheres possam liderar", explicou o estudante de MBA de 2019 Matt Piltch, que trabalhou em uma série de iniciativas relacionadas à igualdade de gênero durante o tempo em que esteve na escola de negócios. Acostumado a falar com colegas homens e mulheres sobre questões de discriminação e desigualdade de gênero, Piltch observou que alguns homens tinham dificuldade para encontrar seu lugar: "Se a pessoa acredita que as mulheres devem ser empoderadas para solucionar esses problemas, há um pouco de tensão" que pode ser sentida pelos homens que querem apoiar a igualdade de gênero. Essa sensação de inquietação é bastante conhecida dos psicólogos sociais que estudam a sensação de "afastamento psicológico" dos homens quando se trata de eles agirem como defensores das mulheres. Ironicamente, embora o apoio dos homens brancos às iniciativas de igualdade geralmente confira legitimidade, como observamos anteriormente, os próprios homens podem sentir que sua voz não é uma parte adequada do coro. A questão identificada por Piltch ("Deveríamos ser nós?") reflete uma hesitação que tem correlação com uma ação limitada. Uma série de estudos que examinou a participação dos homens nas iniciativas sobre a paridade de gênero no ambiente de trabalho constatou que os homens demonstravam, na verdade, menos engajamento nesse tipo de programa que as mulheres, e que a menor participação deles era determinada por sentimentos de que se manifestar sobre questões de gênero não era para eles, mesmo acreditando na importância da promoção da paridade de gênero. Mas, de maneira mais crítica, as pesquisas revelaram que a sensação de afastamento psicológico dos homens poderia mudar simplesmente ao se falar sobre a participação deles na igualdade de gênero e ao ressaltar a importância do papel dos homens nessas iniciativas. Quando empresas e indivíduos definem o trabalho de aumentar a equidade de gênero como um imperativo coletivo, os homens são empoderados a tomar parte.[31]

## Entrando em campo

Os defensores das mulheres estão bem conscientes de que a mobilização dos homens com o aumento de seu claro posicionamento é fundamental. A campanha HeForShe da Organização das Nações Unidas convida "homens e pessoas de todos os gêneros a se manifestar em solidariedade às mulheres", e o Lean In Together, um programa sem fins lucrativos de Sheryl Sandberg pela igualdade de gênero, declara que, "quando os homens perseveram pela igualdade, eles vencem – e todos vencem". A Catalyst, uma *think tank* voltada para as questões de gênero, oferece às empresas um programa chamado Men Advocating for Real Change, um conjunto de ações destinadas a desenvolver os homens como defensores e aliados para o avanço das mulheres. Piltch participou do programa Manbassadors na HBS, um grupo de estudantes homens que prometeram "adotar ações significativas contra o viés de gênero, a discriminação e a violência contra as mulheres" e se comprometeram a ser "participantes ativos nas conversas sobre a igualdade de gênero na HBS e em outros locais". (Ver o epílogo para mais detalhes sobre o Manbassadors e sua influência sobre a escola.) Um colega de turma de Pilch, Kyle Emory, que liderou o Manbassadors durante o ano acadêmico de 2018-2019, enfatizou a promessa inserida nessa linguagem: "Estamos pedindo que as pessoas ajam – não necessariamente por meio de mudanças enormes e abrangentes, mas apenas sendo atenciosas em suas conversas e na maneira como se comprometerem com outros colegas de turma. Fazendo um pouco, podemos fazer um pouco de mudança. Mas, à medida que mais pessoas fazem um pouco, maiores serão as mudanças". Emory sabe que mesmo as mudanças gradativas podem ser intimidadoras porém necessárias: "Acho que todos devem tentar fazer um pouco mais do que se sentem confortáveis em fazer. Foi isso que fiz nessa função [no Manbassadors]. No início eu não me sentia confortável porque eu não sou uma pessoa normalmente extrovertida, mas o esforço de ir além me ajudou muito a compreender melhor a importância do envolvimento dos homens em mais conversas em torno da igualdade de gênero".

Na HBS, o Manbassadors tem um papel claro e um lugar nas conversas sobre gênero no *campus*. O grupo, embora liderado por homens, é patrocinado pela Women's Student Association (WSA). Emory tinha colegas de turma mulheres que colaboraram com ele na programação e nas atividades, o que validou sua própria liderança e o papel do grupo como um aliado. Dentro da comunidade do MBA, a WSA e o Manbassadors endossam e promovem a ideia de que os homens fazem parte da luta pela igualdade de gênero, mas sem esse tipo de consenso o engajamento dos homens pode falhar. O psicólogo organizacional Adam Grant escreveu sobre o fato de que defender causas que não nos beneficiam diretamente pode gerar medo de retaliação. A ansiedade dos homens em relação a seu lugar dentro do movimento destinado a desenvolver as oportunidades das mulheres pode ser oriunda da crença de que seus esforços podem ser recebidos com suspeita ou rejeição. Grant cita pesquisas sobre as reações negativas em relação aos defensores homens, mas também afirma ter conhecimento de leitores que criticam seus artigos sobre as mulheres na liderança. "Que interesse você tem em escrever sobre as mulheres?", eles perguntaram.[32] Mas enfatizar o papel dos homens nos esforços pela paridade de gênero não significa sucumbir ao que os pesquisadores Brad Johnson e David Smith chamam "efeito pedestal", segundo o qual os homens são generosamente elogiados pelo menor dos gestos de solidariedade e apoio. Em vez disso, eles escrevem, os homens simplesmente precisam saber que a voz deles é importante: "As evidências revelam que os esforços pela paridade de gênero são eficazes quando os homens acreditam ter um papel dignificante e importante a desempenhar... A motivação para esse papel geralmente está atrelada a exemplos pessoais e a um sentido de equidade e justiça".[33] Os homens não precisam receber medalhas por confrontar o viés ou apoiar as mulheres em suas vidas, mas eles precisam saber que essas ações são significativas e impactantes e precisam ver a maior paridade de gênero como um benefício coletivo e um bem social, não como um interesse especial restrito.

Como Johnson e Smith ressaltam, os valores e as experiências vividas dos homens geralmente são a motivação para uma atuação ativa nos esforços pela equidade de gênero. Um forte sentido de equidade foi o maior indicador do envolvimento dos homens nas iniciativas pela igualdade de gênero, de acordo com um aprofundado estudo realizado. Além disso, quanto mais forte o sentido de equidade dos homens, maior a probabilidade de eles vivenciarem a exclusão ou a marginalização. "O compromisso deles com os ideais de equidade estava enraizado em experiências muito pessoais e emocionais", escreveram os autores.[34] Essa conexão entre histórias pessoais e valores pessoais é confirmada em nossas pesquisas também. O líder do Manbassador, Emory, descreveu a própria inspiração em termos muito pessoais: "Minha motivação, na verdade, vem de minha mãe. Ela enfrentou muitas dificuldades em sua carreira, tanto como veterana quanto como médica, mas sempre encontrava formas criativas de superá-las e seguia fazendo coisas muito importantes".

A convivência com o desconforto e a discriminação decorrente de ser minoria serviu para formar a liderança de vários homens que entrevistamos. Um CEO do Sudeste Asiático observou que "centena de vezes eu me senti diferente de outras pessoas na sala ou na empresa". Mesmo homens brancos, como um CEO do sudeste rural dos Estados Unidos que trabalhava em um escritório de advocacia em Washington no início de sua carreira, vivenciam o sentimento de ser diferente e levam consigo a consciência da dificuldade dessa situação. Em um estudo qualitativo com 24 CEOs de empresas de todo o mundo, constatamos que os líderes homens que defendiam a diversidade de gênero e a inclusão quase sempre haviam testemunhado mulheres que faziam parte de suas vidas vivenciar a discriminação ou ter oportunidades negadas com base em seu sexo. "Quando eu vejo que as mulheres não têm as mesmas oportunidades que os homens", disse um, "isso me toca pessoalmente. Acho que se trata de algum tipo de recusa relacionada às minhas irmãs ou às minhas filhas".[35] Do mesmo modo, o ex-CEO da Campbell Soup, Doug Conant, nos disse que seu interesse em ser um defensor da paridade de gênero se intensificava quando ele considerava a maneira como o viés de gênero pode impactar a trajetória de sua própria filha. Em um evento focado na questão das mulheres no ambiente de trabalho, uma colega perguntou a Conant: "Você acha que sua filha merece o tipo de oportunidade de que estamos falando? Ela não deveria ter uma oportunidade?". Conant recordava como aquele momento desencadeou um novo sentimento de urgência: "Eu pensei com frieza no caso – é claro, o conceito da igualdade de gênero faz sentido –, mas, de repente, era minha filha. Aquilo realmente me obrigou a encarar a questão de maneira ainda mais pessoal e elevou meu compromisso. Isso foi talvez em 2007, e eu me tornei ainda mais apaixonado pelo assunto na última década".

A conexão desse tipo de experiência individual com o fenômeno mais amplo da desigualdade de gênero incentivou os homens que entrevistamos a usar seu poder e sua influência para instituir programas e políticas que visassem aumentar as oportunidades para as mulheres em suas empresas. O economista Paul Gompers constatou algo semelhante em sua pesquisa sobre o setor de capital de risco: quanto maior a proporção de filhas entre os filhos de sócios seniores de uma empresa, mais eles tendem a contratar uma investidora mulher. O mesmo estudo constatou também que as empresas que contratavam sócias mulheres por força desse "efeito filha" viam maior retorno global e investimentos mais lucrativos em comparação com outras empresas.[36] Como vimos em outra parte deste livro, uma ligação direta entre diversidade de gênero e desempenho financeiro nem sempre é identificada, mas os líderes homens que entrevistamos para este capítulo viam o combate à discriminação de gênero tanto como um imperativo moral quanto como uma abordagem empresarial de senso comum. Nas palavras de John Tracy, presidente do conselho e ex-CEO da Dot Foods, "É a coisa certa a ser feita e é algo compatível com nossos valores, mas a segunda coisa é que se trata de algo muito prático. Do ponto de vista empresarial, por que haveríamos de querer sair por aí recrutando profissionais somente com base em um subgrupo talentoso? Isso não faz sentido".

## Mudando o jogo

Tracy, da Dot Foods, entendia que, como líder, ele poderia orientar e inspirar seus funcionários sobre a importância da inclusão de gênero. Cada vez mais, as empresas e os executivos estão sendo convocados a liderar moralmente os problemas mais prementes enfrentados pela sociedade, mas o avanço da paridade de gênero exige mais que uma declaração de missão. Os CEOs e empresários moldam a cultura e a política; embora práticas como a contratação e a avaliação sejam executadas em toda a hierarquia, os líderes nos níveis mais altos criam expectativas. Tanto Tracy como Conant falaram não apenas sobre a instituição de novas práticas de gerenciamento de talentos, mas também de como eles se esforçavam para inspirar os funcionários a internalizar os objetivos dessas iniciativas. Tracy nos disse que, quando a Dot Foods começou a se preocupar em melhorar a diversidade de gênero, bem como com outras formas de diversidade dentro da empresa, ele fez questão de explicar e promover esses esforços em toda a companhia. Ao falar na reunião nacional anual da empresa, ele visualizou o problema do recrutamento enviesado apresentando um *slide* com "uma enorme população de pessoas lotando a tela". Ele então identificou um pequeno círculo e perguntou: "Por que haveríamos de querer recrutar pessoas apenas desta porção?". Em uma empresa em crescimento, a resposta era óbvia, e Tracy atrelou a diversidade às necessidades da empresa: "Era muito fácil dizer que isso faz um sentido absurdamente lógico, e nós precisamos melhorar nisso. Precisamos nos tornar inclusivos para sermos mais diversos, e precisamos modificar tudo em nossa empresa para fazer isso acontecer". Como um homem branco à frente da empresa, Tracy sabia que liderar defendendo o compromisso da Dot Foods com a contratação, o desenvolvimento e a promoção de pessoas que não se parecessem com ele ou com outros membros da alta gerência atual era um componente central de sua função de liderança.

Da mesma forma, o presidente do conselho e CEO do Duchossois Group, Craig Duchossois, entendia que cultivar líderes mulheres significativa mais que simplesmente contratar mulheres; quando a empresa contratou JoAnna Garcia Sohovich como nova presidente do Chamberlain Group, seu braço operacional, Duchossois sabia que tinha obrigação de posicioná-la para o sucesso. "Qualquer CEO que contrata mulheres talentosas tem a responsabilidade de garantir que elas recebam a orientação adequada tanto do lado profissional como do cultural da empresa. Eu trabalhei no sentido de garantir que ela tivesse uma mentoria sólida de outros membros de nosso conselho além de mim." E o foco da empresa na liderança feminina prepara o terreno para ampliar o funil rumo à liderança, como Duchossois teve o prazer de ver: "Nossa maior operação de produção está no México. Na primeira visita de JoAnna à fábrica, ela fez uma apresentação para um grupo de novas associadas com alto potencial. Em seguida, uma jovem se virou e disse: 'Não tenho palavras para lhe dizer como estou orgulhosa por você estar dirigindo a empresa. Isso significa que eu agora tenho uma escada maior para subir?' E claro que a resposta foi 'sim!'".

Não são apenas os CEOs e executivos que podem ser agentes de mudança; homens em todos os estágios de suas carreiras têm oportunidades para derrubar barreiras e catalisar novas maneiras de pensar e trabalhar. Os gerentes não precisam supervisionar dezenas ou centenas de funcionários para rechaçar o viés de gênero, e uma dessas ações pode criar um efeito cascata. Conversamos com um homem em nível gerencial que nos disse querer ter certeza de que o caminho de uma colega júnior não era desviado por *feedbacks* enviesados:

> Eu estava treinando uma associada com desempenho seriamente baixo em seu primeiro ano e que estava sendo transferida para uma função administrativa. Para ser claro, ela tinha lacunas de desempenho, e a mudança não era injustificada. Entretanto, o comentário escrito em sua avaliação parecia rigoroso demais, e as observações continham algum viés de gênero e também cultural. Havia muito o que destrinchar, mas eu me sentia obrigado a tentar ajudar ou compensar um pouco sendo mais positivo e ressaltando que só porque "algum colega" escreveu algo em uma avaliação não significa que aquilo seja 100% verdadeiro ou justo. Ele é seu chefe porque é bom em investimentos, não em treinamento. Simplesmente não me parecia ser uma avaliação totalmente justa, e eu não queria que ela saísse dessa experiência pensando ser irremediavelmente incompetente.

Consciente de que os vieses sutis poderiam influenciar a maneira como a associada era tratada, ele a ajudou a distinguir os *feedbacks* relacionados à função e que permitiam ação de correção de críticas vagas sobre simpatia e adequação de perfil, geralmente lastreadas em vieses e a respeito das quais é quase impossível um funcionário agir. Como uma série de estudos e histórias de mulheres em todos os setores já deixou claro, as mulheres recebem menos orientação e de forma menos efetiva que seus colegas homens. As preocupações com a falta de acesso das mulheres a mentores e patrocinadores estar se tornando mais arraigada por meio de retaliações ao movimento #MeToo são refletidas nas informações da mídia sobre homens que evitam colegas mulheres.[37] Seja estimulado por um genuíno sentimento de ansiedade ou simplesmente por uma conveniente justificativa para uma preferência preexistente, quando os homens se afastam das mulheres com que trabalham, eles limitam as oportunidades para suas colegas receberem importantes informações de negócios, ouvir sobre projetos que elas poderiam assumir e aumentar a visibilidade delas. Como os homens perfazem a maioria dos agentes de decisão de alto nível, é especialmente fundamental que eles optem por desenvolver e patrocinar as mulheres, como argumentou apaixonadamente Nicole Grogan, diretora de recursos humanos de uma empresa de investimentos da costa oeste dos EUA:

Não existem mulheres suficientes em funções de liderança para que as mulheres possam confiar em outras mulheres. As mulheres que aparecem na empresa precisam confiar nos homens também para que suas carreiras se acelerem ou se desenvolvam. E eu sinto que há um pouco mais de hesitação ou sensibilidade hoje, com os homens evitando fazer algo que possa ser percebido como inadequado ou que demonstre excessiva atenção dispensada às mulheres. E é exatamente isso que está errado. Você precisa sair de sua zona de conforto, e, se estiver inseguro quanto ao que é adequado, converse com alguém de sua confiança sobre como lidar com esses relacionamentos, mas, por favor, não se descomprometa. Não é hora de recuar.

A maneira como os homens se relacionam com suas colegas, especialmente subordinadas e iguais, tem enormes implicações para as experiências das mulheres no trabalho, mas o que tem recebido comparativamente menos atenção é a maneira como as interações dos homens com outros homens pode fazer avançar – ou impedir – a equidade de gênero. Interrompendo os momentos de viés ou preconceito, os homens podem incentivar, dia a dia, mais culturas adeptas da igualdade de gênero. Até mesmo pequenos casos de discriminação ou assédio se somam, e, quando os homens os desafiam, eles deslegitimam as atitudes e os comportamentos que marginalizam suas colegas. Mas existe uma lacuna entre o reconhecimento dos homens de que o sexismo está errado e o desconforto deles em confrontá-lo. Em um estudo conduzido em 2019 pela Promundo, um consórcio internacional que defende a igualdade de gênero, a maioria das mulheres (59%) não concordava que "os homens estão fazendo de tudo para promover a igualdade de gênero no ambiente de trabalho". Os grupos focais revelaram ceticismo das mulheres em relação à disposição dos homens para desafiar o comportamento sexista. Embora a maioria das mulheres sentisse que os homens seriam bons ouvintes das experiências discriminatórias das mulheres, elas não confiavam que os homens tomassem uma atitude e confrontassem outros homens.[38] Outro estudo, voltado para os ambientes de trabalho na Austrália, constatou que a ação número 1 que as mulheres consideravam importante da parte de aliados homens, "desafiar situações de discriminação de gênero", era classificada em baixa ordem de importância pelos homens e estava longe de ser uma atividade prioritária (a 7ª de 16 atividades) com que os homens realmente se comprometem para apoiar a paridade de gênero.[39] Em um estudo conduzido no México com funcionários homens de três empresas multinacionais, a grande maioria (86%) se sentia pessoalmente comprometida em enfrentar os incidentes sexistas no trabalho, mas menos de um terço realmente se sentia confortável em se manifestar no momento.[40]

Essa lacuna entre convicção e ação é especialmente problemática porque a voz dos homens pode ter um poderoso impacto nas decisões e práticas. Conversamos com Santiago Ocejo, que concluiu o MBA em 2014 e, em seguida, cofundou um empreendimento social que presta serviços de assistência médica a clínicas de baixo custo na Cidade do México. Quando Ocejo tomou conhecimento de que um diretor da *startup* havia instituído uma política proibindo que mulheres trabalhassem no turno da noite, ele viu que precisava se manifestar em relação à natureza problemática do embasamento das decisões de recrutamento nas questões de gênero:

> Acho que foi algo bem-intencionado; operamos em localidades de alto risco, e era o mesmo que dizer "não queremos que vocês se exponham a situações de perigo". Mas, embora a intenção fosse boa, eu percebi que era como se estivéssemos institucionalizando a discriminação contra as mulheres. Por isso, houve um enorme debate interno que provavelmente se estendeu por alguns meses. Em vez de simplesmente mudar a política unilateralmente, eu abri a questão para um debate mais amplo, e nós acabamos, de fato, mudando a política. Meu sentimento era: deixem as mulheres decidir o que é e o que não é seguro para elas. Podemos reconhecer e acomodar as preocupações com a segurança, mas não devemos fechar as portas por causa do gênero.

Em outra ocasião, Ocejo precisou abordar um fornecedor de tecnologia que estava usando imagens "humorísticas" estereotipadas de mulheres para ilustrar um manual de processos: "Eu precisei dizer: 'Sei que você fez isso de brincadeira, mas não é aceitável. Eu sou o cliente, e se você trabalhasse para mim, isso também não seria aceitável'". Além disso, Ocejo não limitava sua defesa a contextos em que ele tivesse autoridade formal. Ele desafiava também outros iguais a ele em questões de sexismo e viés, como com um amigo que expressou relutância em contratar uma mulher atraente, apesar de suas qualificações, pela preocupação de que trabalhar com ela pudesse, de alguma forma, minar seu casamento: "A minha reação foi, qual é, cara, você está basicamente discriminando a mulher por causa de uma situação pessoal, e você precisa separar sua vida fora da empresa em vez de discriminar as mulheres com base na aparência delas".

## Redefinindo a meta

Os homens da geração *millennials* à qual Ocejo pertence estão mudando nossas expectativas em torno do que os homens podem e devem fazer em relação à desigualdade de gênero. Um estudo recente com profissionais da área financeira constatou que os homens em nível inicial de carreira constituíam o grupo mais preocupado com a representação desigual de gênero em suas empresas, e, em outra pesquisa realizada em 21 países, os homens abaixo de 40 anos foram os que se mostraram mais dispostos a se submeter a um treinamento sobre a redução dos vieses e foram os mais receptivos com os colegas que tinham horários flexíveis.[41s] Nossa própria pesquisa com ex-alunos da HBS constatou que homens da geração *millennial* tendiam muito mais que ex-alunos mais velhos a supor, depois de formados, que eles compartilhariam as tarefas de cuidar dos filhos e da casa com suas esposas.[42] Em *Unfinished business: men, women, work, family* (em tradução livre, Negócio não concluído: homens, mulheres, trabalho, família), o livro subsequente a seu artigo de grande repercussão na *Atlantic*, Anne-Marie Slaughter argumenta que "a próxima fase do movimento das mulheres é um movimento dos homens". Enquanto homens como cuidadores primários continuarem a ser vistos como exceção ou algo estranho, as divisões das tarefas da casa baseadas no gênero continuarão a deixar as mulheres em desvantagem no trabalho. Um recente estudo com uma grande empresa sindicalizada em que a remuneração e as promoções eram altamente reguladas constatou que as mulheres ganhavam 89 centavos por cada dólar pago a seus colegas homens, uma diferença inteiramente atribuída ao fato de as mulheres aproveitarem menos as lucrativas oportunidades de fazer horas extras e tirarem mais folgas não remuneradas. Por que as mulheres não estavam maximizando seus ganhos? Os pesquisadores constataram que elas tinham menos flexibilidade para pegar turnos adicionais ou mudar seus horários em cima da hora, o que significava que não tinham como aproveitar as oportunidades de fazer horas extras. Mesmo quando os homens também tinham filhos, eles tendiam a trabalhar mais em horário extraordinário que as mulheres.[43] Se esse tipo de disparidade nos ganhos não é resolvido mesmo quando as políticas salariais são formalizadas e claras, não é de surpreender que geralmente ocorra em contextos administrativos em que a definição dos salários e a distribuição de atribuições dependem mais do livre-arbítrio dos gestores.

Existem crescentes evidências de que os próprios homens estão se irritando com as expectativas restritivas de que eles priorizam o ganha-pão em detrimento de seu papel de cuidadores em casa. Slaughter fala da retaliação contra um anúncio publicitário de fraldas que descrevia a figura do pai como incompetente e infeliz. Um pai entrou com uma petição na Change.org reprovando a marca por menosprezar o papel dos pais, e a página da marca no Facebook foi inundada de reclamações. Não demorou para que a empresa tirasse o comercial do ar e se retratasse publicamente com um pedido de desculpas.[44] Apesar de continuar enfrentando expectativas relativamente rígidas quanto ao significado da paternidade (a maioria dos americanos vê o papel financeiro dos pais como mais importante que o de cuidador), os pais hoje estão passando mais tempo com seus filhos que qualquer geração anterior e sentindo níveis de estresse semelhantes aos das mães na tentativa de equilibrar trabalho e família.[45]

As expectativas de os homens tratarem a paternidade como menos importante que o trabalho podem ser diretamente provenientes dos patrões, tanto de maneira explícita como indireta. No processo da Jones Day mencionado anteriormente, um jovem associado foi demitido dias depois de ter levantado a questão do menor tempo de licença concedido pela empresa aos novos pais, embora seu desempenho fosse avaliado como muito alto.[46] Embora a pressão para que as mulheres priorizem seu papel de cuidadoras seja intensa, a expectativa de que os pais se concentrem no trabalho é igualmente intensa; de acordo com o Boston College Center for Work and Family, a grande maioria dos pais nos EUA quer passar mais tempo com seus filhos do que o que passa atualmente e preferiria uma parceria igualitária com uma divisão meio a meio das atribuições de criação dos filhos – entretanto, três quartos dos pais retornavam ao trabalho menos de uma semana após o nascimento ou a adoção, e 96% estavam de volta ao trabalho no espaço de 2 semanas. Como ressaltou o relatório do centro em 2014, "Essa falta dos homens em ser pais coparticipativos nos primeiros meses de vida de seus filhos estabelece um padrão que é difícil de mudar... O pai é imediatamente alçado ao papel de ator coadjuvante".[47] As pesquisas sobre as famílias em que o casal trabalha fora constataram que muitos deles se enquadram nesses papéis tradicionais de maneira não intencional e se veem insatisfeitos tanto no trabalho como em casa, situação em que os cônjuges não se sentem realizados como pais nem como profissionais. Na ausência de um debate aberto sobre a priorização da carreira e os papéis dos pais, os casais têm dificuldade de encontrar um equilíbrio que atenda às necessidades de ambos os parceiros, cedendo a pressões sociais, reforçadas pelas mensagens que eles recebem no ambiente de trabalho, para que os homens tenham um papel menos limitado em casa.[48]

Existem pais arrojados que estão adotando uma abordagem mais consciente em suas próprias famílias e defendendo uma mudança das políticas e normas que os tornam esses espectadores. O cofundador da Reddit, Alexis Ohanian, tirou 4 meses de licença depois que seu primeiro filho nasceu, o que ele comparou, em um editorial de 2019 no *New York Times*, ao único dia de férias que seu pai tivera quando do nascimento do próprio Ohanian, 34 anos antes. Em vez de criticar seu pai ou qualquer outro pai que passa um tempo limitado em casa, Ohanian citou o estigma em torno do papel de cuidador que faz muitos homens relutarem em colocar seu papel profissional em compasso de espera, nem que seja por apenas algumas semanas. E, embora Ohanian enfatizasse a necessidade de políticas públicas que permitam que mais homens optem por tirar licença-paternidade, ele não perdia de vista sua condição de figura pública como um veículo para a mudança. Ohanian ofereceu aos leitores sua própria história como forma de legitimar seu desejo de aproveitar seu tempo de licença: "Eu tirei 16 semanas inteiras de licença e continuo ambicioso e zeloso em minha carreira", ele escreve. "Conversem com seus chefes e digam a eles que eu mandei que fizessem isso."[49]

O fato de que a falta de apoio gerencial, e não a falta de uma regra formal para a licença parental, pode ser o maior obstáculo ao papel dos homens como cuidadores é um lembrete sobre o poder da cultura organizacional. Mesmo países com políticas de licença-maternidade/licença-paternidade patrocinadas pelo governo nem sempre veem uma igual utilização dos benefícios. Na Coreia do Sul, onde os pais podem aproveitar um dos sistemas de licença mais generosos do mundo (52 semanas), apenas 5% dos funcionários que tiraram licença em 2015 eram homens. Uma pesquisa conduzida por um importante *site* de empregos coreano revelou que a principal razão para que os homens optem por não tirar licença era a pressão da empresa.[50] Mas as empresas podem exercer pressão positiva também. A *startup* de serviços de análise de dados Humanyze, sediada em Boston, determina que os funcionários tirem as 12 semanas inteiras de licença que a empresa oferece aos novos pais. Assim como Ohanian, o CEO da Humanyze escreveu um editorial dirigido a outros líderes de empresas com poder para criar não apenas políticas formais, mas também expectativas em relação ao que os funcionários de alto desempenho fazem. Quando ele e o cofundador da empresa tiraram licença ao mesmo tempo, "a empresa prosperou, e o mundo não desabou, e nós pudemos passar um tempo com nossos novos filhos", ele escreveu. "Já era de prever que essa licença devesse ser obrigatória para o restante da empresa."[51]

Permitir que os homens participem mais plenamente de sua vida extraprofissional é fundamental para o avanço das oportunidades das mulheres no ambiente de trabalho. Sem uma mudança dos papéis dos homens, as carreiras das mulheres continuarão a ser limitadas por um ônus descomunal fora do escritório. O Japão oferece um exemplo. Apesar da tão alardeada iniciativa *"womenomics"\** do primeiro-ministro Shinzo Abe para reforçar a participação e a condição das mulheres na força de trabalho, a carreira das mulheres japonesas continua sendo entravada porque elas ainda absorvem a maior parte das responsabilidades domésticas. Embora o número de mulheres seja maior no mercado de trabalho hoje do que à época do lançamento da iniciativa em 2013, metade das novas trabalhadoras cumpre um regime de meio expediente, e as mulheres detêm apenas 13% dos cargos gerenciais.[52] As cargas horárias extremas endêmicas na cultura de trabalho japonesa têm mudado, mas pouco, e a maioria dos homens continua a aderir às expectativas de dedicação praticamente integral ao trabalho e de atividades de socialização relacionadas a ele. Os homens de famílias em que ambos os cônjuges trabalham ocupam menos de 5 horas por semana com o trabalho doméstico, comparados a 25 horas de dedicação de suas esposas, que também estão trabalhando 50 ou mais horas por semana. "Teoricamente, parece ideal que eu trabalhe menos horas e a Yoshiko trabalhe mais", um pai com três filhos disse ao *New York Times*. "Mas, em termos realistas, isso não é viável", dadas as metas que ele deve alcançar.[53] Existem alguns sinais emergentes, porém limitados, de que mais homens

---

\* *Womenomics* é o termo que descreve a proporção da participação de mulheres economicamente empedradas na economia (japonesa) (N.R.C.).

estão dispostos a desafiar essas normas; em janeiro de 2020, o ministro do meio ambiente do país anunciou que tiraria duas semanas de licença-paternidade, distribuídas por um período de três meses, após o nascimento de seu primeiro filho, um anúncio que atraiu cobertura internacional no noticiário e alarde nas mídias sociais.[54]

Mesmo sem filhos na história, a expectativa de que a carreira do homem é prioritária em um casal heterossexual em que ambos trabalham significa que os homens que contrariam a regra enfrentam resistência. Um exemplo de nossas próprias pesquisas: David Rawlinson recebeu uma oferta de promoção para dirigir a operação *on-line* sediada em Londres de uma empresa listada na *Fortune 500*. A oferta veio logo depois que sua esposa, Nadia Rawlinson, começou um novo trabalho como chefe do departamento de recursos humanos da sucursal norte-americana de uma empresa multibilionária de *e-commerce*. David estava ansioso por aproveitar essa nova oportunidade, mas o casal havia acabado de se transferir para São Francisco em razão do emprego da esposa. Aceitando a oferta com a condição de que ele poderia ficar sediado em São Francisco, David constatou que foram necessárias várias conversas com seus novos colegas para tranquilizá-los de seu compromisso e seu entusiasmo com o trabalho; os colegas em sua maioria eram homens com casamentos mais tradicionais cujas carreiras sempre tiveram prioridade, e eles ficaram desconcertados com o pedido. A empresa acabou apoiando sua necessidade de equilíbrio igualitário, e o casal criou uma rotina que permitia a prosperidade dos dois em suas carreiras e demonstrava que os homens podem seguir um plano de carreira dinâmico sem aderir a normas de gênero antiquadas.

Os exemplos verídicos de Rawlinson, Ohanian e do CEO da Humanyze, Ben Waber, nos lembram que as opções que os homens fazem podem derrubar barreiras para as mulheres que fazem parte de suas próprias vidas, bem como apresentar um exemplo para os homens em suas empresas e em outros lugares. As ações diárias dos líderes em todos os níveis transmitem mensagens importantes sobre o que é liderança, quem pertence às posições de poder e quem tem o compromisso de mudar as regras do jogo. Em nosso capítulo final, exploraremos como cada gerente pode reconhecer e combater as barreiras que impedem o avanço das mulheres em suas empresas. Todos – dos CEOs aos gerentes da linha de frente, homens e mulheres – os que contratam, treinam e avaliam os funcionários podem utilizar nossa estrutura para melhorar suas formas de recrutamento, desenvolvimento e retenção de talentos. Precisamos de agentes de mudança de cada gênero, e eles estão em toda parte, não apenas nas diretorias ou nos corredores do Congresso, mas também nas baias, no chão de fábrica e vagando pelos escritórios onde o trabalho do dia a dia é realizado. Antes, porém, o Capítulo 5 fará um último apanhado sobre as estruturas e os sistemas que geram resultados desiguais e a maneira como eles podem ser transformados.

# A defesa da igualdade de gênero na mídia

Ros Atkins

Ros Atkins começou a prestar atenção nas disparidades de gênero quando adolescente no sudoeste da Inglaterra, muito antes de ingressar no mercado de trabalho.⁵⁵ "Quando eu tinha 16 ou 17 anos, minha mãe, que era uma consumidora voraz de literatura feminista, comprou um exemplar de *O mito da beleza*, de Naomi Wolf, e eu descobri algo que me interessei por ler. Embora eu não concorde com todas as narrativas lá contidas, o livro me abriu os olhos para a relação entre a mídia e a experiência da desigualdade de gênero para mulheres. Ou seja, plantou uma semente." Essa semente cresceu enquanto Atkins fazia sua graduação. "Eu cursei história na universidade e comecei a escolher para meus ensaios e trabalhos tópicos que tivessem relação com a questão de gênero. E por um curto período eu trabalhei também em um serviço de auxílio a distúrbios alimentares. Tomei diversas decisões relacionadas a meu interesse na questão de gênero e aquilo simplesmente ficou comigo." Solidamente estabelecido, esse interesse acabou por estimular Atkins a plantar uma iniciativa de mudança na área de sua escolha, o jornalismo, uma iniciativa que floresceria em sua própria empresa de mídia e iria muito além.

Depois de se formar em Cambridge, Atkins lançou sua carreira na África do Sul, como repórter do *Sunday Independent*, além de trabalhar como DJ e pesquisador na área política. Pouco depois de retornar ao Reino Unido, ele ingressou na BBC como produtor de notícias de rádio. Isso foi em 2001, e, embora houvesse ampla consciência cultural em relação às lacunas de gênero, essas lacunas continuavam pronunciadas na mídia e na sociedade de maneira mais geral. Atkins logo notou o desequilíbrio na nova empresa, uma das instituições públicas mais estimadas e uma das principais fontes de notícias e informações do mundo. "Eu tinha 27 anos, de repente trabalhando nessa empresa enorme, e eu não apenas observava o que estava acontecendo na mídia com relação ao gênero, eu agora fazia parte dessa mídia como nunca fizera antes. Muito rapidamente eu me conscientizei de que a programação em cuja produção eu estava envolvido e toda a programação à minha volta traziam distorções a favor dos homens." Atkins queria fazer uma mudança, mas, como ele recorda hoje:

> Eu não tinha entendimento suficiente da empresa para realmente fazer muita coisa. Em certa ocasião, no início de minha carreira na BBC, eu escrevi para meu editor e disse: "Olhe, de todos os convidados regulares de nosso programa, a grande maioria é composta de homens", e não obtive resposta. Eu o encontrei casualmente alguns dias depois e perguntei se havia visto meu *e-mail*, e ele disse: "Vi, e não gostei de seu tom". O fato de eu ter notado essas coisas e me sentido motivado foi uma lição interessante, mas que não foi necessariamente suficiente para promover nenhuma mudança.

Durante algum tempo, Atkins continuou a levantar a questão da sub-representação das mulheres na programação da BBC com diversos colegas, sempre construindo sua própria carreira. Ele acabou iniciando como apresentador substituto em *World Have Your Say*, um programa da rádio da BBC, e em 2006 era um dos principais apresentadores do programa. Em 2014, Atkins criou e começou a atuar como âncora de uma transmissão televisiva noturna, *Outside Source*, que ele comanda hoje. À medida que progredia, ele continuou tentando despertar interesse para as iniciativas relacionadas à paridade de gênero. Algumas dessas tentativas foram recebidas de maneira mais positiva que a primeira, mas ainda sem produzir muita ação. "Eu estava longe de ser a única pessoa consciente dessas questões", ele explica. "Quando era locutor de rádio na BBC World Service, eu tinha uma relação muito próxima com meu editor e perguntei a ele se nós poderíamos começar a contar o número de convidados homens e mulheres, e ele disse 'Acho que não precisamos. Estamos pensando nisso o tempo todo'. Ele concordava totalmente que se tratava de uma questão importante; apenas não estava convencido da abordagem que estava sugerindo, que era, na verdade, de mensurá-la todos os dias."

Entretanto, com o passar do tempo, Atkins se convencia cada vez mais de que era necessária exatamente uma mensuração rigorosa para que houvesse progresso. Em 2016, com um importante papel de apresentador e, consequentemente, maior influência em decorrência da função, ele se sentia obrigado a tentar analisar seu próprio programa. "Eu tinha consciência de que havia mais homens que mulheres em meu programa", ele recorda, "e comecei a pensar profundamente na razão para que isso estivesse acontecendo e por que não estávamos progredindo mais quando o objetivo de ter uma representação justa de mulheres desfrutava tão ampla aceitação". A disjunção entre a aspiração e os resultados era, ele observava, um problema geral e enigmático. "Nós aceitávamos o objetivo, mas, ao mesmo tempo, aceitávamos não ser algo possível. Uma frase me veio à mente certo dia no ônibus a caminho do trabalho: estávamos em um *constante estado de tentativa*, no qual a tentativa passa a ser um fim em si." A noção de que a meta era inalcançável levava as pessoas a resignar-se ao *status quo* e abafava qualquer urgência que pudesse ser aproveitada para que houvesse ação. "Isso cria uma narrativa segundo a qual 'estamos tentando e melhorando', e a meta, na verdade, passa a ser secundária."

Mas Atkins sabia que seus colegas se importavam com o equilíbrio de gênero, e ele acreditava que, se conseguisse fazê-los prestar mais atenção em quão desequilibrado era o conteúdo, eles poderiam ir – e iriam – além desse estado de constante tentativa. "Se pudesse provar que era possível [aumentar a proporção de mulheres], você mudaria muito essa dinâmica", ele explica. "Mas nós simplesmente não tínhamos a capacidade de mensurar o que estávamos fazendo." No final de 2016, Atkins fez uma viagem ao Vale do Silício e, depois de falar com especialistas em empresas como Google e Facebook, saiu com uma certeza ainda maior de que a coleta e o controle dos números constituíam a abordagem certa. "Eu saí com uma imensa sensação de que os dados estavam sendo utilizados de maneiras muito profundas para determinar uma mudança cultural naquelas empresas. E acabei combinando essas duas ideias – uma, de que os dados têm o poder de determinar mudanças culturais, e outra, de que você não pode realizar essas mudanças se não as provar possíveis."

A essa altura, Atkins não era mais um produtor júnior buscando seu caminho, mas um veterano de 15 anos na BBC e um jornalista respeitado. Como ele diz, "Eu tinha influência suficiente sobre minha equipe de produção para dizer 'Podemos tentar isso'?". Não era um papel de edição. Como Atkins logo ressalta, "Âncoras de notícias não são gerentes. Temos um poder brando, mas não um poder coercitivo no que tange a orçamentos e gerência de linha". Em vez de uma ordem vinda de cima, era um apelo aos colegas, que ele sabia que compartilhavam seu desejo de busca da paridade de gênero. Refletindo hoje, a Atkins lhe parece que sua abordagem amigável, determinada pela influência, e não pela compulsoriedade, era não apenas suficiente, mas talvez ideal.

Talvez alguém sem poder coercitivo que venha a você com uma ideia e sugira "Por que você não tenta isso?" seja algo menos intenso do que alguém muito graduado que venha a você e diga "Precisamos que você faça isso". Eu trabalhei em setores da BBC em que a gerência estava ávida por implementar algum tipo de mudança ou modernização, e se passava muito tempo tentando persuadir as pessoas a fazer coisas que, na verdade, elas não queriam fazer. Constatei isso em um exercício imensamente contraproducente, que geralmente não acaba com as pessoas mudando seu comportamento, mas com elas se sentindo um pouco irritadas com você. Mais infelicidade e sem muito progresso.

Conhecendo muito bem essas armadilhas, Atkins via suas conversas com os colegas como oportunidades para ajudar, não ocasiões para impressionar. "Eu fazia uma grande apresentação para um grupo de editores, e via na cara deles que estavam esperando uma abordagem coercitiva, que eu dissesse 'Quem vai começar no próximo mês?', e, em vez disso, eu dizia apenas 'Foi interessante para nós. Se vocês tiverem interesse, avisem-nos. Não há nenhum problema se não interessar a vocês'. Aquele ponto de pressão que eles estão prevendo nunca chega."

Para testar sua teoria de que a abordagem definida por dados provocaria uma mudança na razão de gênero, Atkins abordou primeiro produtores e editores de seu próprio programa, *Outside Source*. "Eu simplesmente expus à minha equipe que deveríamos tentar, e, entre nós, resolvemos fazer", ele explica. Denominando-o Projeto 50:50, ele propôs controlar mensalmente o número de colaboradores homens e mulheres (p. ex., repórteres, analistas, especialistas – qualquer pessoa que estivesse no programa para reportar ou analisar as notícias). A composição de colaboradores era não apenas parte integrante de uma voz do programa, mas também uma opção jornalística, e Atkins sabia que precisava propor uma maneira de examinar o equilíbrio de gênero pertinente à esfera de influência e ao escopo de trabalho de seus colegas. O *Outside Source* seguia a pleno vapor. "Nos primeiros 6 meses", Atkins recorda, "não conversamos com nenhum outro programa ou quaisquer outros editores. Somente depois de provarmos que funcionava, depois de vários meses de trabalho, começamos a conversar com os gerentes e os editores. Eu esperei até que eu tivesse algo digno de crédito que corroborasse a conversa".

Logo surgiram resultados convincentes. O *Outside Source* iniciou sua contagem em janeiro de 2017 e em abril já havia aumentado a proporção de colaboradoras de 39% para 51%. A teoria de Atkins havia sido provada: o controle dos dados os estimulara a recrutar mais mulheres para participar do programa e, consequentemente, alcançar o equilíbrio de gênero. "Se você for sensível a algo e observar e sentir isso, a probabilidade de você agir para resolver essa questão é muito maior", ele explica. O exercício 50:50 foi algo gigantesco em termos de sensibilização. Os números sensibilizam para o que está acontecendo, você se sente decepcionado se não estiver se saindo tão bem quanto gostaria, e sua motivação para fazer melhor é consideravelmente maior."

Se seu próprio programa servia de referência, Atkins sabia que, quando as pessoas se sensibilizam dessa maneira, elas também tendem a criar um conteúdo mais equilibrado. Entretanto, ele tinha plena consciência de que todas as redações trabalham com uma série de prioridades importantes e que seus colegas já estavam sobrecarregados. Como ele poderia convencê-los de que valia a pena acrescentar mais uma tarefa, ainda que bastante objetiva, às suas crescentes listas? Ele sabia que precisava ter um forte argumento, e sentia também que precisava demonstrar a seriedade de seu próprio compromisso. "Eu estava solicitando a adesão de muitos deles, um acréscimo a seus compromissos diários, e eu sentia que o mínimo que podia fazer era chegar a um meio-termo e dizer: se vocês investirem nisso, eu farei o mesmo. Prometo apoiar vocês integralmente, e vou agir para que o trabalho de vocês seja notado."

Atkins também pensou muito nas possíveis objeções que poderia ouvir:

> Eu anotei todas as perguntas que eu poderia imaginar que meus colegas mais céticos fariam e anotei minhas respostas. Eu precisava ter certeza de que essas respostas eram absolutamente dignas de crédito, por isso pedi a duas colegas seniores que se reunissem comigo para revermos todas as preocupações que eu achava que pudessem surgir. Por exemplo, existe alguma hostilidade em relação às cotas na mídia do Reino Unido, de modo que era preciso ficar claro que, embora 50% de mulheres fosse uma aspiração, não se tratava de

uma cota. E eu sabia também que as pessoas diriam: "Eu adoraria fazer isso, mas não tenho tempo", por isso eu precisava ser capaz de demonstrar que o monitoramento até mesmo de um programa bastante complicado levaria menos de 2 minutos. A lista não tinha fim, e nós precisávamos de respostas muito claras e sólidas para todas as razões para que não se tentasse – minha teoria era a de que, se as pessoas tentassem, perceberiam que não daria tanto trabalho assim e que não se tratava de comprometer a qualidade do jornalismo delas. Na realidade, tratava-se, supostamente, de melhorar o jornalismo delas.

Em meados de 2017, cinco novos programas haviam aderido à iniciativa 50:50, e até o final do ano outros 12 fizeram o mesmo. O ritmo aumentava à medida que Atkins continuava a se reunir com outras equipes e a fama do projeto se espalhava. "No outono de 2017", ele recorda, "Eu consegui três ou quatro novos programas de grande visibilidade da BBC, o que conferiu muito mais credibilidade às minhas conversas com outros programas, e passamos de 10 para 16 programas bastante rapidamente. Esse foi um ponto crucial." Mais de 80 equipes já haviam aderido até o final de 2018. Em fevereiro daquele ano, Atkins foi convidado para uma reunião com o chefão da BBC, o diretor-geral Tony Hall; essa conversa acelerou ainda mais o *momentum*. "A BBC é uma organização enorme", explica Atkins. "Não seria normal, mesmo para alguém como eu que, desfruta de uma posição relativamente elevada na redação, encontrar-se com o diretor-geral. Acho que foi a segunda vez que o encontrei. Algumas semanas depois, ele fez referência ao 50:50 em uma palestra, e aquilo foi como jogar lenha na fogueira. O fato de ter endossado o programa, de ele estar dizendo 'Eu estou ciente dessa iniciativa e quero que ela prospere', era algo muito forte". O projeto ganhou força considerável a partir dali. Em abril, a assessoria de imprensa da BBC expediu o "Desafio 50:50", exortando à adesão dos programas. O *Daily Telegraph*, um dos jornais diários de maior circulação do país, estampou o desafio em sua primeira página. A atenção "transformou tudo", lembra-se Atkins. O sucesso inicialmente alcançado pelo *Outside Source* logo foi reproduzido. Em abril de 2019, 57% de todas as equipes participantes haviam alcançado uma razão de 50% de colaboradoras; entre as equipes que seguiam a abordagem havia pelo menos um ano, 74% haviam alcançado a paridade de gênero – em comparação com apenas 27% antes da adesão.[56]

Do ponto de vista de Atkins, o sucesso do 50:50 é um testemunho do poder de um grupo de indivíduos comprometidos, cuja maioria precisava apenas de um incentivo para fechar as lacunas de gênero. "O que eu ouvi de muitos colegas era que eles não sabiam ao certo como falar sobre essas questões", ele diz. "Eles não sabiam bem como mensurar seu progresso na busca por maior igualdade de gênero. Eles não tinham certeza se a gestão realmente via com seriedade a questão de alcançar a marca de 50% de mulheres. E, de repente, esse projeto lhes diz 'Sim, nós nos preocupamos. É assim que nós vamos fazer isso, e, se vocês quiserem participar, vão em frente'. Isso tocou e moldou uma paixão que muitos de meus colegas já tinham."

No começo da década seguinte, a forma do 50:50 continuava a se expandir. No início de 2020, mais de 600 equipes da BBC não apenas haviam aderido ao projeto como mais de 60 outras instituições em 20 países haviam feito o mesmo.[57] Em apenas alguns anos a participação cresceu muito além da rede de Atkins. Falando em janeiro de 2020, ele voltou a mencionar um exemplo de como o projeto adquirira vida própria: "Na segunda-feira, havia um evento em Salford, nos arredores de Manchester, sobre a diversificação dos contatos da BBC para aquela redação, e eu estava vendo todas aquelas fotos das pessoas no evento, todas tuitando 'Tive um dia maravilhoso nesse evento do 50:50'. E, com a exceção de duas pessoas, eu não conhecia nenhuma delas. É aí que a coisa é forte, quando você perde o controle da melhor maneira possível e a coisa passa a ser um veículo para algo muito maior do que você jamais poderia criar sozinho."

O Projeto 50:50 cresceu tanto, na verdade, que Atkins não conseguia mais dirigi-lo sozinho. Dois colegas da BBC se juntaram a Atkins para gerenciar o programa, e a BBC também investiu em capacidade tecnológica, criando um painel para que as equipes pudessem inserir seus dados e controlar seu próprio progresso e o de outras pessoas. Entretanto, mesmo o 50:50 se tornara mais robusto, operando em escala muito maior. Atkins continuava liderando com um toque pessoal, movido por sua convicção de que um apelo interpessoal genuíno era fundamental para a criação de um compromisso real. "Por eu ser homem, é totalmente inadequado que eu entre em uma reunião de um editorial com um grupo de pessoas que eu, particularmente, não conheço, formado por homens e mulheres, e que eu não aja com humildade ao falar dessa questão", ele ressalta. "Não há nada de intromissão nisso. Não há nenhuma palestra sendo proferida. Toda vez que uma nova equipe adere ao projeto, significa muito que elas estão dispostas a investir seu tempo e sua confiança."

O Projeto 50:50 era claramente bem-sucedido pela métrica da afiliação. Mas os esforços empenhados pelos programas faziam uma real diferença para os novos consumidores e para o público em geral? Para descobrir, a BBC conduziu uma pesquisa com representação nacional que revelou que 39% dos entrevistados haviam notado a presença de mais mulheres na BBC. Das entrevistadas, 32% viam a maior representação como uma melhoria.[58] Além disso, Atkins argumenta que o equilíbrio de gênero é fundamental para o desempenho: "Jornalismo tem a ver com entender o mundo, explicá-lo e analisá-lo para as pessoas que consomem seu trabalho. Não se pode fazer isso efetivamente sem falar com o mundo inteiro. Se você falar somente para uma parte do mundo ou receber desproporcionalmente notícias de uma única parte do mundo, isso certamente irá diminuir sua capacidade de informar de maneira justa e precisa e de analisar o que está acontecendo à sua volta".

Atkins tem orgulho do impacto que o Projeto 50:50 teve na BBC e na conversa sobre gênero na mídia, embora ele não seja de ver o mundo cor-de-rosa. "A minha abordagem a esse projeto sempre foi, e continua sendo", ele diz, "que seu insucesso é, de longe, o resultado mais provável, visto que a desigualdade de gênero no conteúdo midiático existe desde que a mídia começou a existir." Entretanto, o Projeto 50:50 faz parte de um movimento que tem o poder de erradicar a desigualdade. Olhando para os últimos anos, Atkins consegue ver uma grande mudança de ritmo: "Se eu comparar a relevância da questão da igualdade de gênero hoje e três anos e meio atrás, quando dei início ao 50:50, muita coisa mudou. As conversas em torno de como progredir o mais rápido possível têm se tornado mais fáceis a cada mês que passa. Existe uma urgência não apenas na BBC, mas na mídia, e seria uma grande surpresa para mim se essa urgência não continuasse aumentando".

CAPÍTULO 5

# Criando organizações que quebram o teto de vidro

## Uma abordagem sistêmica do fechamento das lacunas de gênero

As empresas de hoje estão cientes da existência de um dominante desequilíbrio de gênero na liderança, e a grande maioria vê esse fenômeno refletido em seus cargos executivos. Nas palavras de um alto executivo da JPMorgan Chase, "Quanto mais sênior o grupo, menos mulheres há. No entanto, se você olhar alguns grupos mais jovens – pessoas que acabaram de sair da universidade e em um estágio um pouco além em suas carreiras –, existe uma representatividade mais equilibrada. Estamos perdendo talentos de alta qualidade, e não há razão para termos tanta assimetria à medida que progredimos".[1] Essa declaração poderia ter vindo de praticamente qualquer dirigente da empresa, dada a persistente sub-representação feminina em funções gerenciais e executivas de todas as áreas e setores. Na Parte 1 deste livro, examinamos as barreiras de gênero pela perspectiva das mulheres que as enfrentam – identificando e explorando expectativas, vieses e julgamentos que desviam as mulheres do caminho da liderança e retardam sua ascensão. Ao longo de todo o capítulo, ouvimos também as vozes de mulheres que superaram esses obstáculos refletidas na maneira como elas o fizeram e que mudanças elas acreditam serem mais necessárias hoje, décadas após a remoção de muitas barreiras formais. Para começar a Parte 2, voltamos nossa atenção para a maneira como os homens poderiam – e devem – engajar-se na luta pela paridade de gênero. Graças, em parte, à generosidade de nossos entrevistados, tomamos conhecimento de como os homens, individualmente, estão defendendo e implementando mudanças. Esperamos que suas histórias motivem outras pessoas a fazer o mesmo, mas também reconhecemos que são necessários esforços mais amplos e sistêmicos, razão pela qual este capítulo passa a olhar para o nível organizacional. Somente quando as empresas se mobilizarem para avaliar, atualizar e melhorar suas práticas gerenciais – não de forma fragmentada, mas de modo sistemático e integral – os padrões abordados anteriormente neste livro começarão a mudar e a se desfazer.

Fundamentalmente, a eliminação das disparidades de gênero no trabalho é uma questão de gestão de talentos mais efetiva. A aquisição, o engajamento e a retenção de talentos são fundamentais para qualquer empresa – seja uma grande empresa integrante da lista *Fortune 100* ou uma *startup* em estágio inicial. Na realidade, "atração e retenção de talentos" foi classificada entre as três maiores preocupações dos conselhos de administração, de acordo com uma pesquisa conduzida com mais de 5 mil diretores de empresa em 60 países.[2] A gestão de talentos é também complexa e multifacetada; requer tanto uma visão abrangente da cúpula sobre a melhor maneira de atender às necessidades da empresa como uma atuação dos gerentes em todos os níveis no dia a dia, normalmente em meio a outras obrigações prementes. No entanto, um estudo conduzido pelo Canada–United States Council for Advancement of Women Entrepreneurs & Business Leaders constatou que menos da metade das empresas havia realmente articulado um plano para o avanço das mulheres para a alta liderança.[3] Outra pesquisa com mais de mil empresas em 54 países constatou que menos da metade das empresas relatou possuir um plano para o avanço da igualdade de gênero, embora 80% dissessem tratar-se de algo importante.[4] Apesar do amplo reconhecimento das lacunas de gênero, muitas empresas não transformaram interesse em ação, na forma de mudanças estruturais e culturais. Consequentemente, os sistemas que as empresas utilizam para contratar, treinar e reter funcionários continuam a perpetuar um campo de atuação desigual, mesmo quando os CEOs acreditam sinceramente nas oportunidades de avanço das mulheres.

Os processos formais que compõem a gestão de pessoas são influenciados por vieses de gênero que todos nós temos, geralmente sem sequer termos consciência deles, bem como pelas características estruturais do ambiente de trabalho que entravam a carreira das mulheres. A natureza involuntária dessas barreiras tem sido descrita pelos pesquisadores da área gerencial como uma forma de desvantagem de gênero de segunda geração; ao contrário das barreiras manifestas de primeira geração, como anúncios de emprego segregados por sexo, o viés de gênero de segunda geração é mais sutil e, por essa razão, mais difícil de ser identificado ou eliminado. Quando os vieses inconscientes dos gerentes influenciam a maneira como eles avaliam o desempenho, ocorre o viés de segunda geração, que é quando práticas aparentemente neutras em questões de gênero, como os revezamentos de turnos, criam oportunidades desiguais para homens e mulheres.[5] Examinamos em profundidade as pesquisas sobre a gestão de talentos e conversamos com mulheres de empresas de todo o mundo que vieram da Harvard Business School para participar de diversos programas de educação executiva, a fim de compreender quando e como as barreiras ao avanço das mulheres ocorrem hoje e como elas podem ser derrubadas ou totalmente evitadas. Cada passo apresenta uma oportunidade para garantir que mulheres talentosas fiquem desnecessariamente estagnadas em seu progresso profissional ou sejam obrigadas a deixar suas empresas por melhores perspectivas em outro lugar.

Por fim, este capítulo apresenta uma estrutura unificada para a identificação de padrões sistêmicos que podem levar a esse tipo de esgotamento de talentos. A vantagem é que esses padrões não são imutáveis; as organizações podem mitigá-los e eliminá-los. Aqueles que ocupam posições de poder podem gerar mudanças maiores, mas existem medidas que até mesmo os gerentes de nível intermediário podem adotar para melhorar os sistemas. (No Capítulo 6, veremos em profundidade o papel que os gerentes podem desempenhar individualmente, mesmo quando sua esfera de influência tem um alcance pequeno.) As empresas que resolvem essas falhas e fugas no sistema ganham uma vantagem real sobre os concorrentes que aceitam o *status quo*, o que impede que as mulheres se desenvolvam e as desvia do caminho da liderança. Como o presidente do conselho da Dot Foods, John Tracy, ressaltou no Capítulo 4, concentrar-se apenas em parte do grupo de talentos – homens brancos que operam com mais facilidade no mercado de trabalho – priva sua empresa das habilidades e dos conhecimentos de muitas pessoas que se enquadram nesse molde restrito. Algumas mulheres excepcionais atravessarão a barreira, fazendo uma abertura individual no teto de vidro. Mas esse progresso fragmentado só as levará até aí – apesar dos furos e das fissuras, o teto permanece inteiro. Estilhaçá-lo seria muito mais eficaz. Para descobrir como se tornar uma organização que quebrará esse teto de vidro, continue lendo.

## Atraindo candidatos

Antes mesmo de ter um grupo de candidatos, sua empresa pode estar inadvertidamente eliminando as mulheres. Pense em como os gerentes tendem a recrutar candidatos. É recorrendo às redes pessoais em busca de referências? Embora essa abordagem tenha o benefício de garantir informações confiáveis, é provável que essas fontes não apresentem variação não apenas de gênero, mas também de raça, escolaridade, idade e outras características. Todos nós tendemos a nos sentir atraídos por pessoas que compartilham aspectos fundamentais de nossas identidades. Esse princípio, chamado homofilia, foi bem documentado pelos pesquisadores e, de maneira mais pertinente, demonstrou moldar as decisões de negócios, às vezes com efeitos inadvertidamente discriminatórios.[6] Em um estudo com estudantes de MBA que estavam formando equipes para o lançamento de microempresas, os estudantes demonstraram uma tendência 25% maior de formar parcerias com outros de mesmo gênero ou da mesma etnia.[7] Entre os profissionais da área administrativa que procuravam trabalho depois de terem sido dispensados, as redes profissionais segregadas por gênero resultam na indicação de empregos com menor remuneração para as mulheres que para homens possuidores de perfis profissionais semelhantes.[8]

Um executivo no LinkedIn descreveu como a homogeneidade era perpetuada lá: um padrão de contratação extremamente rápido, "não nos dando tempo suficiente para fazer uma avaliação mais profunda", e por acabar vendo o primeiro candidato – que normalmente se parecia com membros de equipe existente – como o candidato certo.[9] Uma mulher que entrevistamos disse o seguinte: "O que eu vejo acontecer repetidamente é que as pessoas recorrem de forma automática à sua rede imediata quando estão contratando, em especial para cargos mais altos". Falamos com Francis Collins, diretor do National Institutes of Health (NIH), sobre os esforços de diversificar os níveis de liderança dos 27 centros e institutos do NIH, o que exigia uma nova abordagem de recrutamento. "Dos últimos 6 [diretores de centro] que eu recrutei, 5 eram mulheres. Em pelo menos alguns desses casos, eu não acho que teria sido assim se tivéssemos feito a busca da maneira mecânica de costume, perguntando 'quem nós conhecemos que é bom' e indo buscar. Foram necessários alguns passos adicionais para nos certificarmos de que não estávamos perdendo pessoas que não constavam nessas listas de finalistas, integradas majoritariamente por homens." Fundamental nesse processo foi o papel de Hannah Valantine, diretora-geral do NIH para a diversidade da força de trabalho científica, um cargo criado por Collins em 2014: "[Valantine] participou de praticamente todo o processo do comitê de recrutamento, certificando-se de que estamos averiguando os candidatos que contribuiriam para nossa diversidade. E eu sempre dediquei um tempo razoável aos comitês, destacando para eles quão fundamental é fazer esse tipo de busca excepcional, e não apenas seguir o caminho mais fácil, que geralmente não passa de uma convocação de homens".

Muitos empregadores expõem rotineiramente oportunidades de emprego a milhares de candidatos potenciais por meio de diversas ferramentas e *sites* de busca. Os anúncios de emprego *on-line* são particularmente importantes para funções hierarquicamente mais baixas – talvez os tipos de vaga que os novos diretores dos centros do NIH estão tentando preencher. Embora esses anúncios ajudem a permitir um conhecimento mais amplo das oportunidades, o que eles dizem pode desestimular mulheres qualificadas. Um estudo com os dois principais *sites* de emprego do Canadá constatou que vários empregos eram apresentados em uma linguagem com alto apelo de gênero, com profissões de predominância masculina descritas com termos que contêm uma conotação de estereótipos masculinos (p. ex., *competitivo, dominante*) e aquelas de predominância feminina com termos tradicionalmente femininos (p. ex., *apoio, compreensão, interpessoalidade*). Esses anúncios não estavam apenas refletindo a realidade dos empregos dominados por homens e mulheres, mais criando-a: as mulheres se mostravam sistematicamente menos interessadas em se candidatar a funções divulgadas em linguagem masculina, mesmo quando elas acreditavam possuir as habilidades necessárias para, de fato, *desempenhar* a função.[10] Outra pesquisa confirmou que as mulheres tendem a se candidatar menos a um emprego se o candidato ideal for descrito com características tradicionalmente masculinas.[11]

Uma empresa especializada em desenvolver *software* para a redação de anúncios de emprego descobriu, utilizando dados de seus próprios clientes, uma forte correlação entre as frases masculinizadas ou feminizadas e a probabilidade de um homem ou uma mulher ser contratado(a) para a função. Nos casos em que um homem era, em última análise, contratado, o anúncio de emprego original tem quase o dobro de números de frases do tipo masculinizado. Ao descrever essa descoberta, o fundador da empresa observou os efeitos negativos de um grupo distorcido: "A linguagem que você utiliza muda o candidato à sua vaga, e a probabilidade de você contratar uma mulher é muito maior [...] se sua fonte de aprovisionamento contiver várias mulheres a serem consideradas".[12]

Além disso, as mulheres altamente qualificadas podem optar por desistir da candidatura quando as descrições são escassas e obscuras ou extremas na outra direção – exageradas ao descrever o candidato perfeito. Uma série de estudos conduzidos tanto em laboratório como no campo descobriu que as exigências de emprego claramente expressas aumentavam a probabilidade de candidatura de mulheres qualificadas. A probabilidade de os homens se candidatarem não era afetada pela clareza das exigências, o que significa que o grupo de candidatos aumentava e se tornava mais diversificado em termos de gênero.[13] Enquanto isso, outro estudo analisou dados dos anúncios de emprego da empresa Uber para entender as diferenças de gênero nas candidaturas a vagas técnicas. Quando os anúncios eliminaram a linguagem que fazia referência à qualificação especializada (p. ex., indicando "habilidades de programação" e não "excelentes habilidades de programação"), bem como qualificações "desejáveis" opcionais, a lacuna de gênero se fechou. As mulheres detentoras de grau acadêmico avançado passaram a se candidatar na mesma proporção que os homens com as mesmas qualificações, enquanto antes menos mulheres qualificadas expressavam a intenção de se candidatar.[14]

## O resultado sobre a atração de candidatos

As abordagens comuns para o recrutamento de candidatos, bem como as mensagens claras e sutis nos anúncios de emprego, podem reduzir artificialmente o número de mulheres qualificadas que aparece em um grupo de candidatos.

*O que os gestores podem fazer:*
- Controlar a proporção de candidatos homens e mulheres e comparar os resultados com a média para seu setor e com suas aspirações internas por diversidade.

- Aproveitar as redes para aumentar, e não para frustrar, a diversidade. As pesquisas em diversos contextos constataram que tanto as mulheres brancas como as minorias raciais tendem a encaminhar candidatos de sua mesma raça e gênero, sugerindo que as empresas podem usar essas referências para aumentar a diversidade dos grupos de candidatos.[15]
- Avaliar a linguagem usada para anunciar empregos e identificar se há indicações nelas sugerindo que as candidatas mulheres são menos desejáveis. A tecnologia pode auxiliar nesse tipo de análise, sinalizando sistematicamente termos com conotação de características ou estereótipos de gênero. Mas a solução tecnológica não substitui a reflexão gerencial; se o candidato ideal for supostamente (explícita ou implicitamente) homem, a descrição de cargo provavelmente refletirá esses pressupostos.

## Contratação

Iniciado o processo de seleção de candidatos, os vieses de gênero têm diversas oportunidades de afetar o processo de contratação. Em diversos estudos sobre vários setores e áreas, os pesquisadores examinaram os efeitos da indicação de gênero, raça ou etnia e orientação sexual nos currículos em que todos os demais fatores eram os mesmos, verificando que aqueles pertencentes a grupos tradicionalmente desfavorecidos (p. ex., mulheres brancas, homens e mulheres pretos, homens homossexuais) têm menor probabilidade de serem chamados para entrevistas pelos empregadores.[16] Uma empresa que estudamos começou a controlar a proporção de gênero das candidaturas recebidas, dos candidatos entrevistados e das ofertas apresentadas a fim de demonstrar os casos em que os vieses de gênero poderiam estar eliminando candidatas mulheres. O diretor nacional responsável pela unidade em que essa prática foi instituída recorda que "essas métricas iniciaram um diálogo saudável que auxiliou a mudança de comportamento. [...] Poderíamos destacar positivamente os gerentes que estavam dedicando esforços conscientes no sentido de criar uma equipe diversificada e entender a lógica daqueles gerentes que tinham dificuldade em contratar mulheres e, na medida do possível, lidar com essas áreas".[17] Esse tipo de reconhecimento de que existem barreiras é um primeiro passo fundamental. Especificamente em campos dominados pelos homens, a negação da existência do viés de gênero tem correlação com uma menor probabilidade de contratação de mulheres. Em contrapartida, o reconhecimento de que as mulheres enfrentam obstáculos parece ajudar os entrevistadores a avaliar imparcialmente os candidatos.[18]

Por que exatamente os currículos de mulheres igualmente ou mais bem qualificadas podem ser preteridos em favor dos currículos dos homens? Existem vários fatores determinantes desse tipo de discriminação, geralmente involuntária. É possível que os gerentes não avaliem os candidatos homens e mulheres utilizando as mesmas normas; um estudo que examinou a função de chefe de polícia, tradicionalmente dominada por homens, constatou que os avaliadores, na verdade, redefiniam os critérios de emprego para beneficiar os candidatos homens, em detrimento das candidatas mulheres.[19] Os currículos das mulheres são avaliados de acordo com um padrão mais alto: um estudo constatou que as economistas mulheres recebiam menos crédito pela coautoria de trabalhos que seus colegas homens, o que resultava em uma taxa de promoção mais baixa para as mulheres.[20] E a crença de que as mulheres geralmente são menos qualificadas que os homens em determinadas áreas pode diminuir a probabilidade de contratação de mulheres para funções que requerem essas habilidades, mesmo quando as qualificações dos candidatos efetivos são, de fato, fortes.[21] Por fim, os currículos de mulheres em idade fértil também podem ser avaliados de maneira menos favorável em razão de uma crença de que as mães são menos comprometidas com seus empregos que os homens ou as mulheres sem filhos; quando a condição parental da candidata é conhecida, as mães têm menor probabilidade de receber um retorno de um possível empregador, mesmo quando seus currículos são idênticos aos de candidatos homens ou de mulheres sem filhos.[22] Esse padrão ocorre mesmo quando os candidatos apresentam uma formação educacional de alto nível.[23]

Garantir a diversidade de gênero entre as pessoas que avaliam currículos e conduzem entrevistas pode ajudar a eliminar a tendência de os entrevistadores olharem os candidatos homens de maneira mais favorável, especialmente se os entrevistadores forem empoderados a ressaltar casos em que são feitas suposições enviesadas em relação às candidatas mulheres. Como explicou um executivo com quem falamos, "Quando eu examino uma seleção em que recebemos uma lista com os nomes dos candidatos às vagas de emprego, eu a vejo de maneira muito diferente de outra pessoa. Por fazer parte de uma minoria, eu me envolvo com a diversidade e a inclusão. Mas eu acho que nossos homens não estão preparados para ver uma seleção por esse prisma".

Na década de 1980, levar a diversidade aos painéis de entrevistas trouxe vantagens para uma grande empresa de investimentos de Wall Street; painéis de entrevistas compostos com maior diversidade de gênero e com compromisso declarado com o desenvolvimento de mulheres talentosas resultaram em uma alta radical (mais de um quíntuplo) da parcela de analistas de pesquisa mulheres consideradas de alto desempenho.[24] Os painéis de entrevista com diversidade de gênero transmitem uma mensagem aos candidatos. Nas palavras do presidente para a Ásia e região do Pacífico de uma empresa global de serviços de saúde, a presença de mulheres se tornou uma "profecia autorrealizável: as mulheres foram atraídas porque viam mais mulheres entrevistando-as; você constrói a fama de ser um empregador bom e justo".[25]

Entretanto, nem todos os obstáculos são atenuados pela maior diversidade de entrevistadores. Uma armadilha comum é a condução de entrevistas sem um formato padronizado e uma rubrica. Quando os candidatos são avaliados individualmente de maneira isolada e informal, eles podem não ser avaliados de acordo com o mesmo conjunto de normas. Em contrapartida, em um processo formal em que os critérios de emprego são explicitamente praticados à medida que os avaliadores consideram uma lista inteira de candidatos, os avaliadores tendem a se concentrar mais nas exigências do cargo.[26] Vários estudos demonstraram que as entrevistas não estruturadas são propícias à discriminação não intencional; quanto menos clareza em relação à forma e às bases de avaliação dos candidatos, mais os entrevistadores tendem a ver os possíveis funcionários pelo prisma do gênero e de outros estereótipos. (Além disso, deve-se notar que as entrevistas não estruturadas não são muito eficazes para uma avaliação qualitativa: uma metanálise de 85 anos de pesquisas sobre contratação constatou que essas entrevistas são significativamente inferiores às entrevistas estruturadas para prever o desempenho real na função.[27])

Falamos com uma executiva à qual disseram que ela não receberia uma oferta de emprego, em parte, porque seu marido "também tinha um emprego", o que, como lhe fora dito, deixava o comitê de contratações na incerteza "se você ficaria se seu marido fosse para outro lugar". Ironicamente, como ela explicou, "se eles tivessem perguntado, eu teria dito a eles que meu marido geralmente me acompanha. Eles nunca teriam feito essa pergunta a um homem". Conscientemente ou não, as entrevistas podem recorrer a pressupostos enviesados sobre o nível mais baixo de comprometimento ou de competência das mulheres. O segundo é um risco específico em campos altamente técnicos em que os homens dominam. A remoção de informações sobre o gênero do candidato, por meio de audições às cegas e currículos anônimos, tem demonstrado aumentar a proporção de mulheres que avançam em um processo de seleção, dispensando efetivamente a necessidade de neutralização de vieses mediante sua remoção do processo logo no início.[28] Naturalmente, à medida que os candidatos prosseguem para uma reunião com os gerentes contratantes, não é mais possível os avaliadores removerem o gênero da equação, mas eles ainda podem tomar providências para minimizar seu impacto. Falamos com o presidente de uma grande empresa de tecnologia da informação que implementara uma regra na entrevista que atribuía pesos iguais às habilidades técnicas, às habilidades de liderança e ao alinhamento com os valores da empresa. Após a implementação, o número de mulheres contratadas aumentou, já que os entrevistadores eram lembrados e orientados a adotar uma visão completa dos candidatos e não atribuir peso demais às habilidades técnicas – uma área em que as mulheres podem ser consideradas mais fracas. O US Federal Reserve fez uma mudança semelhante em seu processo de contratação para assistentes de pesquisa, enfatizando a aptidão dos candidatos para a colaboração e o trabalho em equipe para desestimular os avaliadores a filtrar basicamente fatores como o prestígio relativo da formação acadêmica dos candidatos. Depois dessa e de outras atualizações, a proporção de mulheres contratadas aumentou 5% em 4 anos.[29] E a divisão do banco comercial do grupo Goldman Sachs observou aumento das contratações de mulheres quando os recrutadores deixaram de avaliar se os candidatos tinham um perfil "agressivo" e passaram a fazer um conjunto de perguntas mais focadas na curiosidade intelectual e na capacidade do candidato para articular seus pontos de vista.[30]

## O resultado sobre as contratações

Os vieses da parte dos entrevistadores e dos agentes de decisão, especialmente quando combinados com a falta de estrutura do processo de entrevista, resultam em menor número de ofertas feitas às mulheres.

*O que os gestores podem fazer:*
- Considerar o anonimato dos currículos durante a triagem inicial.
- Diversificar os painéis de entrevistas.
- Orientar entrevistadores e avaliadores sobre os vieses de gênero que geralmente persistem e incentivar a autorreflexão e as conversas sobre a hipótese de os vieses estarem influenciando as opiniões sobre os candidatos.
- Não fazer avaliações nem tomar decisões de forma contínua. Ao contrário, julgar uma lista de candidatos em conjunto, comparando cada candidato com um conjunto de critérios aprovados para o preenchimento do cargo.

## Integração

Você progrediu, passando pelo processo de procura, verificação de antecedentes e contratação de um candidato, portanto agora tem uma funcionária nova. Ela será bem-sucedida? Provavelmente não se ela assumir uma posição simbólica ou de uma contratação isolada, em vez de ser integrada efetivamente. Quando uma funcionária não se integra totalmente à equipe ou ao departamento, ela não se inteira das conversas informais que constroem uma relação de confiança e não tem acesso a informações importantes que circulam por fora dos canais oficiais de comunicação. Ela pode ser vista como menos importante para a equipe ou, até mesmo, como menos capacitada para assumir atribuições-chave. Quando as mulheres não estão bem integradas, elas deixam de formar e se beneficiar das relações com seus colegas. Observamos diretamente esse fenômeno quando estudamos o setor de bancos de investimentos. As analistas de ações mulheres enfrentavam barreiras para formar os tipos de relações fundamentais para o sucesso no setor; seus colegas homens, que formavam a maioria, simplesmente se mostravam menos dispostos a dedicar tempo a elas. Um analista homem descreveu sua relutância em formar vínculos com mulheres em sua empresa: "Tantas analistas não estão mais na empresa, de modo que parece que a mentoria de nada serviu. Muitas analistas deixam a empresa porque é difícil alcançar o sucesso nesse ramo; muitas saem por razões pessoais. Eu ainda atuo como mentor, mas entendo que as pessoas preferiram orientar homens".[31] Esse sentimento não era incomum. Pesquisas anteriores realizadas em Wall Street constataram que um quarto das mulheres perdia a oportunidade de trabalhar no setor de contas e negócios pelo fato de seus gerentes homens preferirem trabalhar com homens juniores.[32]

Os padrões de exclusão resultam na falta de acesso a informações importantes e pessoas influentes. A má integração tem consequências reais para a carreira, como descreveu uma executiva sênior do setor de saúde: "Quando os conselhos ou a alta liderança trazem mulheres não brancas de alto desempenho para as empresas, eles geralmente não lhes oferecem o nível certo de sutileza e aconselhamento em termos de integração e socialização organizacional. Acho isso uma operação arriscada do ponto de vista de uma avaliação cultural, já que ter simpatia pelos colegas é algo muito profundo – às vezes, é mais uma questão de 'com quem eu quero ficar preso em um aeroporto?' do que qualquer outra coisa". Como seu exemplo nitidamente ressalta, a integração limitada resulta em um avanço profissional limitado, ainda que a funcionária seja altamente capacitada. Uma executiva com quem falamos contou uma história exemplar:

> [Um grande evento esportivo] foi realizado em nossa região no ano passado. Meu chefe e eu passamos os [últimos] 6 a 9 meses falando sobre como eu poderia ter um papel mais importante com os clientes. Minha empresa estava realizando um grande evento, trazendo clientes para participar. E eu não fui convidada; não solicitaram minha participação – como diretora sênior da empresa – nesse evento com clientes. E por que não? Acho que, em parte, porque esses colegas sempre andam juntos, e é descontraído e divertido. E eu sou a anomalia. É engraçado porque, se você me perguntasse se eu tinha acesso ao círculo interno, eu diria que sim – eu me reúno com esses colegas o tempo todo. Mas é sempre em um contexto profissional, raramente em um contexto social, enquanto eles estão sempre socializando.

Sabemos muito bem que as negociações e as decisões quase sempre são preparadas, se não realizadas, fora do escritório e que alguns dos cenários comuns para essas conversas são vistos como de domínio masculino. Os membros de conselho mulheres e as executivas nos contaram sobre o fato de serem instruídas a jogar golfe caso se sintam excluídas da estrutura real de poder.[33] Esses tipos de interação social são tão poderosos por combinarem trabalho e lazer, fomentando sentimentos mais profundos de conexão e proximidade entre os colegas, podendo levar a uma situação de maior confiança, cooperação e apoio mútuo no âmbito profissional.[34]

A vantagem é que as empresas não precisam aceitar a inevitabilidade dessas ocorrências; elas podem implementar sistemas destinados a incentivar um contato mais diversificado em termos de gênero e raça, o que já demonstrou incentivar maior diversidade em nível gerencial. Estudando mais de 800 empresas em um espaço de 22 anos, pesquisadores viram que, quando as empresas implementavam abordagens de trabalho colaborativas, como programas de formação cruzada e equipes autodirigidas com membros de diferentes funções, o percentual de mulheres na gerência subia, embora o efeito fosse maior para mulheres brancas que para mulheres não brancas.[35] Enquanto isso, as pesquisas sobre as relações inter-raciais constataram que os executivos brancos que orientavam funcionários afrodescendentes desempenhavam papel fundamental no confronto e na neutralização das visões enviesadas em relação a seus protegidos.[36] Para garantir que as mulheres não brancas se beneficiem plenamente dos esforços no sentido de fomentar sólidas relações entre os funcionários, as empresas devem reconhecer que a raça influencia aquilo que as mulheres vivenciam no trabalho e respalda uma colaboração e uma conexão significativas entre múltiplas linhas de diferença.

## O resultado sobre a integração

Quando as funcionárias são, ainda que involuntariamente, excluídas das interações de socialização e formação de relacionamentos, elas não têm acesso à informação e às pessoas que podem apoiar seu sucesso. Em um ciclo de autoperpetuação, a condição de estranhas dessas funcionárias pode ser vista como prova de que elas não foram feitas para a equipe ou para a empresa. As mulheres que não se integram podem deixar a empresa ou não progredir para funções de nível mais elevado. De um modo ou de outro, o potencial de liderança se perde.

*O que os gestores podem fazer:*
- Criar e implementar oportunidades para as pessoas trabalharem por objetivos compartilhados em grupos mistos em termos de gênero e raça e colocarem a verdadeira colaboração como uma expectativa para essas equipes.

- Garantir que as novas funcionárias não sejam deixadas de fora das atividades sociais, nas quais se fazem importantes contatos.
- Ditar o tom para uma era pós-#MeToo, deixando claro que o isolamento das colegas mulheres não é aceitável.

### Desenvolvimento

O desenvolvimento profissional é multifacetado; os principais componentes incluem treinamento formal (que pode ser realizado internamente ou por meio de oportunidades fora do local de trabalho, como programas educacionais executivos), experiência prática mediante oportunidades como rotação de funções e tarefas de desenvolvimento, e relações com aqueles que possam servir de modelo, mentores e patrocinadores. O crescimento profissional exige que se assumam tarefas novas e mais complexas, mas as tarefas de extensão que permitem a elevação dos funcionários a novos níveis de competência e melhoram sua reputação continuam acessíveis principalmente a homens brancos. Em um estudo com uma empresa farmacêutica, os pesquisadores constataram que os gerentes seniores direcionavam os projetos desafiadores mais para os homens que para as mulheres, mesmo quando a idade, o nível de escolaridade, o tempo no cargo, o desempenho e a ambição percebida do funcionário eram variáveis controladas.[37] Na área acadêmica, as mulheres tendem a ser menos convidadas para proferir palestras – um importante reforço ao currículo – que os homens, embora a probabilidade de elas declinarem um convite não seja maior.[38] Outro estudo com vários setores constatou que os homens recebiam atribuições mais desafiadoras que as mulheres, embora homens e mulheres expressassem igual desejo por essas atribuições. Essa discrepância era determinada não pela falta de confiança em relação às mulheres por parte de seus gerentes, mas pela crença de que as mulheres precisavam ser protegidas ou resguardadas de experiências complexas.[39] Uma executiva com quem falamos observou essa dinâmica de perto nas empresas de diversos clientes:

> [As mulheres] diziam: eles não me dão as funções mais altas, aquelas mais bem remuneradas, nem me permitem fazer uma apresentação nesse fórum, ou realizar viagens internacionais, por suporem que, como mulher, eu tenho responsabilidades familiares que interfeririam em minha capacidade de pro-

duzir, que eu não quero necessariamente viajar, ou que eu preciso de uma pausa. O problema é que eles tomam as decisões por você com base nas suposições do que você quer. Não no que você quer, mas no que eles supõem que você queira. É uma atitude paternalista.

Quando as atribuições que permitem visibilidade e crescimento não são igualmente acessíveis a homens e mulheres, o próprio trabalho passa a ser diferenciado por gênero, com os projetos e as funções mais baixos vistos como domínio de funcionárias mulheres. Mesmo dentro dos cargos, ocorre a "segregação de tarefas", com a expectativa de que as mulheres desempenhem tarefas menos recompensadoras, comparadas a seus colegas homens que realizam o mesmo trabalho.[40] A probabilidade de solicitar às mulheres que realizem tarefas voluntárias que não contribuem para o desenvolvimento de sua condição ou de suas habilidades é maior, as chamadas tarefas administrativas que pouco agregam a seus currículos.[41] Além disso, quando se recusam a realizar essas tarefas que não trazem nenhum benefício para suas carreiras, elas são vistas de forma negativa.[42]

Muitas de nossas suposições básicas sobre os tipos de trabalho mais valiosos deixam as mulheres sistematicamente em desvantagem. Como nos disse uma executiva que acumulava tanto a função de marketing como de vendas no início de sua carreira, "Quando as mulheres dominam ou passam a representar um percentual maior de uma função, a função passa a valer menos. Na verdade, foi por isso que optei por deixar a função de marketing em uma empresa – eu estava preocupada que o setor estivesse se tornando o proverbial gueto cor-de-rosa". Nas grandes empresas globais de hoje, exercer as funções de vendas e/ou de operações e assumir cargos internacionais são considerados pré-requisitos para a liderança, e as mulheres tendem a fazer menos de ambos. Embora essas expectativas há muito sejam uma prática comum, não está claro se elas são realmente necessárias para preparar alguém para uma função sênior. O trabalho por trás dos bastidores que as mulheres tendem a realizar mais, como o gerenciamento de uma crise, geralmente é subvalorizado, mas pode ser igualmente relevante para o desenvolvimento da capacidade de liderar em níveis mais altos.[43] Em geral, caímos no padrão do que é familiar, em vez de identificar o que é importante.

O caminho para o crescimento profissional nem sempre se apresenta de forma explícita. Na maioria dos setores administrativos, os funcionários devem gerenciar suas próprias carreiras e visar proativamente ao passo seguinte. As oportunidades de progresso tendem a fluir por meio das pessoas, sejam elas gerentes diretos, sejam outros colegas seniores. Os aliados nas posições de liderança desempenham papel decisivo: direcionando as atribuições-chave para colegas júniores e os incluindo nas reuniões de alto nível, ou mantendo seus nomes no *mix* de promoções. Entretanto, mesmo aquelas mulheres identificadas como de alto potencial por suas empresas têm, de modo geral, menor probabilidade de receber esse tipo de patrocínio que seus colegas homens, e as mulheres não brancas são as que estão em maior desvantagem.[44] Em uma pesquisa com mais de 70 mil trabalhadores, o percentual de mulheres pretas que informaram que seus gerentes defendiam uma oportunidade para elas foi 10% menor que o de mulheres brancas, e as mulheres de etnia latina também demonstraram menor probabilidade que as mulheres brancas de relatar a mesma situação sobre seus gerentes.[45]

Em um estudo longitudinal em que estamos envolvidos, 42% das mulheres em meio e fim de carreira não tiveram acesso a mentores e patrocinadores, seja informalmente ou por meio de um programa formal. Além disso, um terço daquelas que não tiveram relações de mentoria informais, desenvolvidas de forma orgânica, disse que a ausência era muito ou extremamente prejudicial para sua trajetória profissional. Essa percepção parece ser objetivamente verdadeira, uma vez que nosso estudo constatou também que as mulheres que haviam se beneficiado do auxílio de mentores e patrocinadores tinham maior probabilidade de estar na gerência sênior. Falamos com uma empresa que havia criado e instituído um programa de patrocínio voltado para mulheres de nível intermediário e minorias raciais, não apenas lhes permitindo acesso a diretores seniores, mas também orientando os próprios patrocinadores sobre o papel fundamental que eles desempenham no desenvolvimento de talentos. "Sempre dizemos que as decisões mais importantes em relação à sua carreira normalmente ocorrem em uma sala em que você não está presente", explicou o presidente do comitê de diversidade da empresa em uma entrevista. "Sabemos também que os homens tendem a encontrar patrocinadores de forma mais natural, o que normalmente é mais difícil para as mulheres e as minorias. Em qualquer empresa, é importante ter alguém que seja seu patrocinador, que defenda você."

## O resultado sobre o desenvolvimento

As mulheres tendem a ter acesso reduzido aos fatores-chave para o crescimento profissional porque elas têm menos oportunidades de desenvolvimento formal e informal e/ou têm relações mais escassas e menos sólidas com colegas que podem facilitar esse movimento ascendente. Sem a experiência e a visibilidade necessárias para demonstrar sua capacidade em níveis mais altos, elas ficam estagnadas ou buscam oportunidades para progredir em outro lugar.

*O que os gestores podem fazer:*
- Avaliar o processo pelo qual os funcionários são designados para os projetos e a equipes e criar critérios objetivos se não houver critérios codificados.
- Controlar a quem são oferecidas oportunidades de desenvolvimento, como promoções, rotação de funções e programas de treinamento, e analisar os dados relativos aos padrões de gênero e raça.
- Instituir programas destinados a aumentar o acesso a mentores e patrocinadores. As mulheres que participaram de um programa de orientação patrocinado pela American Economic Association obtiveram pontuações mais altas de publicação e concessões que aquelas que não participaram, mantendo-se constantes todos os demais fatores.[46]

## Avaliação de desempenho

Mensurar se um funcionário está contribuindo nos níveis abaixo ou acima do esperado é uma função gerencial essencial, e as avaliações regulares de desempenho moldam os caminhos da maioria dos profissionais. Embora esse processo normalmente implique algum nível de formalidade – regras de avaliação, reuniões de calibragem, períodos de revisão –, o julgamento dos gerentes, em última instância, determina o modo de aplicação dos instrumentos de avaliação. Consequentemente, as crenças conscientes e inconscientes dos gerentes sobre a maneira como as mulheres devem agir ou agem exercem enorme influência no resultado. Como disse uma executiva com quem falamos, "Eu não imaginava que a amabilidade fosse esse fator tão forte e não quantificado tão mais importante que o desempenho em alguns casos. Acho que, para as mulheres, é mortificante se não houver amabilidade". Além disso, os processos de avaliação são desenvolvidos e reforçados por pressupostos compartilhados sobre o que representa o sucesso e o que significa ser um funcionário de alto desempenho. Esses pressupostos não são necessariamente fundamentados nos interesses para a saúde geral da empresa, mas podem, ao contrário, ser baseados em padrões que recompensam formas exageradas de masculinidade, como agressividade e hipercompetitividade. Os pesquisadores denominaram esse conjunto de pressupostos "competição de masculinidade no ambiente de trabalho". Essa competição molda as culturas organizacionais, particularmente quando "vencer" é visto como a base para recompensas profissionais.[47] Quando a competição de masculinidade é endossada, o alto desempenho passa a se confundir com a busca por *status* individual e em vitórias em competições ferozes. Em geral, esses comportamentos não apenas são contraprodutivos no trabalho em equipe e colaborativo, mas também são vistos como mais naturais e adequados para serem exibidos por homens heterossexuais brancos (pense "meninos são meninos"). Quando as mulheres – ou homens de minorias raciais ou sexuais – seguem as regras da competição da masculinidade, eles podem sofrer represálias ou simplesmente ser vistos como competidores "mais fracos".

Em termos mais amplos, o conhecido dilema molda a maneira como o desempenho das mulheres no trabalho é visto e leva a represálias em todo tipo de contexto organizacional, mesmo aqueles que não têm um forte componente de competição da masculinidade. As características arquetípicas dos líderes, como autoridade, determinação e objetividade, são tradicionalmente codificadas como masculinas. Portanto, quando as mulheres exibem forte capacidade de liderança, elas violam as expectativas em relação ao gênero feminino e podem ser caracterizadas como pessoas difíceis de trabalhar ou temperamentais. Mas, quando as mulheres agem de acordo com as expectativas de gênero, elas geralmente são vistas como menos capazes e eficazes.[48] Por exemplo, os pesquisadores constataram que as demonstrações de raiva são consideradas um sinal de menos competência nas mulheres, mas não nos homens.[49] E, quando as mulheres em posições de liderança falam mais que seus colegas homens, elas são vistas como menos competentes, embora a visão em relação à competência dos líderes homens permaneça inalterada, independentemente do quanto falam ou da frequência com que falam.[50] Um estudo com alunos da US Naval Academy constatou que, mesmo quando estudantes, homens e mulheres obtinham a mesma nota e patente militar na corporação, as avaliações de desempenho das mulheres incluíam caracterizações mais negativas (p. ex., termos como *frívola, inepta, passiva* e *dispersa*).[51]

O desempenho das mulheres pode não ser avaliado em termos objetivos ou de acordo com o mesmo padrão que o de seus colegas homens. Quando nossas colegas Frances Frei e Anne Morriss pediram a um grupo de líderes seniores em uma repartição pública que identificasse homens e mulheres que eles consideravam ter níveis de desempenho equivalentes e depois expressassem suas avaliações de desempenho a todos os integrantes daquela lista, os líderes ficaram consternados ao constatar que as avaliações não comunicavam que homens e mulheres do grupo apresentavam desempenho igualmente satisfatório.[52] Pesquisas experimentais demonstraram que o desempenho das mulheres nas tarefas é avaliado de acordo com um padrão mais rigoroso que o dos homens, e que elas precisam demonstrar desempenho mais alto para alcançar a mesma classificação que homens com desempenho mais baixo.[53] Um estudo em um escritório de advocacia documentou esse fenômeno no mundo real: embora advogados homens e mulheres recebessem comentários igualmente positivos em suas avaliações de desempenho, os homens recebiam classificações numéricas mais altas.[54] Outra pesquisa constatou padrões duplos no processo de avaliação; enquanto uma funcionária mulher é considerada lenta para tomar decisões, um colega homem é descrito como um pensador lógico-racional e meticuloso.[55] Mesmo entre acadêmicos que já se encontram no topo de suas carreiras, as mulheres precisam dedicar mais tempo e esforço para alcançar a paridade com os homens.[56]

Além disso, as mulheres talentosas podem ser vistas, conscientemente ou não, como ameaçadoras, o que pode suprimir a avaliação de seu real desempenho. Um conjunto de estudos constatou que as mulheres com grau universitário recebiam avaliações mais baixas que aquelas com diplomas de nível médio, mesmo quando o desempenho objetivo (e todos os demais fatores) era mantido constante; o mesmo padrão se confirmou quando o estudo variou o prestígio relativo e o sucesso das empresas em que as mulheres haviam trabalhado anteriormente, em cujo caso as mulheres que haviam trabalhado em empresas de *status* mais alto receberam avaliações mais baixas que aquelas anteriormente empregadas em empresas menos bem-sucedidas.[57] Mesmo que o viés não se apresente quando os gerentes avaliam o rendimento e as realizações de seus subordinados, a discriminação anterior pode depreciar artificialmente o desempenho das mulheres em relação a sua capacidade. Um estudo com corretores de ações de duas grandes empresas revelou que as vendas mais baixas das mulheres eram o resultado de elas receberem sistematicamente contas de qualidade mais baixa.[58]

Muitas empresas implementaram treinamento para conscientizar as pessoas sobre esses tipos de viés, que geralmente não são conscientes. As pesquisas sobre o viés implícito, ou inconsciente, identificaram que os estereótipos baseados em gênero, raça e outras identidades sociais influenciam nossas percepções e interações, independentemente de nossas crenças conscientes em relação, por exemplo, à capacidade de liderança das mulheres.[59] A orientação dos funcionários sobre o viés inconsciente tem o potencial de incentivá-los a refletir sobre as maneiras como o viés pode influenciar seu processo de decisão e estar atentos para evitar comportamentos enviesados. Mas a forma como esses programas são estruturados e transmitidos determina seu grau de eficácia. Simplesmente conscientizar as pessoas da prevalência do viés inconsciente pode, na verdade, aumentar a probabilidade de expressá-lo. Entretanto, quando inclui a mensagem sobre a *superação* de vieses, o treinamento consegue reduzir as demonstrações de viés e tornar os funcionários mais dispostos a trabalhar com pessoas que desafiam os pressupostos sobre a maneira como determinados grupos devem agir – como uma mulher que defende vigorosamente sua própria promoção.[60]

Além de orientar os funcionários sobre os vieses que podem influenciar sutilmente o julgamento, as empresas podem tomar providências no sentido de desenviesar o próprio processo de avaliação, voltando a atenção para qualidades objetivamente mensuráveis e eliminando a dependência dos instintos sobre quem são os melhores funcionários. Quando incorremos no padrão de promover o avanço daqueles funcionários que "parecem" estrelas, podemos facilmente negligenciar dados objetivos que contam uma história diferente. Por exemplo, pesquisas recentes constataram que as mulheres tendem a promover suas realizações em menor escala que os homens com o mesmo desempenho. Esse estudo sugere que confiar nas autoavaliações dos funcionários para as avaliações formais resulta na falta de reconhecimento do desempenho das mulheres em relação a seu valor real.[61] As empresas podem também analisar o rendimento em seus processos de avaliação para identificar quando é preciso ter mais objetividade. Por exemplo, pesquisadores que estudam as empresas de tecnologia e serviços profissionais constataram que o *feedback* de desempenho recebido pelas mulheres estava menos vinculado a resultados específicos nos negócios, independentemente de o *feedback* consistir em elogio ou crítica construtiva. Essa falta de especificidade demonstrou que as mulheres tinham menos clareza em relação aos fatores que contribuem para um forte desempenho e menos discernimento do que elas precisam fazer para progredir.[62] O *feedback* que as mulheres recebem pode até mesmo ser menos preciso; um estudo constatou que as avaliações eram menos sinceras e verdadeiras com as mulheres no que diz respeito a seu desempenho.[63]

Por fim, a maneira como as empresas interpretam o *feedback* pode ser determinada por um viés inadvertido. Uma grande empresa do Vale do Silício descobriu que os homens recebiam recompensas maiores que as mulheres por atitudes relacionadas a assumir o comando, como liderar mudanças ou prestar contribuições inovadoras. Quando homens e mulheres apresentavam o mesmo grau dessas atitudes em suas avaliações, os homens recebiam pontuações numéricas mais altas. Em resposta, a empresa criou um sistema de *ckecklist* para garantir que todos os funcionários fossem julgados de acordo com os mesmos critérios objetivos e igualmente recompensados pelo mesmo nível de contribuição e impacto.[64]

## O resultado sobre a avaliação de desempenho

Possuir um sistema de avaliação de desempenho formal não garante resultados baseados no mérito. A criação e a implementação dos processos de avaliação determinam se os funcionários são avaliados de forma justa e precisa e, por sua vez, se a classificação e as recompensas das mulheres são compatíveis com o desempenho.

*O que os gestores podem fazer:*
- Orientar todos sobre como o viés pode influenciar suas percepções em relação aos outros e enfatizar um interesse compartilhado em superar esses vieses.
- Criar e garantir o uso de regras que mensurem as características objetivas do desempenho; não depender de avaliações subjetivas; vincular o *feedback* a metas e resultados de negócios específicos.

- Revisar as avaliações entre equipes ou departamentos para identificar quaisquer diferenças sistemáticas entre as avaliações de homens e mulheres, especialmente no que tange a características de personalidade.

### Remuneração e promoção

Uma das pesquisas realizadas para este livro consistiu em uma amostra de mulheres executivas de todo o mundo, representando um corte transversal dos setores. Quase três quartos delas concordavam que, quando se trata de remuneração, o viés de gênero deixa as mulheres em "grande" desvantagem. Apesar das melhores intenções das empresas em basear a remuneração em fatores objetivos, "remuneração por desempenho" geralmente é um termo errôneo. Um estudo de campo que examinou as avaliações e a remuneração de mais de 8 mil funcionários de uma grande empresa do setor de serviços descobriu que as mulheres e as minorias raciais cujos escores de avaliação eram iguais aos de homens brancos recebiam aumentos menores.[65] De modo semelhante, as pesquisas sobre os gerentes seniores e de nível intermediário de uma empresa multinacional de serviços financeiros constataram que as avaliações de desempenho de homens promovidos eram mais baixas que as de mulheres promovidas.[66]

A lacuna de remuneração baseada no gênero é há muito um dos desafios mais comentados enfrentados pelas mulheres no trabalho, e nos últimos anos o debate se intensificou com as investigações e os processos enfrentados por empresas de grande visibilidade, como Google, Walmart, Nike, Microsoft e até mesmo a Orquestra Sinfônica de Boston.[67] As empresas enfrentam também uma crescente pressão pública para que revelem as disparidades salariais entre homens e mulheres, e alguns países, inclusive a Inglaterra e a França, começaram a informar as diferenças de remuneração com base no gênero. No início de 2019, um juiz federal nos Estados Unidos vetou a tentativa do governo Donald Trump de suspender uma regra da Equal Employment Opportunity Commission (EEOC) criada para ajudar o órgão a coletar dados sobre remuneração por gênero e raça.[68] (A EEOC mais tarde interrompeu a coleta de dados.)[69] Em 2020, o Poder Legislativo da Califórnia debateu um projeto de lei que exigia que as grandes empresas apresentassem ao estado dados sobre gênero, raça e remuneração.[70] O diálogo sobre o assunto se expandiu, passando a incluir não apenas as lacunas de remuneração "ajustada", que controlam aspectos como título do cargo e tempo de serviço e, consequentemente, aparece quando homens e mulheres não recebem a mesma remuneração pelo mesmo trabalho, mas também as lacunas de remuneração "média", o que informa simplesmente a diferença total entre a remuneração de homens e mulheres e, consequentemente, reflete o fato de que as mulheres geralmente estão concentradas em níveis mais baixos. Em 2019, o Citigroup informou que, embora sua lacuna de remuneração ajustada fosse muito pequena, as mulheres, no banco, ganhavam 29% menos que os homens, resultado de seus níveis seniores serem dominados por homens.[71] Diante da crescente regulação e atenção, como as empresas podem garantir que as mulheres sejam promovidas e recebam uma remuneração justa?

As disparidades da remuneração baseada em gênero geralmente começam antes da contratação do funcionário. Quando os termos e parâmetros de uma negociação salarial não são claros, as mulheres acabam sempre com salários iniciais mais baixos que os homens, mesmo quando há controle dos fatores que devem prever o salário, como a função e a localização geográfica.[72] O simples fato de explicitar que uma oferta salarial é negociável elimina o diferencial entre a probabilidade de homens e mulheres tentarem negociar.[73] A ambiguidade pode residir em algo tão fundamental quanto a faixa salarial adequada para determinado cargo, como neste exemplo descrito por um dos executivos que entrevistamos:

> Eu estava analisando a posição das pessoas na empresa, eu tinha os números reais e percebi que uma mulher considerada altamente talentosa estava ganhando 30% menos que a média. Dirigi-me ao departamento de recursos humanos e disse que isso não era possível, que precisávamos de paridade e, até mesmo, uma remuneração acima da média, visto que ela era muito melhor [que seus colegas]. E eles disseram: não podemos conceder um aumento de 30%. E disseram, ainda: quando a contratamos, nós lhe demos um aumento muito bom em relação a seu salário anterior. Ela tinha uma defasagem quando a contratamos. Concedemos um aumento de 30%, o que foi ótimo para ela naquela ocasião, mas, mesmo com esse aumento de 30%, ela ainda estava 30% abaixo da média, constituída principalmente por homens.

A candidata desse exemplo não sabia que a função que lhe fora oferecida valia significativamente mais para a empresa que o salário que ela aceitara e não estava preparada para negociar efetivamente um salário compatível com esse valor. (E, como essa história ilustra, tentar corrigir a lacuna em uma data posterior pode ser difícil ou até mesmo impossível.) Mas as empresas podem nivelar o campo de atuação fornecendo informações claras. Uma plataforma de recrutamento *on-line* para engenheiros eliminou completamente a lacuna salarial de gênero para novas contratações oferecendo um salário médio para o cargo. Antes dessa mudança, as mulheres pediam salários de até 4 mil dólares mais baixos que os homens. Quando os candidatos viam a média dos dados, as solicitações salariais se igualavam.[74]

Embora o salário anterior possa depreciar a oferta recebida por uma candidata, a mudança de emprego pode também ser uma oportunidade para aumentar a remuneração da pessoa. Em um estudo entre diferentes setores, constatamos que, quando as executivas mulheres trocavam de emprego, elas conseguiam alcançar salários mais altos, estreitando a lacuna salarial em relação a executivos do sexo oposto em funções comparáveis.[75] Embora seja estimulante ver as mulheres receberem uma remuneração mais justa, a mudança de emprego geralmente é uma estratégia decorrente da frustração com o entrave do crescimento interno. As poucas mulheres que conseguiram chegar aos níveis seniores, cientes de que muitas empresas estão ávidas por resolver o desequilíbrio de gênero na liderança, são capazes de explorar esse interesse organizacional transformando-o em uma negociação melhor, mas o padrão sistêmico subjacente do avanço limitado das mulheres persiste. Uma mulher com a qual falamos constatou que só conseguiu um salário mais alto quando sua empresa tomou conhecimento de que ela estava pensando em mudar de emprego:

> Temos diferentes níveis de executivos: o primeiro, o segundo e o terceiro níveis. Eu não conseguia passar do primeiro nível; fui rejeitada cerca de 6 vezes para o segundo nível. Até que comecei a ser cortejada por outro setor e fiz algumas entrevistas. Não sei o aconteceu, mas eu fui promovida [ao nível seguinte] depois que fui fazer uma entrevista externa. Acho que muitos dos homens em minha situação teriam anunciado "Olha, eu vou sair". Mas eu não. Eu simplesmente cumpri o processo de desligamento porque não sentia que aquela promoção era merecida. E eu sempre era a primeira em qualquer ní-

vel. Eu fui a primeira funcionária de etnia latina em meu nível, o que era triste – isso foi em 2016!

Muitos processos internos de promoção exigem ou incentivam as pessoas a se autonomearem. Embora a autonomeação empodere os funcionários a buscar o avanço na carreira, as normas sociais baseadas no gênero podem deixar as mulheres em desvantagem. As mulheres sofrem represálias quando são vistas como pessoas que se autopromovem, de modo que o processo de autonomeação pode conter armadilhas que não afetam seus colegas homens. Assim como negociar uma oferta salarial, defender o aumento da remuneração pode provocar essa represália, e, consequentemente, as mulheres qualificadas podem relutar em se apresentar para a promoção. Como foi divulgado na mídia, o Google implementou intervenções para neutralizar esse custo social do gênero, inclusive instigando automaticamente todos os funcionários que atendiam aos critérios de promoção a se nomearem e fazendo as mulheres seniores falarem publicamente sobre a importância da autopromoção, sinalizando tratar-se de algo normal e esperado.[76] Mas, o que é mais importante para os gerentes, a tendência de supor que a maioria dos empregados que se manifestam é mais produtiva pode impedir os gerentes de verem com clareza as contribuições de líderes aspirantes e potenciais, como uma executiva nos explicou:

> Existe um viés em relação às pessoas que se autopromovem regularmente e, portanto, acabam se tornando aqueles que estão sempre na mente das pessoas quando elas estão falando de planejamento de sucessão ou de novas oportunidades. Aqueles que se autopromovem estão sempre avançando mais rápido, e, pelo menos em minha experiência, tendem a ser homens totalmente confiantes e que realmente fazem disso uma parte de seu trabalho. E a maioria das mulheres espera que alguém note, espera obter reconhecimento ou espera até que a avaliação anual de desempenho diga "Estou orgulhosa dessas cinco coisas que fiz", em vez de fazer disso um componente diário de sua vida. É até mesmo algo sutil, antes do início de uma reunião: "Ah, a propósito, jantei com fulano outro dia". Compartilhar o que eles estão fazendo, como estão formando redes de relacionamento, que tipo de trabalho estão realizando. Até mesmo divulgar *e-mails* de clientes ou colegas que os elogiam. Os homens fazem disso parte de seu trabalho, e o fazem imediatamente, sem hesitação.

E [consequentemente] estamos, na verdade, deixando de coletar dados e fatos objetivos que indiquem se essa pessoa está apresentando um bom desempenho em sua função ou não, e prestando tremendas contribuições – ou elas simplesmente acham que estão.

Quanto mais alto na hierarquia de uma empresa, menos definido é o processo de promoção, geralmente. Com menos cargos em cada nível, os funcionários que visam chegar à alta gerência devem encontrar maneiras de aumentar sua visibilidade e demonstrar seu valor fora das avaliações formais. As mulheres podem se ver com menos oportunidades naturais para fazer isso, como vivenciou outra executiva:

> Você chega a determinado nível sênior em que você se vê em plena média gerência e continua tentando descobrir como avançar para o nível seguinte. Como eu me inteirei das formas sutis pelas quais o viés de gênero ocorre, essa questão estendeu-se a ponto de provavelmente haver oportunidades para as quais eu não era cogitada. E eu acho isso porque eu não fazia parte do círculo interno. O melhor exemplo disso que posso dar era quando viajávamos. Eu tive a oportunidade de viajar no jato [da empresa], que tinha quatro assentos e um de reserva – eu sempre viajava no de reserva, de modo que eu não era inserida na conversa. Pequenas coisas desse tipo; é algo muito sutil.

A dificuldade que as mulheres têm em avançar para os altos níveis de liderança há décadas é descrito como o teto de vidro – invisível, porém impenetrável. Se e quando as mulheres ascendem aos níveis seniores de uma empesa, elas enfrentam novos obstáculos, e suas estratégias anteriores para administrar o viés de gênero podem ser inadequadas ou até mesmo contraproducentes. Existem evidências de que os tetos implícitos dificultam a presença de mais de uma mulher na diretoria sênior, como constatou um estudo realizado com empresas integrantes da lista S&P 1500: a presença de uma única mulher na equipe da alta gerência, na verdade, reduzia a probabilidade de a equipe ter mais membros mulheres.[77] Quando as mulheres ascendem *quase* ao topo, seu gênero passa a ser cada vez mais notado nos postos seniores dominados pelos homens, estabelecendo-se mais critérios subjetivos sobre sua adequação para o cargo. (Ver no Capítulo 2 a maneira como as mulheres enfrentam essa barreira e que estratégias parecem ajudar algumas a superá-la.)

Os pesquisadores identificaram também um fenômeno conhecido como o penhasco de vidro, no qual as mulheres tendem a ser nomeadas para funções seniores em empresas de baixo desempenho.[78] Embora o efeito penhasco de vidro não pareça existir em todos os contextos, na medida em que aponta para a relativa precariedade dos cargos de liderança de muitas mulheres, isso pode servir para reforçar noções sobre a maior adequabilidade dos homens para a liderança. Uma das executivas que entrevistamos descreveu nitidamente como essas oportunidades problemáticas de liderança desgastam tanto mulheres brancas como homens e mulheres não brancos: "Invariavelmente, colocamos mulheres extremamente talentosas e minorias em funções horríveis porque é o cargo aberto cujo nenhum outro protegido ocupará. É algo do tipo 'Vamos contratar uma minoria de alto desempenho porque você sabe que estamos trabalhando a diversidade'. Mas essa pessoa irá sucumbir em dois anos por não conseguir sobreviver a essa função horrorosa. Isso acontece o tempo todo".

## O resultado sobre remuneração e promoção

A remuneração e o nível hierárquico das mulheres podem ser artificialmente depreciados pelos vieses de gênero dentro dos processos formais e informais de aumentos de salário e promoções.

*O que os gestores podem fazer:*
- Esclarecer os parâmetros de negociação.
- Estabelecer normas de remuneração vinculadas ao mercado, e não ao salário anterior dos candidatos.
- Rever sistematicamente os resultados das decisões de promoção e remuneração por raça e gênero.
- Tornar os processos de nomeação transparentes e desencadeados por realizações objetivas.
- Procurar padrões em quem está sendo promovido a funções problemáticas ou precárias.

## Retenção

O funil de crescimento organizacional não se restringe apenas quando as mulheres ficam empacadas nos níveis mais baixos da hierarquia; a saída de funcionárias também reduz a oferta de possíveis líderes mulheres. Há mais de 10 anos, a Deloitte cogitou criar a sua Women's Initiative, mas a liderança da empresa reconsiderou a questão depois de examinar os dados relativos às tendências educacionais e da força de trabalho, os quais revelaram que as mulheres estavam recebendo a maioria dos diplomas em contabilidade e geralmente excediam os homens em realização educacional. Percebendo que a escassez de investimentos em funcionárias mulheres não era uma manobra estratégica, a empresa decidiu aprofundar seus esforços. Como Cathy Benko, que assumiu a liderança do Women's Initiative, percebeu, "Não temos problema em atrair mulheres – elas correspondem a 51-52% de nossas contratações. O difícil é retê-las".[79] O que determina a rotatividade entre as mulheres? Os dados não sugerem que elas sejam inerentemente menos comprometidas com seus empregos. Um estudo conduzido com funcionários das áreas gerencial, administrativa e profissional de uma grande empresa de serviços não constatou nenhuma evidência de que as mulheres deixem sistematicamente a empresa em proporções maiores que os homens; ao contrário, tanto funcionários homens como mulheres sub-remunerados em relação à média salarial para seus cargos tendiam a sair.[80]

As barreiras e as limitações ao avanço demonstraram influenciar a saída das mulheres. Por exemplo, um estudo conduzido entre setores públicos e privados constatou que as diferenças nas intenções de mulheres e homens de deixar a empresa desapareciam quando a satisfação no emprego, especificamente relacionada a oportunidades de promoção, era levada em consideração. As mulheres se mostraram significativamente menos satisfeitas com suas oportunidades de promoção; consequentemente, o que parecia uma diferença de gênero era, na realidade, uma lacuna entre funcionários que acreditavam poder crescer em sua empresa atual e aqueles que se sentiam empacados.[81] No setor de saúde, a saída das mulheres do emprego é igualmente influenciada pela percepção delas com relação às oportunidades de carreira, tanto dentro como fora da empresa.[82] Estudos de profissões com a prática do *"up-or-out"*,* como consultoria e direito, constataram que a presença de mulheres seniores diminuía a probabilidade de saída de suas subordinadas mulheres: ver mulheres em funções de liderança deixa

---

* Profissões *up-or-out* preveem que os colaboradores persigam metas periódicas buscando promoções (*up*). Em caso de não cumprimento das metas, o colaborador é desligado (*out*) (N.R.C.).

subentendido que o avanço profissional é viável, incentivando, portanto, as mulheres juniores a continuar na empresa.[83] Quando há mais mulheres em posições de poder, o assédio sexual, outro dreno na retenção de mulheres, também diminui.[84] As culturas organizacionais em que o assédio sexual se desenvolve tendem a ser aquelas que desculpam ou ignoram o mau comportamento por parte dos maiorais e das "estrelas", transmitindo às mulheres a mensagem de que o bem-estar delas é menos importante que a satisfação dos mandachuvas – uma mensagem recebida não apenas por aquelas que de fato são vitimizadas, mas também pelas espectadoras que percebem "maus presságios" quando se trata de seu próprio valor.[85]

Outra crença amplamente alimentada afirma que a criação dos filhos é um fator determinante da saída das mulheres. Algumas de nossas próprias pesquisas constataram que tanto os homens como as mulheres acreditam que "a priorização da família sobre o trabalho" explica o retardo do avanço profissional das mulheres.[86] Entretanto, estudos sobre as mulheres profissionais que retrocederam em suas carreiras constataram que, na realidade, é a perda de *status* e oportunidade que oriunda da maternidade que obriga a mulher a deixar a trilha de liderança, por vezes excluindo-a totalmente da força de trabalho. Aliás, existe uma "penalidade para a maternidade" documentada que resulta em menos oportunidades e salários mais baixos para mulheres com filhos, determinada por pressupostos de que elas são menos comprometidas com o trabalho que as mulheres sem filhos ou em comparação com os homens, incluindo os que são pais.[87] As pesquisas sobre mulheres com alto nível de escolaridade que deixam o mercado de trabalho demonstram que elas acreditam não terem conseguido avançar em suas empresas com base em experiências de terem sido preteridas para atribuições-chave ou, em contrapartida, rebaixadas, o que, em última análise, configura uma experiência mais bem descrita como "exclusão" do que como "saída voluntária".[88]

Uma das mulheres que entrevistamos descreveu exatamente essa experiência:

> No momento em que eu disse que estava grávida, minha equipe foi reestruturada e duas das três pessoas subordinadas a mim foram colocadas no mesmo nível. E eu fui transferida de uma equipe de 30 pessoas para uma equipe de 6. Foi um rebaixamento. Não que meu salário tenha sido reduzido, mas minhas responsabilidades, sim. Não me perguntaram nada. Embora houvesse

políticas de flexibilidade em nível global, uma vez trazida para o nível local, a política deixava a critério de seu chefe decidir realmente se eles queriam lhe dar flexibilidade ou não. Eu disse: vejam bem, eu vou trabalhar, existe uma política de flexibilidade aqui, e eu vou aceitá-la. E eles disseram: sim, mas somente se seu chefe permitir e se for viável para seu cargo. Fazemos isso com funções de assistente, mas não com cargos seniores. Nesse ponto eu já tinha 16 anos de experiência profissional e era um grande talento. Haviam me mandado fazer um MBA pago pela empresa.

Como esse exemplo revela, o estigma em torno da flexibilidade e de outras políticas de atendimento à família podem descarrilar a carreira das mulheres. Nas culturas organizacionais em que a dedicação extrema ao trabalho é valorizada e as superestrelas são aqueles que respondem *e-mails* a qualquer hora e se desdobram no atendimento aos clientes, aproveitar as políticas que promovem o equilíbrio entre vida profissional e vida pessoal tem um custo profissional. As mulheres que trabalham em horários flexíveis tendem a ser vistas como menos comprometidas e menos motivadas a progredir em suas carreiras que aquelas que trabalham em um horário-padrão, mesmo quando seu desempenho real em ambos os casos é idêntico.[89]

Algumas empresas de vanguarda têm procurado evitar o descarrilamento da carreira das mulheres reformulando a flexibilidade como um instrumento empresarial e organizacional. Essa abordagem, conhecida como *redesign* do trabalho, visa a entender como habilitar os funcionários a fazer o melhor em seu trabalho e questionar pressupostos sobre quando e onde esse trabalho deve ser realizado. Um desses programas, chamado *Results Only Work Environment* (ROWE), foi implementado na Best Buy em 2004, não como programa de equilíbrio entre vida profissional e vida pessoal ou um esforço de equidade de gênero, mas como uma inovação empresarial. O ROWE especificava que os funcionários deveriam ser "livres para fazer o que quisessem e onde quisessem, desde que o trabalho fosse feito". Para implementar o ROWE, foram realizadas sessões de treinamento destinadas a examinar criticamente as práticas de trabalho tradicionais e desenvolver processos novos e eficazes para a execução do trabalho. Os funcionários informaram melhorias em seu bem-estar geral e na qualidade de seu trabalho, e a Best Buy constatou a redução da rotatividade durante o programa, interrompido em 2013 sob o comando de um novo CEO.[90] Em 2016, a agência nacional de habitação do Canadá, a Canada Mortgage and Housing Corporation, implementou o ROWE e verificou aumento no compromisso dos funcionários, informando ter se estabelecido um equilíbrio entre trabalho e vida pessoal.[91]

## O resultado sobre a retenção

As mulheres tendem mais a deixar seus empregos quando acreditam que veem suas oportunidades como limitadas. A sensação de crescimento limitado pode ser proveniente da presença de poucas mulheres na liderança ou pode ser estimulada pela maneira como as próprias mulheres são tratadas.

*O que os gestores podem fazer:*
- Coletar dados sobre dificuldades e retenção por gênero e raça.
- Tornar as consequências por assédio sexual significativas e concretas, independentemente da função ou do desempenho do perpetrador.
- Avaliar quando o trabalho presencial é realmente necessário por razões funcionais e permitir aos funcionários flexibilidade quando o trabalho puder ser realizado de forma assíncrona e/ou remota.
- Auditar suas comunicações internas sobre as políticas de flexibilidade e outros benefícios para o equilíbrio entre trabalho e vida pessoal, a fim de garantir a restruturação das necessidades profissionais e pessoais como algo relevante para todos os funcionários e como instrumentos para um trabalho melhor.

### Avaliar e refletir

Entender as barreiras inerentes a cada um dos estágios anteriormente mencionados e agir no sentido de atenuá-las é um processo cíclico. A implementação de novas práticas e o treinamento dos gerentes não são soluções isoladas; ao contrário, quaisquer medidas de combate às desigualdades de gênero devem ser vistas como instrumentos que necessitam de avaliação e melhoria contínuas, como muitos outros processos de negócios. Falando ao *Business Insider* em 2018, o diretor-geral de recursos humanos da Salesforce descreveu a análise salarial anual da empresa: "Você precisará realizar a auditoria todos os anos. Isso foi algo que eu acertei com o [CEO] Marc [Benioff] desde o início, que não se tratava de algo a ser feito uma única vez". A Salesforce tem obtido resultados positivos por seu compromisso de diagnosticar e fechar as lacunas salariais de gênero: desde a implementação da auditoria anual em 2016, a aquiescência dos funcionários com a declaração "As pessoas aqui recebem uma remuneração justa pelo trabalho que realizam" subiu 12%, alcançando 90%. A empresa viu subir também o número total de funcionárias mulheres e a proporção de mulheres em cargos de liderança.[92] No entanto, nos Estados Unidos e no Canadá, menos de 40% das empresas analisam a remuneração por gênero, de acordo com um estudo de 2018.[93]

A coleta e a análise de dados a cada estágio do processo de gestão de pessoas, da diversidade de seu grupo de candidatos aos coeficientes de atrito por gênero e outras características demográficas, permitem que as empresas tomem decisões informadas. Em 2017, uma grande empresa de tecnologia começou a publicar um "indicador de atrito" que examinava as taxas de demissão por gênero e raça. O índice revelou que, nos Estados Unidos, os funcionários pretos e de etnia latina estavam deixando o emprego a uma taxa acima da média. Em resposta, as empresas criaram um programa em que os "gerentes dos casos de retenção" eram empoderados a conectar os funcionários aos recursos de carreira, desde oportunidades de treinamento até grupos de afinidade.[94] Entretanto, apesar da utilidade desses dados, refletida no provérbio "não se pode gerenciar o que não se mede", uma recente pesquisa com diretores de diversidade em empresas, os CDOs (*chief diversity officer*), integrantes da lista S&P 500 constatou que somente 35% desses CDOs tinham acesso aos dados demográficos dos funcionários.[95]

Com a implementação de uma base de avaliação, os gerentes devem incorporar instrumentos e abordagens destinados a evitar o viés na maneira como eles lideram suas equipes no dia a dia. Sem isso, as empresas não promovem mulheres talentosas em sua escala hierárquica. Sim, o tom ditado na cúpula é importante, mas sem a tradução das mensagens em ações práticas tudo não passa de falatório, como ressaltou um executivo:

> Um fenômeno que tenho observado são os altíssimos executivos falando muito sobre equidade de gênero, igualdade racial e poder da diversidade, e nos níveis mais baixos das classes de contratação da empresa repletas de mulheres e homens não brancos, e depois esse "corredor polonês" intermediário e muita mediocridade atrapalhando funcionários talentosos e capacitados. Fica aquele centro congelado. Tenho passado muito tempo trabalhando com mulheres e minorias em funções no nível de diretoria em minha empresa, porque pode

haver muitos colegas brancos em nível de vice-presidência (VP) que defendem o *status quo* e que pensam exatamente como eles: pouco me importa o que digam no alto escalão, é assim que trabalhamos aqui. E atingir esse [nível] pode ser um grande desafio, e, quando menos se espera, [as mulheres brancas e as minorias raciais] deixam a empresa. [Há] uma relutância entre o pessoal sênior – o vice-presidente executivo, aqueles em nível de diretoria – em enfrentar seus VPs de nível médio, porque eles querem fidelidade e foco nos resultados operacionais e, por isso, não desafiam o comportamento.

O diretor de produtos de uma empresa (*chief product officer* – CPO) que implementou um abrangente programa de equidade de gênero descreveu a resistência inicial e a maneira como esse fator se dissipa à medida que os líderes sêniores enfatizavam a importância estratégica do trabalho: "Quando se falava em querer se certificar de que temos um número razoável de diretoras mulheres, a resposta instantânea era, 'Ah, então você vai rebaixar seus padrões para as mulheres?'. E, agora que já estamos fazendo isso há quatro ou cinco anos, você simplesmente não ouve mais isso. Deixamos muito claro que era uma questão de 'lançar uma rede mais abrangente'. Tratava-se de eliminar o viés inconsciente".

Para garantir que quaisquer pronunciamentos sobre o valor da diversidade de gênero se reflitam em seu departamento ou na gestão cotidiana de sua empresa, é preciso haver um compromisso com a avaliação contínua por parte de todos os gerentes. Em nossas entrevistas com executivas mulheres, ouvimos repetidas vezes que os esforços no sentido de trazer mais mulheres para a liderança vão por água abaixo quando são criados e administrados exclusivamente pelos departamentos de recursos humanos. Como ressaltou um executivo, examinar os padrões de remuneração é uma maneira de esclarecer a forma como uma empresa define o sucesso: "Quando se trata daquelas pessoas que promovemos, que recebem os salários mais altos, e ao examinarmos as características [que dizemos valorizar], onde essas pessoas se enquadram? Essas são as características valorizadas pelos [seus gerentes]? Existe uma diferença entre o que a alta gerência pensa sobre o que deve ser recompensado e o que os gerentes de nível médio estão procurando e encontrando?".

Há mais de 40 anos, a pesquisadora Rosabeth Moss Kanter publicou *Men and women of the corporation*, um estudo revolucionário sobre o gênero no local de trabalho. Muitas das barreiras que Kanter identificou continuam presentes hoje e envolvem, como descrito neste capítulo, uma interação entre fatores estruturais e ações individuais. Em que pese a persistência desses obstáculos, Kanter continua esperançosa, assim como nós. Ao falar no primeiro simpósio anual sobre gênero na Harvard Business School, o Gender & Work Research Symposium, ela enfatizou a necessidade de continuar explicando como os processos organizacionais e os gestores trabalham juntos para perpetuar ou atenuar as disparidades de gênero: "Se entendermos a interação desses elementos, podemos intervir e mudá-los. Sempre é possível mudar. É isso que os líderes fazem".[96]

## O que as mulheres executivas dizem

Ouvimos mais de 150 executivas que haviam participado havia pouco tempo de programas educacionais para executivos voltados para líderes mulheres, reunindo suas observações sobre cada um dos processos de gestão de talentos descritos neste capítulo. Essas executivas, que trabalham em empresas na América do Norte e na América do Sul, na Europa, na Ásia, na África, na Austrália e na Nova Zelândia, representavam setores abrangendo as iniciativas pública e privada. Elas ocupavam cargos com significativo nível de responsabilidade; a maioria desempenhava funções de participação nos resultados organizacionais em grandes empresas. E elas eram experientes; três quartos exerciam a profissão fazia mais de 20 anos.

As percepções dessas mulheres não eram idênticas, mas eram coerentes; de modo geral, a grande maioria concordava que os vieses individuais e as barreiras estruturais deixavam as mulheres em desvantagem em cada estágio da aquisição e gestão de talentos. As executivas mulheres veem um campo de atuação especialmente desigual quando se trata de remuneração e promoção, com 89% de nossas entrevistadas concordando que as mulheres são, pelo menos, bastante desfavorecidas nesses processos. (Na realidade, 71% disseram que as mulheres enfrentam "uma grande" desvantagem em termos de remuneração e promoção [Tabela 5.1].)

TABELA 5.1

**Até que ponto os vieses e as barreiras deixam as mulheres em desvantagem nos processos organizacionais**

|  | Recrutamento | Contratação | Integração | Desenvolvimento | Gestão de desempenho | Remuneração e promoção |
|---|---|---|---|---|---|---|
| Muito | 31% | 48% | 34% | 36% | 46% | 71% |
| Bastante | 45% | 36% | 31% | 38% | 26% | 18% |
| Ligeiramente | 15% | 12% | 12% | 18% | 12% | 7% |
| Não sabe ao certo | 2% | 2% | 3% | 3% | 3% | 3% |
| De modo nenhum | 6% | 3% | 19% | 5% | 14% | 2% |

O porte dos empregadores entrevistados não previa coerentemente até que ponto as mulheres viam viés em cada processo gerencial, sugerindo que as empresas maiores (ou menores) não estão necessariamente mais bem preparadas para implementar processos equitativos. As entrevistadas mais jovens eventualmente, mas nem sempre, percebiam menos viés que aquelas que iniciaram suas carreiras uma década antes ou mais. Embora saibamos que houve progresso em relação à equidade de gênero, as mulheres continuam a relatar que os vieses e as barreiras impedem seu próprio avanço e o de outras pessoas.

Quase 90% disseram que os processos gerenciais de auditoria para a identificação das diferenças de gênero eram "essenciais" ou "importantes", e uma proporção ainda maior acredita que as empresas em seus respectivos ramos e setores de atividade devem incorporar um prisma de gênero aos esforços de engajamento de funcionários, especificamente analisando as diferenças de gênero nas métricas de atrito e outras métricas-chave, criando políticas ou práticas destinadas a promover o engajamento e a retenção das mulheres. Dois terços de nossas entrevistadas não acreditam que as empresas estejam atualmente fazendo o suficiente no sentido de engajar e reter as mulheres.

## Como quebrar o teto de vidro

| Processo gerencial | O problema | Pergunta a ser feita | Recomendações |
|---|---|---|---|
| Atração | Faltam candidatas mulheres em relação às suas expectativas e/ou às normas do setor | Os aspectos de seu recrutamento afastam mulheres qualificadas? | • Buscar candidatos fora das redes pessoais dos gestores, que podem ser homogêneas<br>• Avaliar a linguagem usada para descrever o trabalho e sua empresa |
| Contratação | As candidatas mulheres não chegam ao estágio da oferta do cargo na mesma proporção que os homens | Os aspectos do seu processo de contratação estão eliminando mulheres cujas qualificações e potencial atendem ou excedem aqueles dos candidatos homens? | • Orientar os gestores sobre os vieses de gênero e como eles podem influenciar as decisões de contratação<br>• Anonimizar os currículos<br>• Diversificar os painéis de entrevistas<br>• Avaliar a lista de candidatos como um grupo, em relação a um conjunto de critérios definidos |
| Integração | As mulheres parecem estar "à margem" de suas equipes e departamentos | Os novos contratados formam relacionamentos que lhes permitam contribuir de maneira ideal e prosperar profissionalmente? | • Criar oportunidades para que as pessoas trabalhem visando a objetivos compartilhados com pessoas diferentes delas<br>• Desestimular atividades sociais exclusivas e certificar-se de que as mulheres não sejam tratadas como estranhas ou excluídas por outros membros da equipe |
| Desenvolvimento | As mulheres não estão construindo suas habilidades e suas experiências em proporções semelhantes às de seus colegas homens | Os funcionários têm acesso a treinamento e outros componentes de desenvolvimento independentemente de gênero? | • Avaliar como as oportunidades de treinamento e desenvolvimento são distribuídas e implementar critérios objetivos<br>• Aumentar o acesso das mulheres a mentores e patrocinadores |
| Avaliação de desempenho | As avaliações de desempenho das mulheres são mais baixas que as de seus colegas homens e/ou mais baixas do que o esperado com base nos pressupostos de contratação | Seus processos de avaliação e sua implementação são influenciados por vieses de gênero? | • Orientar os gestores sobre os vieses de gênero e como eles podem influenciar as decisões de avaliação<br>• Analisar os critérios utilizados para avaliar o desempenho e eliminar padrões ambíguos, vagos e maleáveis |

*(continua)*

**Como quebrar o teto de vidro** (*continuação*)

| Processo gerencial | O problema | Pergunta a ser feita | Recomendações |
|---|---|---|---|
| Promoção e remuneração | As mulheres recebem salários mais baixos que seus colegas homens e/ou são promovidas em menores proporções | Os processos para a determinação dos salários e das decisões relativas a promoções são influenciados por vieses de gênero? | • Esclarecer e verificar a transparência dos parâmetros para as ofertas e para os aumentos de salário<br>• Analisar os dados dos processos de promoção e remuneração por raça, gênero e outras características de identidade |
| Retenção | As mulheres estão deixando a empresa em proporções superiores aos homens e/ou às expectativas da empresa | As mulheres acreditam que podem progredir profissionalmente na empresa e são recompensadas pelo alto desempenho? | • Controlar os desafios e a retenção por gênero<br>• Combater o estigma da flexibilidade, concentrando-se nos aspectos mensuráveis do desempenho<br>• Não fazer vista grossa para os funcionários de alto desempenho que assediam mulheres |

# O acordo da igualdade
## Qualcomm

Em 2015, sete mulheres empregadas em funções técnicas e de engenharia na Qualcomm processaram a fabricante de *chips* sediada em San Diego em nome de suas funcionárias, alegando que as práticas de remuneração e promoção da empresa discriminavam sistematicamente as mulheres. Elas ingressaram com uma queixa formal na EEOC e no California Department of Fair Employment and Housing, mas, antes que o processo fosse levado ao tribunal, a Qualcomm concordou em pagar 19,5 milhões de dólares e em instituir uma série de medidas de retificação das práticas discriminatórias reveladas pela ação. Embora afirmasse ter "fortes argumentos de defesa" contra as alegações de tratamento desigual, a empresa concordou em rever sua abordagem do desenvolvimento de funcionários, remuneração e flexibilidade no trabalho, em suas palavras "fazendo melhorias significativas em nossos programas e processos internos".[97] Uma gigante das telecomunicações conhecida por estar na vanguarda da tecnologia móvel, a Qualcomm concordou em contratar especialistas autônomos para implementar as reformas – no que diz respeito à criação de um ambiente de trabalho equitativo, a empresa se mostrou abaixo da curva.

A Qualcomm não é um caso incomum. A EEOC recebe aproximadamente mil reclamações por ano alegando violações do Equal Pay Act (Ato da Remuneração Equitativa), e são ajuizadas reclamações de discriminação nos níveis estadual e municipal também.[98] Embora não haja dados centralizados sobre os processos ajuizados por discriminação de gênero, qualquer pessoa que, por acaso, acompanhe o noticiário nos últimos anos provavelmente já ouviu falar de processos ajuizados contra empresas como Twitter, Google, Facebook, Walt Disney Company, Microsoft, Oracle, KPMG, Kleiner Perkins e Goldman Sachs, para citar algumas. Em que pesem as eventuais alegações de discriminação explícita, inclusive assédio sexual, os casos de hoje geralmente têm como alvo o que os pesquisadores denominaram "viés de segunda geração", um conjunto mais sutil de padrões e práticas que colocam as mulheres em desvantagem, mas podem passar despercebidos e tão inerentemente incorporados às culturas e estruturas organizacionais que parecem naturais ou neutros.

As reclamantes no caso da Qualcomm apontaram tanto discriminação explícita como de segunda geração. Os homens recebiam salários-base mais altos que as mulheres em funções similares, um caso patente de discriminação baseada no gênero, mas as mulheres eram também deixadas de fora da trilha de liderança por meios indiretos ou implícitos. O processo de promoção da empresa que dependia dos gerentes – em sua maioria homens – para sancionar a busca pelo avanço na carreira era um desses mecanismos. Em vez de conscientizar sistematicamente os funcionários dos caminhos para o desenvolvimento e o crescimento profissionais, os gerentes atribuíam tarefas, oportunidades de treinamento e promoções, na ausência de critérios padronizados. As análises estatísticas conduzidas com os dados das negociações entre a Qualcomm e a empresa que representou mais de 3 mil funcionárias constataram diferenças nas taxas de promoção entre homens e mulheres igualmente qualificados. Agravando essas barreiras, as reclamantes afirmavam haver uma cultura que recompensava desproporcionalmente as longas horas de trabalho e a disponibilidade constante, criando, na verdade, um *status* de segunda classe para funcionários com responsabilidades significativas de cuidadores, basicamente mulheres, e aquelas que tiravam licença-maternidade. As funcionárias que podiam estar ou estavam de sobreaviso durante 24 horas, 7 dias da semana, eram recompensadas, independentemente de sua produtividade ou de seu desempenho, enquanto aquelas que trabalhavam em horários reduzidos ou flexíveis viam sua remuneração ser rateada – efetivamente reduzida – sem levar em consideração o rendimento. Além disso, as mulheres afirmavam que a maneira como a Qualcomm fixava a remuneração pelas funções desempenhadas enfatizava muito pouco as habilidades e as responsabilidades essenciais implicadas, resultando em lacunas salariais entre funções de natureza similar; embora o pagamento de salários mais baixos a mulheres que realizavam o mesmo trabalho não constituísse uma prática explícita, a abordagem da empresa, todavia, resultava no pagamento de salários diferenciados por gênero.[99] Um dos advogados das mulheres descreveu esses problemas como reveladores da existência de uma lacuna entre o endosso retórico da equidade de gênero da Qualcomm e as condições efetivamente oferecidas às mulheres na empresa: "O compromisso abstrato com a igualdade no ambiente de trabalho para as mulheres nunca se tornará realidade se não houver compromissos tangíveis com a transparência e a isenção garantida de represálias. Sem essas e outras mudanças estruturais, as elevadas promessas de diversidade e igualdade não serão cumpridas".[100]

A equipe jurídica da Qualcomm e os advogados representantes das funcionárias nunca discutiram em juízo essas alegações de discriminação. Ao contrário, eles passaram diretamente à criação de mudanças estruturais e levaram meses analisando dados e registros da empresa para chegar a um acordo em relação ao modo como as mulheres eram afetadas pelas práticas gerenciais da Qualcomm e que medidas retificadoras deveriam ser adotadas. Em meados de 2016, ambas as partes concordaram com um acerto que incluía o pagamento de indenizações monetárias e uma revisão de muitas das práticas gerenciais da empresa. A empresa concordou em implementar iniciativas de desenvolvimento da liderança das mulheres para resolver as disparidades de acesso às promoções ocasionadas pelo sistema informal do "tapinha nas costas" e em fortalecer o apoio ao trabalho flexível e à licença-maternidade/licença-paternidade, de modo que a utilização desses benefícios não deixasse de lado a carreira das mulheres. A empresa concordou também em coletar e analisar os dados das avaliações, das promoções e das remunerações dos funcionários, a fim de identificar lacunas de gênero e melhorar o processo interno pelo qual as funcionárias pudessem apresentar reclamações sobre discriminação.[101]

Por meio do acordo, as atuais e ex-funcionárias desfavorecidas não apenas conseguiram reaver uma fração nominal dos salários perdidos (à razão de aproximadamente 4 mil dólares por funcionária, as compensações foram essencialmente simbólicas), mas também efetivar mudanças organizacionais com o potencial de impactar positivamente as mulheres na empresa nos anos seguintes. Mais do que apenas um caminho para as reformas, o acordo da Qualcomm visa ao futuro e, se implementado com total compromisso, tornará o caminho da empresa para a liderança mais equitativo em termos de gênero. Não se trata de uma solução rápida, e o tempo dirá se o percurso para a liderança na empresa alcançará o equilíbrio de gênero. Um sinal precoce do progresso é um modesto salto na proporção de mulheres em funções técnicas de 14,3% no ano em que o processo foi ajuizado para 16,4% em 2019.[102] Institucionalizando os programas e as práticas descritos no acordo e mantendo um compromisso com a equidade de gênero, a Qualcomm tem a oportunidade de se tornar líder não apenas na tecnologia sem fio, mas também na retenção e no avanço profissional das mulheres.

CAPÍTULO 6

# Paridade no dia a dia

## Como administrar pela igualdade de gênero e pela inclusão

Os processos de gestão de talentos abordados no Capítulo 5 formam um sistema complexo, multifacetado e interdependente. Individualmente, os gerentes, sobretudo aqueles no nível médio e na linha de frente, nem sempre têm autoridade para iniciar algumas das mudanças sistêmicas que recomendamos. Mesmo os gerentes mais próximos ao topo da hierarquia normalmente são limitados em sua autonomia para alterar ou influenciar as práticas fora de sua função ou de seu escopo geográfico. E se você não for um CEO ou um sócio-diretor capaz de supervisionar a maneira como a empresa lida com as contratações ou implementa um novo sistema de avaliação de desempenho? Você está de mãos atadas quando se trata de derrubar as barreiras de gênero? Longe disso. Os processos de gestão de pessoas são interpretados e implementados por gerentes individuais, e há sempre espaço para fazer as coisas de modo diferente ou de forma mais equitativa dentro das estruturas existentes. Além disso, mesmo os programas mais progressistas iniciados nos níveis hierárquicos mais altos falham se os gerentes individuais os implementarem de forma ineficaz. Um exemplo é o programa de reingresso na carreira da JPMorgan Chase, lançado em 2013 para criar vias de entrada na empresa para as candidatas mulheres, cujo tempo fora da força de trabalho remunerada possa ter, de outra forma, causado a subvalorização de suas qualificações e de sua competência. O endosso executivo foi apenas uma parte da equação. Como explicou o diretor de diversidade da unidade-piloto do programa, os gerentes foram igualmente importantes:

> Queríamos ter certeza de que estávamos posicionando essas mulheres para o sucesso, e queríamos nos certificar de que o gerente estaria disposto a participar do processo. [...] Queríamos gerentes que adotassem uma perspectiva com ênfase em treinamento e desenvolvimento durante as conversas [com o participante]. Queríamos alguém que aderisse à filosofia do programa, [que] quisesse que seus participantes estivessem bem conectados, [que] quisesse que eles fossem bem desenvolvidos, [que] quisesse que eles tivessem um sólido entendimento não apenas de sua linha de atuação específica, ou de parte da empresa, mas do contexto mais amplo da empresa também.[1]

Melhorar os sistemas que atrofiam a reserva de possíveis líderes mulheres leva tempo, precisamente por causa da interação entre os processos organizacionais e as pessoas que os utilizam. Sem gerentes comprometidos em adotar medidas destinadas a derrubar as barreiras comuns – como acesso aos mentores, oportunidades de desenvolvimento e integração à empresa como um todo –, o programa de reingresso pouco ajudaria a aumentar o número de mulheres a galgar postos mais altos na empresa. (Na realidade, esse tipo de apoio gerencial é necessário para o crescimento profissional de qualquer pessoa.) As pesquisas respaldam a ideia de que os gerentes representam a arma não tão secreta na batalha de combate à desigualdade no trabalho. Uma análise de vários estudos verificou que o treinamento e as políticas bem-intencionados quase sempre deixam a desejar quando se trata de produzir e manter maior diversidade. Mas os gerentes comprometidos que se sentem responsáveis por melhorar a diversidade, a igualdade e a inclusão criam resultados. As empresas que incentivam os gerentes a agir como agentes de mudança mediante atividades como mentoria e participação nas forças-tarefas pela diversidade acabam constatando o avanço profissional de mais mulheres brancas e de homens e mulheres não brancos.[2]

Como gerente, a cultura que você induz à sua equipe e a abordagem que adota para desenvolver e engajar individualmente os funcionários podem permitir que as mulheres apresentem os resultados de que são capazes, o que contribui não apenas para o sucesso delas, mas também para seu próprio sucesso. A gestão inclusiva tem o potencial de ser sua vantagem competitiva, principalmente à medida que os trabalhadores, em especial aqueles sub-representados na liderança, tornem-se cada vez mais conscientes da importância disso para seu sucesso. Trabalhar para um chefe que não pratica a inclusão é simplesmente um fracasso para muitos profissionais capacitados. Como disse uma mulher cuja carreira de 31 anos inclui passagens por empresas de produtos de consumo, *startups* e grandes empresas de serviços profissionais, "Eu aconselho as pessoas a descobrir se a empesa/[equipe] gerencial é inclusiva. Isso fará *toda* a diferença; na verdade, pode ser a única coisa que importa no que tange ao local em que a pessoa constrói uma carreira".

Queríamos entender melhor como é realmente uma gestão inclusiva do ponto de vista das próprias mulheres, por isso pesquisamos um grupo de 130 mulheres que haviam concluído cursos de educação executiva criados para líderes mulheres. Coletamos uma gama de dados quantitativos e qualitativos, inclusive vários exemplos do que significava a *falta* de uma gestão inclusiva. As mulheres que entrevistamos estão conectadas à nossa instituição e nos conhecem da sala de aula, de modo que sua sinceridade não nos surpreendeu, mas ficamos gratos por elas terem se mostrado dispostas a nos confiar a verdade nua e crua. Elas nos contaram ter deixado empregos e empresas que adoravam, mas nos quais elas eram tratadas com descaso ou lhes eram negadas oportunidades de crescimento. Elas partiram para outras oportunidades, mas as experiências tiveram seu ônus. Como uma delas explicou, "Minha tendência era simplesmente me descompromissar. O comportamento não inclusivo machuca também a alma. Quando percebia não poder estar presente como meus colegas homens, eu me sentia muito cansada e desmerecida".

A gestão injusta não acontece apenas nos setores dominados pelos homens ou em regiões com maior desigualdade de gênero em geral, nem é perpetuada apenas pelos homens. As mulheres que entrevistamos estavam trabalhando em empresas públicas e privadas, instituições sem fins lucrativos, empresas familiares e órgãos do governo. A grande maioria exerce a profissão havia pelo menos duas décadas, e mais de 40% já atuavam fazia mais de 30 anos. Elas vinham de uma gama altamente diversa de setores, de fabricação e saúde a propaganda e finanças, e eram provenientes da América do Norte, da Europa, da América Latina, da Ásia, da África, da Austrália e do Oriente Médio. As experiências de demissão, o desgaste ou a exclusão ativa foram aventadas muitas vezes em nossa pesquisa, enfatizando o fato de que nenhum setor, região ou tipo de empresa está isento de barreiras à carreira das mulheres. Tampouco constatamos que a gestão não inclusiva seja característica de determinado gênero. A maioria das executivas que entrevistamos havia tido gestores homens *e* mulheres não inclusivos (ver Figura 6.1).

De fato, encontramos algumas diferenças de gênero quando se trata da natureza da gestão não inclusiva. Quando as gerentes mulheres não eram inclusivas, o problema geralmente era cumulativo – não estar disposto a conceder crédito ou poder aos subordinados e adotar uma abordagem de gestão de soma zero na qual o sucesso dos outros era visto como ameaça a seu próprio sucesso. Consequentemente, as mulheres que haviam tido esse tipo de experiência com gerentes mulheres sentiam-se desgastadas e incapazes de ver um caminho claro para o avanço. Sabemos por meio de pesquisas realizadas desde a década de 1970 que esses tipos do chamado comportamento de abelha-rainha são resultantes de culturas organizacionais que desvalorizam as contribuições femininas; para ser bem-sucedido nesse tipo de ambiente, as mulheres se distanciam de seu gênero e de outras mulheres para serem vistas como competentes.[3] Portanto, não ficamos surpresos em ver que as executivas entrevistadas tiveram menos chefes mulheres ao longo dos anos; o número médio ao longo de toda a carreira era de apenas duas mulheres, comparado à média de nove chefes

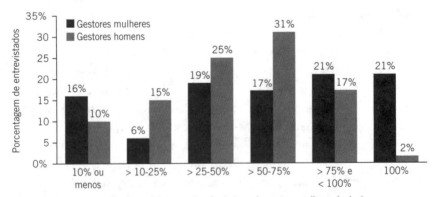

**Entrevista com mulheres executivas**

**FIGURA 6.1**

homens. Embora a investigação dos fatores determinantes do comportamento não inclusivo esteja além do alcance de nossa pesquisa, os dados sugerem que essa dinâmica estava presente em muitas empresas em que nossas entrevistadas haviam trabalhado.

Em contrapartida, ouvimos falar de uma ampla variedade de comportamentos de exclusão por parte de gerentes homens. Eles favoreciam os subordinados homens, concedendo-lhes mais oportunidades e recompensas que às mulheres com o mesmo histórico. Eles excluíam as mulheres também de eventos sociais e até de equipes de trabalho, gravitando em torno de outros homens (normalmente brancos) para a formação de redes pessoais e profissionais. Como uma entrevistada descreveu, "Eu assumi a função de um homem que rebaixava sistematicamente todas as funções exercidas por mulheres em sua equipe direta e depois retirava todas elas de sua equipe de liderança. Depois disso, ele contratava somente homens brancos para substituí-las". Essa experiência foi reverberada por outra mulher: "Um determinado gerente homem demitiu/rebaixou e marginalizou as três mulheres de nível mais alto em [nossa] divisão". Houve alguns casos também de assédio sexual, comentários degradantes e desdenhosos, bem como visões abertamente sexistas de gerentes homens. (Embora tenhamos ouvido falar de homens e mulheres com atitudes enviesadas – como uma gerente mulher "que esperava que eu ganhasse menos que um homem de nível mais baixo por eu não ter família" –, mesmo as gerentes mulheres não inclusivas não menosprezavam a capacidade das mulheres em geral nem sugeriam que suas contribuições eram inerentemente menos valiosas, por razões óbvias.)

Esses exemplos de exclusão e viés ilustram grande parte do que exploramos ao longo deste livro. Mas nós não estávamos interessados simplesmente em confirmar a contínua prevalência dessas barreiras – agora, esperamos que os leitores entendam melhor onde, como e por que elas persistem hoje. Queríamos coletar dados sobre estilos e práticas de que iluminam um caminho diferente. Quais são as ações do dia a dia que fazem uma diferença fundamental? Sabemos que elas são importantes: aproximadamente três quartos das mulheres que entrevistamos (que, lembre-se, haviam alcançado cargos de liderança sênior) disseram que a gestão inclusiva impactara positivamente suas carreiras.

Detalhamos a seguir cinco atributos-chave da gestão inclusiva e explicamos os tipos de comportamentos e práticas subjacentes que permitem que os gerentes desenvolvam essas capacidades. A gestão inclusiva não é uma banalidade para agradar e requer autorreflexão, consciência dos fatores determinantes da desvantagem no ambiente de trabalho e compromisso com a mudança das condições, inclusive de seus próprios hábitos e pressupostos, que as perpetuam. Convenhamos que suas ações nem sempre corrigem problemas nos sistemas de sua empresa, mas você pode atenuá-los e evitá-los. Por exemplo, você pode não conseguir mudar o fato de que sua empresa carece de uma regra objetiva para designar funcionários para projetos importantes ou para promover funcionários, mas você certamente pode utilizar os critérios-padrão e específicos da função quando se trata de suas próprias decisões. Desse modo, você não apenas garante que as pessoas com as quais trabalha sejam tratadas de forma justa, mas pode também servir como exemplo de gestão inclusiva para outras pessoas. Sobretudo na ausência de políticas e procedimentos, a normalização de abordagens inclusivas e equitativas é poderosa. Ser um agente de mudança não implica necessariamente ser um CEO; você pode ajudar a derrubar aquelas barreiras que mantêm o *status quo*.

Dezenas de mulheres participantes de nossa pesquisa disseram ter deixado empregos, empresas e até mesmo setores porque seus gerentes não tinham habilidade suficiente para promover a inclusão. As mulheres continuaram a crescer e liderar, mas não sem consequências para si próprias e para as empresas que deixaram. Como explicou uma mulher, "Refletindo sobre minha carreira, eu deixei líderes não inclusivos por novas empresas. Isso provavelmente me ajudou no longo prazo, na medida em que me obrigou a mudar [de emprego], mas, por sua vez, acho que não ajudou as empresas para as quais eles trabalhavam, visto que essas empresas perderam talentos, e os talentos atuais também estão subutilizados e não oferecem o melhor de si".

Motivar e permitir que sua equipe trabalhe da melhor maneira possível é fundamental para qualquer função gerencial. Concentrando-se na justiça, você pode remover os obstáculos ao desempenho e estimular os funcionários a prosperar em suas funções. Chame isso de sua vantagem inclusiva.

## Os gestores inclusivos *desenvolvem uma lente objetiva para o recrutamento e a recompensa de funcionários*

Não diríamos que a discriminação deliberada não desempenha nenhum papel na perpetuação da desigualdade de gênero no ambiente de trabalho. Sem dúvida, o movimento #MeToo rapidamente desiludiu qualquer um que estivesse inclinado a pensar o contrário. Entretanto, não acreditamos que a maioria dos gestores esteja determinada a criar barreiras ao avanço profissional das mulheres. Na realidade, durante muitos anos de ensino e estudo de gestores em diversos níveis entre uma ampla variedade de ramos e setores de atividade de todo o mundo, ouvimos regularmente um desejo de fazer o oposto: fomentar um campo de atuação nivelado e liderar de uma maneira imparcial que permita o crescimento de todos os funcionários em suas carreiras. Entretanto, nossos resultados coletivos não refletem essas boas intenções. As mulheres, particularmente as mulheres não brancas, são significativamente sub-representadas na liderança sênior, em comparação com sua presença na força de trabalho; obviamente, elas não estão progredindo em igual medida em relação aos homens brancos, que compõem a maior proporção de líderes entre os setores. O estudo Women in the Workplace, conduzido por McKinsey e Lean In em 2019, constatou que as mulheres perdem para os homens quando se trata da primeira promoção a uma função gerencial. Com base nesse desequilíbrio inicial, a fonte de aprovisionamento da liderança torna-se cumulativamente mais distorcida em termos de gênero com o passar do tempo.[4]

Os gestores individuais exercem enorme poder sobre a progressão profissional dos funcionários; eles não apenas criam as oportunidades mediante as quais os funcionários desenvolvem suas habilidades e competências (falaremos mais sobre isso na próxima seção) como também avaliam o desempenho e apresentam funcionários para promoção, em muitos casos decidindo unilateralmente se o funcionário avança para um nível mais alto. A diferença entre uma carreira estagnada ou lenta e aquela que floresce rapidamente pode ser um simples supervisor, como contou uma mulher participante de nossa pesquisa: "O VP sênior de determinada empresa dificultou minha promoção à diretoria, apesar das observações extraordinariamente positivas de meu próprio diretor e de meus colegas. Quando finalmente a aprovou, ele disse: 'Você é altamente capacitada e tem grande experiência profissional, especialmente para uma mulher engenheira'. Eu queria perguntar a ele: eu não sou altamente capacitada em comparação com engenheiros homens?". Outra mulher participante de nosso estudo observou como esse fenômeno se manifestou em sua carreira: "O impacto observável da gestão não inclusiva era o *timing*. Meus colegas [homens] pareciam ter tido oportunidades mais rapidamente e ter sido promovidos a níveis executivos mais cedo".

Pode ser difícil para as mulheres romperem a barreira da confiança dos gerentes em decisões rápidas e subjetivas. Uma executiva do setor de saúde descreveu ter assistido a uma forte candidata ser sumariamente rejeitada sem nenhuma justificativa clara: "Eu tinha uma candidata do grupo de minorias muito talentosa à qual uma pessoa em um posto muito alto decidiu não dar a oportunidade de promoção, quando, no papel, ela era a mais qualificada. Pedi a ele que conversasse pessoalmente com a candidata porque ela era um grande talento. Ele ignorou minha recomendação e decidiu simplesmente enviar um *e-mail* dizendo a ela que não havia conseguido a vaga".

Embora desconheçamos opiniões e atitudes desse gestor especificamente, talvez não convenha supor que ele estivesse deliberadamente preterindo essa candidata com base em sua identidade. Na realidade, é muito provável que ele acreditasse estar sendo imparcial e que seu candidato preferido fosse simplesmente a melhor opção com base em seus méritos, e que sua intuição, aprimorada por anos de experiência, fosse seu melhor guia. Ao mesmo tempo, no entanto, é provável também que, dado o fato de que a liderança no setor de saúde é dominada por homens (apesar da forte representação das mulheres na força de trabalho do setor em geral), ele acabasse contratando outro homem como ele.[5] Como disse outra mulher participante de nosso estudo, "As pessoas que discriminam no ambiente de trabalho nem sempre são más pessoas. Na maioria das vezes, elas não têm consciência do que estão fazendo e desconhecem outra maneira". Esse gestor – e inúmeros outros – não saiu de sua zona de conforto, não parou e questionou seus instintos e não refletiu se estava tendo a devida consideração por uma candidata que não se enquadrava no padrão.

Sabe-se que os vieses implícitos (ou seja, os estereótipos que associamos inconscientemente aos diferentes grupos) podem distorcer nossa percepção e nossas decisões. Embora haja um debate científico sobre a medida e o efeito desses vieses, uma série de estudos demonstrou que eles influenciam a maneira como as pessoas interagem com os outros e os tratam, inclusive no ambiente de trabalho.⁶ Se você trabalha em uma grande empresa, ou mesmo em uma empresa menor de determinados setores, como tecnologia, provavelmente já teve alguma forma de treinamento sobre viés inconsciente. E, mesmo que não tenha tido, você provavelmente está familiarizado com o conceito e entende que suas percepções podem ser influenciadas por vieses sutis que não estão fora de sincronia com seus valores. Essa consciência é suficiente para ajudá-lo a ser objetivo e justo em suas decisões?

Embora o aprendizado sobre viés inconsciente forneça uma compreensão útil, essa consciência é um primeiro passo, não a solução definitiva. Aliás, os pesquisadores têm constatado que os treinamentos sobre viés podem, na realidade, *aumentar* os comportamentos discriminatórios quando são ministrados sem qualquer incentivo para que se supere o viés.⁷ É fundamental o compromisso de procurar e resolver sua influência sobre sua percepção e seus julgamentos. Qualquer que seja o treinamento que você tenha recebido sobre o assunto, seja por meio de um programa formal, seja apenas lendo e aprendendo por conta própria, esse é um ponto de partida. Saber que o viés inconsciente existe não o elimina automaticamente, mas você tem a oportunidade de cavar fundo em seus processos e identificar maneiras de minimizar seu impacto. Isso pode ser tão simples quanto investigar os padrões distorcidos pelo gênero. Se você observar que os candidatos homens superam as mulheres em três de quatro contratações recentes, é possível que você puxe o currículo de cada finalista e dê uma olhada no material de avaliação disponível, seja planilhas de pontuação ou simplesmente suas anotações de reuniões de *debrief*.* Procure diferenças na maneira como homens e mulheres foram descritos, se lhes foram feitas perguntas diferentes e como suas realizações e suas habilidades foram avaliadas. Essas conversas, seja com colegas ou com você mesmo, devem ser inquisitivas e não acusatórias e devem incentivar o diálogo sobre a maneira como os candidatos são percebidos e examinados.

Suas investigações provavelmente revelarão que o gênero e outras disparidades aparecem em lugares em que se depende mais de julgamentos subjetivos. A adoção de métodos avaliativos que minimizam o papel do

---

* Ferramenta que reúne informações sobre o que foi feito em um projeto após sua finalização. No caso considerado seriam as anotações acerca dos candidatos avaliados e as justificativas para a contratação do escolhido (N.R.C.).

instinto e forneçam uma estrutura objetiva pode ajudar a reduzir essas lacunas. Uma executiva participante de nossa pesquisa, que trabalhava em uma grande empresa de capital aberto nos Estados Unidos, elogiou vários de seus gerentes passados por implementarem a seleção cega, na qual "todos os nomes, gêneros e etc. são retirados dos currículos antes que se conheçam os candidatos". E, na realidade, pesquisas recentes confirmaram que o anonimato dos currículos reduz as chances de mulheres igualmente qualificadas serem desconsideradas em favor de candidatos homens.[8] Combinando as melhores práticas, como a seleção cega e a avaliação de desempenho padronizada, a um compromisso em examinar a maneira como suas decisões afetam os resultados tanto para mulheres brancas como para pessoas não brancas, você pode igualar oportunidades e caminhos para todos em sua equipe.

*Desenvolva uma lente objetiva para o recrutamento e a recompensa de funcionários com*
- O emprego de abordagens que minimizem os julgamentos subjetivos que podem ser distorcidos pelo viés inconsciente.
- O aprimoramento de sua capacidade de observar e explorar padrões de acordo com o gênero e outras diferenças nos métodos de contratação e promoção.

### Os gestores inclusivos *oferecem oportunidades de desenvolvimento e* feedback *de maneira equitativa*

Em um relatório de 2019 do Center for Talent Innovation, 71% dos mais de 3 mil executivos disseram que os funcionários juniores cujo desenvolvimento eles estavam orientando compartilhavam seu gênero e/ou sua raça.[9] Essa tendência de mentoria e de patrocínios de "minieus" protegidos resulta em um funil de potenciais candidatos a promoções que parecem extremamente iguais em todos os níveis hierárquicos. É fundamental que os gestores não apenas utilizem práticas justas e coerentes, como vimos na seção anterior, mas também ofereçam proativamente orientação e apoio. As empresas podem – e devem – estabelecer diretrizes para a designação de funcionários para os projetos, fornecendo *feedback* e patrocinando o treinamento, mas, no fim das contas, o relacionamento individual entre o funcionário e o gestor molda a extensão com que essas políticas influenciam de forma significativa a trajetória dos funcionários. Os gestores podem oferecer tarefas que servem para aumentar a visibilidade e expandir habilidades, fornecer informações sobre o que os funcionários precisam fazer para melhorar e conceder tempo e, às vezes, valores monetários a serem investidos em conferências e cursos. Em nossa pesquisa com mulheres executivas, foram numerosos os exemplos de como os gestores inclusivos haviam facilitado o sucesso das entrevistadas por meio desses tipos de apoio ao desenvolvimento. Quando solicitadas a fornecer um exemplo de gestão inclusiva que elas tivessem vivenciado pessoalmente, cerca de 30% das entrevistadas compartilharam histórias de chefes que lhes haviam oferecido oportunidades essenciais de desenvolvimento e aconselhamento.

Uma mulher contou que seu gerente "recomendava que eu me candidatasse a um novo cargo que eu não havia nem cogitado por não acreditar em minha qualificação. E eu acabei me revelando ótima no exercício do cargo". De modo semelhante, uma outra descreveu que seu gerente lhe ofereceu "oportunidades de emprego que ele sabia que eu poderia assumir, mesmo que aquilo representasse um esforço para mim na época". E uma contou suas experiências em uma grande empresa do setor varejista: "Eu ingressei na empresa com uma experiência de VP na área de logística. Meu gestor me apoiou muito, garantindo que eu sentisse ter o necessário para ser bem-sucedida, e me deu oportunidades de demonstrar minhas realizações".

Muitos desses gestores que permitiram o desenvolvimento fundamental às mulheres participantes de nossa pesquisa eram homens. O profundo impacto de sua mentoria é refletido no sucesso das mulheres como essa executiva, que hoje trabalha em uma grande empresa de seguros nos Estados Unidos.

> Ofereceram-me um cargo executivo associado a uma função que eu relutei em assumir por não estar na minha esfera de competência. Apesar de minha falta de confiança e de minhas declarações de incompetência, meu chefe insistiu – ajudando-me a definir minhas metas profissionais para além de fazer um excelente trabalho em minha função na época, e ajudando-me a entender o que eu levava para a mesa de discussões e me tranquilizando de que eu contaria com seu apoio. Isso foi no final da década de 1990 em um setor praticamente dominado por homens. Eu nunca teria assumido a função sem esse empurrão, e havia homens que mostravam interesse na mesma função.

Essa promoção foi importante em sua carreira, assim como momentos semelhantes se aplicam a tantos outros de nós. O papel dos gestores em permitir e incentivar os funcionários a aproveitar essas oportunidades significa que, todos os dias, eles estão moldando o funil de potenciais candidatos à liderança em suas empresas e setores. Em um estudo longitudinal em cuja equipe de pesquisa atuamos, cerca de metade das mulheres que não contavam com o apoio de seus gestores constatou que essa ausência era "muito" ou "extremamente" prejudicial para suas carreiras. Por sua vez, entre aquelas que tinham gestores solidários, a grande maioria descreveu as relações como muito ou extremamente benéficas para suas carreiras.

Entretanto, os gestores somente podem oferecer esse tipo de apoio se se esforçarem para ver os funcionários por uma lente não distorcida por pressupostos sobre a capacidade das mulheres. Se estiver lendo este livro, você já optou por se instruir sobre algumas dessas concepções errôneas, como a noção de que as mulheres são menos comprometidas com suas carreiras que os homens – uma afirmação desbancada pela ciência social. Você pode começar colocando esses conhecimentos em prática hoje, controlando, por exemplo, a maneira como você distribui atribuições desejáveis entre seus subordinados. Quando surge uma oportunidade considerada uma dádiva, mas que implica assumir um projeto particularmente desafiador ou trabalhar com um cliente desagradável, você se recusa a oferecê-la a uma funcionária qualificada, talvez pelo desejo de não sobrecarregá-la, como o chefe de Ana Paula Pessoa fez certa vez, ou você apresenta a oportunidade e deixa que sua funcionária pese sua decisão? Em nossa pesquisa com mulheres executivas, ouvimos muitas histórias de gestores que simplesmente não perguntavam. A sócia de uma grande empresa de auditoria e consultoria viu que isso atrapalhava seriamente a carreira das mulheres:

> Acho que um dos grandes fatores na lacuna de gênero em nível de liderança são as microdecisões tomadas ao longo da trajetória profissional de uma pessoa. As experiências que um profissional vivencia no decorrer de sua carreira o qualificarão para possíveis promoções adiante, de modo que é de fundamental importância que essas oportunidades sejam oferecidas a todos os gêneros. Quando a liderança decide qual profissional designar para um projeto estratégico, ela pode injetar um viés de gênero em seu raciocínio; por exemplo, esses projetos estratégicos podem exigir mais horas de trabalho, muitas viagens e atribuições internacionais ou uma realocação. Já vi muitos casos em

que líderes de empresas supõem que as mulheres não podem ou não estão dispostas a fazer isso, excluindo-as sem sequer perguntar. Às vezes os líderes se consolam por "poupar" uma mulher de dizer "não" – atribuindo a si próprios o crédito por terem consideração por ela e reconhecendo seu fantástico desempenho, mas sem colocá-la em uma posição em que ela se sinta constrangida em declinar a oportunidade. É quase como "Eu estou cuidando de você excluindo-a", e essa mentalidade é uma questão real. Devemos, ao contrário, nos certificar de que ela tenha uma chance de decidir por si mesma.

Por sua vez, outra mulher nos falou sobre um gestor que não via sua condição de mãe como razão para limitar suas oportunidades e que, em vez disso, a empoderava a liderar: "Meu primeiro gestor homem me contratou quando eu estava com 5 meses de gestação. Ele se tornou meu mentor no setor bancário. Ele me incentivou a aprender, tomar decisões e ser criativa, dando oportunidades para assumir cargos gerenciais em uma idade muito precoce".

Em 2018, nossos colegas Robin J. Ely e Catherine H. Tinsley revisaram a pesquisa sobre três crenças comuns acerca do que limita as mulheres no trabalho: que elas não têm habilidades de negociação ou o desejo de negociar, que elas são menos confiantes que os homens e que elas têm aversão ao risco.[10] Depois que Ely e Tinsley revisaram várias metanálises, cada um analisando centenas de estudos, ficou claro para eles que esses pressupostos simplesmente não eram confirmados por dados. Apesar de algumas diferenças detectáveis entre homens e mulheres, elas também se mostraram pequenas ou triviais em termos estatísticos. (Em contrapartida, a relação entre o sexo e a altura é estatisticamente grande.) Em outras palavras, essas diferenças eram tão pequenas a ponto de serem consideradas essencialmente irrelevantes no mundo real.

Se qualquer dessas crenças sobre as mulheres se aplicar a você, não estamos sugerindo que suas observações estejam erradas ou que você seja preconceituoso. Ao contrário, você pode simplesmente estar confiando, assim como a maioria das pessoas, em informações incompletas que tendem a confirmar a narrativa dominante. Nossa recomendação é que você adote uma abordagem inquisitiva. Ely e Tinsley contam a história de uma empresa de consultoria com uma lacuna de gênero em seus métodos de promoção, que era atribuída à falta de confiança e iniciativa entre as mulheres contratadas. Uma diretora regional reagiu com ceticismo a essa explicação e, por essa razão, pediu aos pesquisadores que a ajudassem a investigar como os supervisores estavam desenvolvendo homens e mulheres em suas equipes. Juntos, eles realizaram um experimento para entender se os pressupostos dos gerentes sobre as diferenças de gênero estavam determinando um tratamento diferenciado e o que isso poderia significar para o desempenho das mulheres. A um grupo de supervisores foi apresentada a pesquisa sobre a ausência de diferença entre a autoconfiança de homens e mulheres, incentivando-os sutilmente a questionar os pressupostos baseados no gênero, enquanto a um grupo-controle a pesquisa não foi apresentada. O grupo-controle forneceu *feedback* menos detalhado e relevante para as funcionárias mulheres, baseado em elogios vagos e com uma linguagem agradável, enquanto ao primeiro grupo foram fornecidos comentários construtivos tanto aos homens como às mulheres.[11] Ficou claro que o comportamento-padrão em relação às mulheres lhes rendia um *feedback* menos útil, o que provavelmente era a verdadeira causa subjacente da lacuna do avanço. Se a diretora regional tivesse se contentado em depender da sabedoria convencional, ela não teria descoberto o problema real, muito menos conseguido resolvê-lo mediante as medidas para garantir que todos os funcionários recebessem um *feedback* significativo.

Para os gestores, ser curioso, em vez de complacente, é fundamental. Na realidade, é altamente provável que, individualmente, os supervisores da empresa de consultoria não tivessem consciência de como eles estavam gerenciando homens e mulheres de maneiras diferentes, mas, munidos de conhecimento, eles puderam agir no sentido de fornecer às mulheres o mesmo nível de *feedback* que os homens recebiam. Mesmo que não gerencie outros gestores, você pode investigar o que vê em sua própria equipe; em vez de supor que uma funcionária está fechando menos contratos por ser uma negociadora fraca, averigue se ela tem acesso às mesmas informações e recursos que seus colegas homens ou reveja se os clientes dela são sistematicamente diferentes de alguma forma. Fazer essas perguntas é especialmente importante para as mulheres não brancas que você gerencia, as quais demonstraram receber menos apoio que os homens e as mulheres brancas. As mulheres pretas, especificamente, tendem a receber menos incentivo, menos apoio e menos orientação de seus gerentes.[12]

*Ofereça oportunidades de desenvolvimento e feedback de maneira equitativa*
- Controlando quem você orienta e apoia, a fim de ter certeza de que não está apoiando somente funcionários que compartilham sua raça e/ou seu gênero.
- Desafiando seus pressupostos sobre as preferências e as aptidões dos funcionários.

## Os gestores inclusivos *fomentam uma cultura em que todos são importantes*

A exclusão interpessoal – tanto sutil como manifesta – foi o tema mais consistente em nossa pesquisa com mulheres executivas. Cerca de 40% de todos os exemplos de gerência não inclusiva representavam alguma forma de marginalização ou exclusão, tanto das interações de trabalho como das interações sociais, do evidente ("Tive vários gerentes homens que só jogavam golfe com homens") ao mais indireto ("Meu gerente nunca vinha conversar comigo sobre os problemas ou buscava minha opinião, mas fazia isso com os outros membros – todos homens – da equipe. Ele tinha os números dos celulares de todos eles e lhes enviava mensagens de texto com frequência. Ele nunca me enviou uma mensagem").

Suas interações interpessoais e os padrões sociais de sua equipe podem minar o trabalho que você teve para estabelecer processos gerenciais formais justos. Quando você forma vínculos pessoais somente com funcionários que compartilham seu gênero, aqueles que são diferentes de você têm menos acesso às informações, aos conselhos e aos conhecimentos que você detém. Uma pesquisa recente realizada em uma grande instituição financeira constatou que a socialização entre gerentes homens e funcionários homens reforça, de maneira mensurável, a carreira dos homens. Os homens que se reportam a homens são promovidos mais rapidamente que as mulheres (independentemente do gênero de seus gerentes), e o avanço profissional está associado ao tempo adicional que os gerentes homens e os funcionários homens passam juntos.[13] Uma mulher participante de nossa pesquisa descreveu como um gerente priorizava o tempo que passava com colegas do mesmo gênero: "[Eu tive] um gerente cuja agenda muito ocupada geralmente o fazia encaixar um tempo para estar com cada colega homem após o expediente (acompanhado de drinques, jantares etc.), mas as reuniões das colegas mulheres geralmente eram canceladas ou encurtadas de modo a encaixar-se no dia de trabalho já comprimido".

É natural gravitar para pessoas semelhantes a você, e não estamos sugerindo que você não forme essas relações, mas gerenciar de maneira inclusiva significa ter a oportunidade de conhecer as pessoas com as quais você não mantém relações tão estreitas. Essa abordagem atenta não apenas ajuda a garantir que você não esteja inadvertidamente favorecendo alguns funcionários com base no gênero (ou raça, ou orientação sexual, ou qualquer outra identidade), mas também situa a inclusão como a norma cultural para sua equipe ou seu departamento. As normas inclusivas são fundamentais para garantir que os funcionários que diferem da maioria sejam valorizados e vistos como membros plenos do grupo. Um exemplo de nossa pesquisa ilustra como uma cultura inclusiva permite que os funcionários prosperem mesmo quando representam uma minoria numérica:

> No início de minha carreira, eu fiz parte de uma equipe somente de homens em que trabalhamos juntos em um projeto durante 24 horas do dia, 7 dias da semana. Eu era incluída em toda reunião, todo jantar, toda noitada, reuniões com clientes, e era solicitada a contribuir de forma substancial. Em determinada questão, quando eu discordava de outro membro da equipe mais graduado que eu, minha opinião merecia séria consideração. Eu sempre me senti uma colaboradora importante da equipe diante de todos os integrantes homens. Quando um juiz me confundiu com uma pessoa da equipe de apoio em pleno tribunal, o líder de nossa equipe não perdeu tempo em corrigi-lo.

Garantindo que ela era uma participante plena em todos os aspectos do trabalho da equipe e reconhecida como tal, seu gerente sinalizou que as mulheres pertenciam ao grupo, uma mensagem que não apenas permitiu seu sucesso, mas também serviu de contraponto para quaisquer crenças alimentadas pelos colegas de equipe sobre o menor grau de competência das mulheres, ainda que de forma inconsciente. Essa cultura inclusiva criava e demonstrava um ambiente em que mulheres e homens estavam em pé de igualdade não apenas no papel, mas também na experiência do dia a dia da equipe.

As culturas inclusivas requerem esforço, e liderá-las pode ser desconfortável às vezes. No exemplo que acabamos de citar, o gerente precisou ressaltar o erro de alguém em posição de autoridade para preservar a dignidade de uma função – algo que, embora talvez de menor importância nesse caso, poderia ter sido tenso em outros contextos. No perfil que segue este capítulo, o executivo de Wall Street Jack Rivkin toma uma atitude mais agressiva para apontar um viés expresso em relação às suas funcionárias. Sua disposição em nadar contra a maré da cultura dominante resultou em um departamento de alto desempenho, mas nem sempre foi bem recebida por outras pessoas na empresa.[14]

Permanecer em silêncio pode parecer mais fácil no momento, mas o preço é mais alto em longo prazo. Uma executiva de uma empresa multinacional de telecomunicações vivenciou em primeira mão como era ter colegas que não consideravam a forma como suas ações impactavam os outros e o que significava o fato de ninguém se manifestar sobre o assunto. A executiva, uma mulher preta, nos contou estar em uma reunião quando aconteceu o seguinte:

> Esse homem que dirigia nosso negócio mais rentável na empresa reclamou da maneira como estávamos sendo tratados em determinado mercado, e sua maneira de explicar a injustiça consistiu em dizer que eles nos tratavam como a palavra iniciada por "N"*, que comercialmente equivalia a nos fazer, abre aspas, "sentar no fundo do ônibus"**. Honestamente, acho que eu simplesmente fiquei sem ação naquela reunião. Foi como se o comentário tivesse ficado ali. Embora de modo algum tenha definido ou maculado minha excelente experiência geral na empresa, ao mesmo tempo não havia nenhuma garantia de que ele não representava a empresa ao falar daquela maneira.

Se outros na reunião, particularmente homens brancos e aqueles mais graduados, tivessem intervindo e ressaltado que equiparar uma desvantagem de mercado à opressão racial menosprezava a segunda, isso poderia ter beneficiado toda a equipe, especialmente se a conversa não terminas-

---

\* Refere-se à expressão em inglês *"nigger"*, termo pejorativo para pessoas pretas (N.E.).
\*\* Refere-se à lei de segregação racial nos EUA na década de 1950 que obrigava as pessoas pretas a sentar nos bancos ao fundo dos veículos de transporte público, além de várias outras segregações em sua vida social e direitos como cidadãos. A lei foi declarada inconstitucional após o caso Rosa Parks, ativista norte-americana símbolo da luta dos direitos civis pela igualdade racial, que se recusou a ceder seu lugar na parte da frente do ônibus para um homem branco e acabou sendo presa por não seguir a lei vigente na época (N.R.C.).

se ali. Nossa executiva teria sabido que sua identidade como uma mulher preta era notada e valorizada, e que a empresa não era indiferente à desigualdade racial. O orador e outros que talvez não tenham percebido a natureza nociva do comentário teriam sido lembrados de que seu ponto de vista não é universal. Sem esse tipo de intervenção, a executiva ficou com a sensação de que sua empresa permitia que "algumas pessoas no ambiente de trabalho escapassem impunes a todo tipo de coisa porque estavam sendo produtivos, porque estavam gerando muita receita", à custa da equipe como um todo.

Nesse tipo de situação, outros, como nossa executiva, geralmente relutam em se manifestar, a ser aquele a chamar a atenção dos colegas. E é de compreender – em ambientes de trabalho em que as relações normalmente são essenciais para fazer acontecer, ninguém quer ser rotulado de "difícil" ou confirmar visões negativas sobre seu gênero ou sua raça. Os gestores podem sair em defesa desses funcionários e afirmar seu valor não evitando momentos constrangedores, mas aproveitando-os como oportunidades de crescimento. A gestão pode exibir uma abordagem franca e construtiva que abra espaço para o aprendizado e um entendimento mais profundo, e que ofereça segurança para os funcionários se manifestarem quando se sentirem marginalizados ou mal compreendidos. Os gestores podem fazer isso mostrando-se abertos em relação a seu próprio aprendizado, reconhecendo erros e passos em falso, reafirmando, ao mesmo tempo, um compromisso com uma liderança inclusiva e equitativa.[15] Mesmo quando a resolução de um problema exige uma ação decisiva – como demitir alguém por assédio sexual –, você pode sinalizar para os funcionários que não está deixando a questão de lado e convocando reuniões em estilo assembleia geral ou "trocando figurinhas" para avaliar como os funcionários se sentem. Como uma gerente executiva de talentos que entrevistamos disse, "O verdadeiro líder, na minha opinião, é aquele que se esforça para manter a objetividade e procura entender melhor como ele próprio interage com o grupo e seu impacto nas pessoas a seu redor".

Em contraste com a decepcionante história anterior, outra mulher preta nos falou sobre a ocasião em que líderes homens brancos em seu escritório de advocacia saíram em sua defesa:

> Um cliente apareceu em minha sala para falar sobre uma norma jurídica complicada que um sócio havia redigido e disse "Isso não faz nenhum senti-

do. Como eu devo entender isso? Isso não é inglês. Isso é suaíli". Eu simplesmente olhei para ele e não disse nada. Falamos sobre outra coisa, e então ele repetiu. Eu respondi: "Saia imediatamente de minha sala". Fui até o sócio que havia redigido a norma e lhe contei o ocorrido. Ele riu, olhou para mim e percebeu que eu não estava satisfeita. Ele pediu que eu me sentasse e lhe contasse exatamente o que havia acontecido, ao que ele disse: "Volte para sua sala, e nós vamos cuidar disso". Ele se dirigiu ao chefe do grupo de prática, que foi até a minha sala e me pediu que lhe contasse o que acontecera. Mais tarde, ele voltou e me disse que havia ligado para o diretor do cliente e lhe disse que aquela não era a maneira como seus associados deveriam ser tratados.

*Fomente uma cultura inclusiva*
- Nutrindo relações com os funcionários que são diferentes de você.
- Afirmando o valor dos membros da equipe e reconhecendo publicamente suas contribuições.
- Manifestando-se contra comentários enviesados e ofensivos.
- Engajando-se em conversas difíceis.

## Os gestores inclusivos *alavancam efetivamente pontos de vista diversos*

Inclusão de gênero significa mais que fazer as mulheres se sentirem bem-vindas. Se não estiver solicitando ou utilizando seus conhecimentos e sua qualificação, você não as está incluindo efetivamente no trabalho de sua equipe. Em nossa pesquisa com executivas, uma característica regular dos gestores não inclusivos, tantos homens como mulheres, era a má vontade ou a incapacidade de ouvir e aproveitar opiniões e conhecimentos dos outros. O reconhecimento superficial que não permite a plena contribuição das mulheres não irá aplacar os funcionários cujas vozes não são ouvidas. Na realidade, o blá-blá-blá pode ser ainda mais frustrante, como expressou uma mulher que atua no setor de saúde: "Recentemente eu era subordinada a uma pessoa que sempre pensei que fosse inclusiva, mas, pensando bem, não era. Ele colocava mulheres em funções elevadas, mas elas não tinham voz igualmente ativa. Muitas vezes elas me comunicavam as decisões, em vez de me pedirem que tomasse a decisão ou contribuísse com informações". Uma profissional da área jurídica ecoa essa experiência: "O

CEO mantinha um círculo interno em que todas as decisões eram tomadas, e, em que pese o fato de eu ser subordinada a ele, eu não fazia parte desse grupo decisório informal. Eu era a única mulher na equipe executiva, e ele fazia questão de me incluir nos eventos públicos, mas não quando havia compartilhamento de informações e tomada de decisões".

Esse tipo de inclusão da boca para fora serve não apenas para desmoralizar os funcionários, mas também para privar as equipes dos benefícios da diversidade. Buscando e valorizando os pontos de vista fundamentados nas diferentes experiências do funcionário, você pode aprofundar o compromisso e provavelmente adquirir conhecimentos que contribuam para uma melhor cultura de trabalho e um melhor desempenho. Se você está liderando uma equipe diversificada, é possível que esteja inclinado a minimizar as diferenças na esperança de incentivar a unidade e a conexão. Mas as pesquisas têm mostrado que a tentativa de reduzir as diferenças, na verdade, tem efeito contrário: gera uma sensação de isolamento.[16] Quando a cultura da equipe se preocupa em acompanhar a maré para avançar, a emissão de uma opinião contrária passa a ser uma perspectiva arriscada. Embora faça sentido alinhar as prioridades e incentivar um conjunto de valores compartilhado entre os funcionários, é fundamental que os gestores sejam receptivos às contribuições e perspectivas que desafiam o *status quo*. Um exemplo disso aconteceu na empresa de *coworking* The Wing. Em 2020, a diretora-geral Audrey Gelman precisou lidar com a crítica de que a empresa, apesar de uma missão feminista, não vinha dando atenção adequada às preocupações entre as mulheres não brancas de sua equipe e não estava fazendo jus à sua retórica de equidade e inclusão. Escrevendo na revista *Fast Company*, ela explicou que, não ouvindo os funcionários, a Wing perdia informações importantes sobre os problemas que se agravavam à medida que não eram resolvidos e acabavam manchando a reputação da empresa: "Em vez de criar um circuito saudável de *feedback* e resolver com urgência as questões que os membros de equipe e funcionários identificavam, priorizamos o crescimento dos negócios sobre o crescimento cultural. Chega uma hora em que seus funcionários e clientes conhecem sua empresa melhor do que você, quando desacelerar para ouvir passa a ser a coisa mais inteligente (e mais estratégica) que você pode fazer".[17]

Os gestores inclusivos sobre os quais ouvimos falar em nossa pesquisa faziam os funcionários se sentirem ouvidos e respeitados. Eles solicitavam contribuições de toda a hierarquia organizacional e visavam o que era melhor para a equipe, em vez de ouvir apenas algumas vozes e executar manobras para melhorar sua situação. "Em meio de carreira, eu tive um chefe em Hong Kong que era bastante inclusivo e progressista. Ele estava [...] trazendo funcionários mais diversos, tanto locais como expatriados, e engajando muitos níveis da equipe", disse uma mulher em nossa pesquisa. Uma executiva da área de consultoria, que tivera dezenas de gestores ao longo de mais de 30 anos, resumiu de forma incisiva as principais ações de seus gerentes mais inclusivos: "Defendia todos em sua equipe. Apoiava igualmente todos em sua equipe. Permitia que cada pessoa falasse nas reuniões e solicitava contribuições daqueles mais calados". Ouvimos falar de gestores atentos para ouvir as vozes das mulheres e de outros funcionários minoritários, "solicitando a opinião das mulheres ou de minorias sub-representadas mais silenciosas". Na realidade, pesquisas recentes constataram que os homens brancos são os que mais se manifestam e exercem mais influência sobre as deliberações do grupo, mesmo quando as mulheres brancas ou pessoas não brancas no grupo têm mais qualificação.[18] Um esforço proativo no sentido de explorar os conhecimentos dos outros, como faziam esses gestores, pode derrubar esse padrão e ajudá-lo a alavancar o poder de toda a equipe.

O primeiro gestor de uma entrevistada deixou uma última impressão ao ditar o tom da solução de problemas compartilhada: "[Ele] era extremamente inclusivo. A maioria das reuniões que ele tinha com nossa equipe de 7 pessoas era com todos juntos. A menos que houvesse uma razão para que se discutisse algo pessoal, tudo era transparente". Os gestores inclusivos sabem que, em última análise, a diversidade melhora seu próprio desempenho mediante o acréscimo de conhecimento, como explicou outra executiva entrevistada:

> No início de minha carreira, eu era subordinada a mulheres. Quando assumi funções mais seniores, passei a me reportar a homens, já que eles detinham a maioria das funções mais elevadas. Somente um desses homens era particularmente focado na inclusão. Ele tinha uma rede de contatos muito ampla e ativa decorrente de sua experiência como consultor. Sua filosofia em relação às equipes era de que "mais diferença gera melhores resultados em longo prazo". Por causa de sua rede, ele conseguia atrair uma grande variedade de pessoas com diferentes perfis, culturas e experiências.

*Alavanque efetivamente perspectivas diversas*
- Reconhecendo o valor de uma gama de perspectivas.
- Garantindo que as vozes das minorias sejam plenamente ouvidas.

## Os gestores inclusivos *defendem a diversidade, a equidade e a inclusão como valores e aspirações*

O valor de uma força de trabalho diversa e a importância de tratar os funcionários de maneira equitativa e inclusiva raramente são questionados hoje. As mulheres que começaram a trabalhar nas décadas de 1980 e 1990, como muitas das participantes de nossa pesquisa, testemunharam uma mudança na maneira como os líderes falavam sobre gênero e raça e como eles abordavam a gestão de pessoas. Uma executiva da área aeroespacial descreveu essa evolução:

> No início de minha carreira, qualquer referência a folgas por questões familiares *nunca* era algo concebível. Resultaria em declarações públicas negativas sobre os funcionários que tocassem no assunto. Não era incomum também ouvir piadas inadequadas que refletiam o viés, tanto de raça como de gênero. Nos anos subsequentes – a partir da década de 1990 –, era raro os líderes falarem publicamente de maneira que não demonstrasse apoio a um ambiente de trabalho inclusivo. No início dos anos 2000, nossa liderança mais sênior (presidente e outros abaixo dele) deixou claro que a criação de um ambiente inclusivo era uma habilidade necessária para os líderes executivos. Isso mudou o curso para muitos no trabalho.

Considerar a inclusão como um valor e uma meta não é algo que somente os altos líderes devem fazer, no entanto. Apesar de muita discussão, as mulheres hoje ainda não estão certas de que suas empresas realmente priorizam um tratamento equitativo. Em um estudo de 2019, menos da metade das mulheres – e apenas 35% das mulheres pretas – acreditavam que as decisões em relação às promoções em suas empresas eram justas e objetivas.[19] Em um estudo de 2018 que realizamos com uma amostra global de mulheres executivas, somente 19% sentiam que seu ramo ou setor de atividade estava fazendo o suficiente para engajar e reter as mulheres.

O que está acontecendo? Não é nenhuma novidade para ninguém que um meio congelado impede mudanças de todos os tipos, da implementação de novas tecnologias à melhoria das culturas organizacionais, mas, por sua vez, os gerentes de nível médio e da linha de frente podem moldar as empresas para melhor. Sendo explícito sobre seu compromisso com uma gerência inclusiva, você indica para seus funcionários que esses valores são uma prioridade e descongela o progresso para maior equidade.

Uma das maneiras de deixar claro esse compromisso é tratando atividades e projetos relacionados à diversidade como legítimos e importantes. Uma mulher participante de nosso estudo sobre gerência inclusiva apontou para um gerente que apoiava a participação nos grupos de recursos para funcionários e contribuições subsidiadas em associações profissionais de mulheres. Essas ações não apenas oferecem oportunidades para a construção de habilidades e a formação de redes de contatos para funcionários individuais participantes, mas também transmitem uma mensagem de que o engajamento em esforços destinados a desenvolver a diversidade e a inclusão dentro da empresa ou do setor são válidos, não distrações supérfluas para desviar as pessoas do trabalho "real".

Além disso, você pode elevar a inclusão a uma prioridade da empresa estabelecendo metas concretas para si próprio e para sua equipe. Se você gerencia outros gestores, a criação de uma expectativa de implementação de práticas inclusivas para seus funcionários aumenta seu impacto. Controlar o desempenho é fundamental para tornar essas expectativas significativas, e você pode mensurar não apenas os resultados (como as taxas de atrito por gênero), mas também o processo. No que tange ao segundo, você pode olhar o que seus funcionários estão fazendo em tempo real: eles estão participando dos treinamentos de viés quando solicitados a fazê-lo? Eles aplicam as regras de avaliação regularmente? Eles estão favorecendo os colegas de mesmo gênero quando se trata de compartilhamento de informações e conhecimentos? Eles ostracizam os novos contratados que são diferentes da equipe existente? Os membros de equipe conseguem falar sobre diferença, viés e desigualdade de maneira construtiva que leve ao aprendizado? O fato de ser específico em relação ao que os funcionários precisam fazer para trabalhar e liderar de forma inclusiva lhe permitirá incorporar essas metas aos objetivos de desempenho e responsabilizar sua equipe.

*Defenda os valores da diversidade, da equidade e da inclusão*
- Afirmando a importância e endossando a participação em atividades e grupos de defesa da diversidade, da equidade e da inclusão.
- Estabelecendo metas concretas para práticas equitativas e inclusivas e responsabilizando sua equipe.

O cultivo desses cinco atributos o ajudará a tomar decisões, comunicar e colaborar de maneira a permitir que sua equipe não se limite apenas a sua função. Com a implementação de condições que possibilitem a contribuição das pessoas para seu pleno potencial, sua participação e seu investimento nas metas compartilhadas, sua equipe pode prosperar. Mesmo assim, você pode considerar alguns comportamentos mais impactantes que outros dentro do contexto de sua empresa, ou ainda identificar outras medidas que você pode adotar para gerenciar de maneira inclusiva. O *feedback* de sua equipe pode estimulá-lo a repensar como resolver disparidades e estabelecer normas. Você poderá se ver confrontado por um novo tipo de desafio não abordado nestas páginas. O que define uma gerência eficaz mudou com o tempo e continuará mudando, assim como o que entendemos por gerência inclusiva. O desenvolvimento dos princípios apresentados neste capítulo foi, em parte, inspirado pelos esforços de uma grande empresa de tecnologia para identificar e mensurar as características da gerência eficaz. Depois de implementar um programa que treinava e avaliava os gerentes em relação a atributos essenciais, a empresa constatou melhorias mensuráveis em relação ao desempenho e à eficácia gerenciais.[20] Entretanto, mesmo esses atributos, por mais úteis que possam ter sido e sejam, desenvolveram-se com o tempo. Em 2018, 10 anos após o lançamento do projeto, a lista foi revisada e ampliada. Assim como a empresa havia mudado e se tornado mais complexa, o mesmo ocorreu com o que se entende por ser um ótimo gerente dentro dela. A própria natureza da gestão, particularmente no complexo mundo em que vivemos, significa que este capítulo não pode ser um guia exaustivo e definitivo. As pesquisas esclarecerão novos fatores que perpetuam a desigualdade e precisam ser resolvidos. As expectativas dos funcionários se desenvolverão. O contexto social mudará. E suas próprias capacidades, conhecimentos e aspirações crescerão e mudarão.

O que veio para ficar foi o entendimento de que a inclusão é parte integrante da boa gestão. Aliás, uma das mudanças que a empresa citada efetuou foi em seu terceiro atributo gerencial, o qual, em 2008, dizia "Expressa interesse/preocupação pelo sucesso e pelo bem-estar pessoal dos membros de equipe", mas em 2018 foi atualizado para "Cria um ambiente de equipe inclusivo, demonstrando preocupação pelo sucesso e pelo bem-estar". Reconhecendo que simplesmente "prestar atenção" nos membros de equipe não cria necessariamente um ambiente em que eles possam todos ser bem-sucedidos e sejam igualmente valorizados, a empresa sabia que estava na hora de priorizar explicitamente a inclusão como uma competência gerencial. E a lista atualizada de comportamentos provou ter uma correlação ainda maior com a rotatividade, a satisfação e o desempenho da equipe que a versão original.[21] Gerenciar de forma inclusiva faz diferença – para sua própria eficácia, para as pessoas que você lidera e para sua empresa como um todo.

# A gestão inclusiva levada para Wall Street

Jack Rivkin

O falecido Jack Rivkin é famoso nos círculos financeiros por reverter a situação de um departamento de pesquisas de investimento desorganizado e deficitário, criando, nesse processo, práticas que se tornaram padrão no ramo.[22] Quando de sua morte, em 2016, ele foi amplamente lembrado por levar a empresa Shearson, hoje fechada, da 15ª para a 1ª posição no *ranking* de analistas do setor da *Institutional Investor* e por servir de mentor para algumas das maiores estrelas de Wall Street. O que poucos sabem é que o departamento de pesquisas da Shearson se tornou uma ilha de inclusão e tratamento justo para as mulheres em um verdadeiro mar que não era apenas dominado pelos homens, mas caracterizado por franco sexismo.

No final da década de 1980, quando Rivkin foi contratado para chefiar o departamento de pesquisas do mercado financeiro global da Shearson, Wall Street era conhecido por uma cultura hipermasculina, e as mulheres eram uma distinta minoria em todo o setor financeiro. A proporção de analistas do mercado financeiro – pesquisadoras que estudam os setores e as empresas e que fazem recomendações sobre as ações que os investidores devem negociar – era de aproximadamente 15% no ramo.[23] Quando Rivkin ingressou na Shearson em 1987, as mulheres perfaziam 20% de seus analistas.

Muitos bancos não viam problema nesse *status quo*. Teena Lerner, uma analista que monitora o setor de biotecnologia, explicou: "No final da década de 1980, as grandes empresas desenvolveram uma reputação desagradável de serem lugares particularmente difíceis para as mulheres trabalharem. Os funcionários de algumas empresas se vangloriavam de que todas as mulheres haviam deixado a empresa". Judy Sanders, uma executiva da área de recursos humanos da Shearson, concorda que "a maior parte de

Wall Street tinha uma cultura poderosa que permitia o sucesso de apenas um determinado tipo de pessoa".[24]

A abordagem gerencial de Rivkin ia diretamente de encontro a essa cultura. Em vez de participar ou ignorar a maneira como as mulheres eram marginalizadas, Rivkin se manifestou sobre o valor das mulheres e sobre a gestão inclusiva como uma gestão eficaz. No Capítulo 5, fizemos menção a uma empresa de investimentos que aumentou radicalmente a proporção de mulheres contratadas depois de diversificar seus painéis de entrevistas para incluir mais mulheres. A empresa era de Rivkin, e aqueles painéis de entrevistas diversificados foram criados para mostrar aos candidatos que em seu departamento não havia um único modelo de sucesso. "Nosso processo de recrutamento foi criado para avaliar talentos e sinalizar que, independentemente dos pontos fortes ou fracos que você tenha, sabemos como torná-lo uma pessoa bem-sucedida", ele explicou em uma entrevista.[25] A inclusão desses processos inclusivos impulsionou o departamento de pesquisas da Shearson para o topo no que diz respeito ao recrutamento e à contratação de analistas mulheres. Cinco anos depois que Rivkin assumiu o comando, a proporção de analistas mulheres da Shearson saltou para 30%, o dobro da média do setor.

Embora a maioria dos departamentos de pesquisas se preocupe em tentar tirar profissionais de alto desempenho de outras empresas, endossando tacitamente, na verdade, as definições tradicionais de sucesso com viés de gênero, a estratégia de Rivkin tendia a considerar o potencial. Ele estava em sintonia com o valor do recrutamento de mulheres em início de carreira, possibilitando o sucesso delas antes que elas vivenciassem os vieses e o crescimento estagnado que incentivava as mulheres a sair do ramo em proporções maiores que os homens. As analistas mulheres contratadas pela Shearson tendiam a ser mais jovens que a média do setor e, consequentemente, alcançavam mais cedo um *status* ranqueado em suas carreiras. A média de idade de uma analista ranqueada na Shearson era de 31 anos, comparada à média de 35 do setor.

Uma das primeiras contratadas de Rivkin, Josie Esquivel, rapidamente se tornou uma das analistas de mais alto desempenho da Shearson; apenas 18 meses depois de ingressar na empresa, ela apareceu como finalista na lista anual da *Institutional Investor*, o *ranking* dos pesquisadores do mercado financeiro elaborado por seus clientes. Em uma entrevista, Esquivel contou que conseguiu florescer sob a liderança de Rivkin, em grande parte, porque ele não esperava que ela – ou qualquer outra pessoa – se enquadrasse em um molde tão apertado: "Sempre tivemos a liberdade de ser nós mesmos e criar nosso próprio estilo. Desde que eu estivesse produzindo, meu estilo não importava". (Na realidade, Esquivel ficou conhecida por seu estilo distinto, redigindo vívidos relatórios com títulos bem-humorados e trajando a última moda em roupas esportivas – ambos a distinguiam da norma mais conservadora.) De modo geral, Rivkin fomentou uma cultura em que a diversidade de gênero foi normalizada, de acordo com uma contemporânea de Esquivel: "[A Shearson] tinha uma capacidade única de fazer as mulheres se sentirem bem-vindas no departamento e nos dar a sensação de estarmos integradas à massa do ponto de vista social. Eu nunca senti que precisasse fingir ser homem para me enquadrar". O cultivo de uma cultura justa e de acolhimento era um princípio norteador. Rivkin ficou famoso por criar uma política sem-estúpidos, o que significava que, embora fundamental, o desempenho não superava o coleguismo. O mau comportamento não deveria ser desculpado, por mais brilhante que fosse o estúpido; Rivkin sabia que fazer vista grossa era tóxico para a cultura como um todo. "Por melhor que um analista possa ser", ele explicou, "considerando a cultura que estamos tentando criar aqui, eu não vou trazer um estúpido para o departamento".[26]

Como sugere a política sem-estúpidos, Rivkin não apenas visava à remoção das barreiras ao talento feminino como também preferia manter afastados aqueles que não compartilhavam sua crença de que mulheres e homens eram igualmente capazes. "Alguns analistas homens optaram por deixar a empresa por não se sentirem à vontade sendo entrevistados por tantas analistas mulheres, as quais, na verdade, os estavam avaliando e poderiam tornar-se líderes das equipes deles", ele explicou. "Por nós, tudo bem."[27] Tampouco Rivkin se sentia constrangido em desafiar colegas que apresentavam vieses. Uma analista mulher que trabalhou com Rivkin falou sobre uma reunião da qual ela participara com outra analista, vários altos executivos de vendas homens e Rivkin. Durante a reunião, ela recordou, um dos executivos "se virou para nós e perguntou 'E então, o que as moças acham?'. Jack se virou para nós e disse que não precisávamos responder àquela pergunta".[28] Ao priorizar a dignidade de suas funcionárias sobre o coleguismo com outros líderes seniores, Rivkin dava um claro recado sobre seus valores e sobre o valor das mulheres integrantes de sua equipe.

Juntamente com o intuito de evitar uma cultura tóxica, Rivkin fomentava um ambiente em que as mulheres fossem recompensadas com base em seu desempenho, não em pressupostos sobre seu compromisso com o trabalho. Havia muito ele apoiava a carreira de mulheres com filhos, inclusive promovendo uma analista com filhos pequenos ao cargo de diretora de pesquisas na empresa Paine Webber, no início da década de 1980. Na Shearson, os horários flexíveis foram normalizados e não equiparados a um desempenho mais baixo. Rivkin baseava-se em métricas de avaliação objetivas e fornecia *feedback* claro (algo que, como vimos em outro momento neste livro, as mulheres tendem a receber menos que os homens). Consequentemente, as mulheres viam um claro caminho para o sucesso; a empresa continuava sendo um ambiente competitivo, mas um ambiente em que as oportunidades para grandes realizações não eram limitadas por gênero. Como Lerner descreveu, "Você sentia que a gerência estava do seu lado, tentando melhorar você. Eles estavam lhe fornecendo essas medidas de avaliação e lhe informando sobre sua situação para seu próprio bem".[29] Em vez de um desenvolvimento fortuito que se verifica naqueles que os colegas seniores decidissem acolher sob suas asas, os analistas tinham igual acesso à educação, à informação e ao aconselhamento. Com seu assistente de longa data Fred Fraenkel, Rivkin desenvolveu um programa, criado em torno da alavancagem dos pontos fortes individuais, para acelerar a capacidade dos analistas de entender e prever as tendências. Como Esquivel explicou, "Jack e Fred acreditavam que você podia se desenvolver [...] de diversas maneiras; não havia uma maneira 'certa' de fazê-lo".[30]

Em resposta a essas inovações na contratação, no treinamento e na gestão de desempenho, as melhores analistas mulheres de Wall Street correram para se juntar ao departamento de Rivkin. Em razão da natureza do ramo dominado por homens, as mulheres já valorizavam fatores além da remuneração e do prestígio ao avaliar novas oportunidades. As mulheres dispostas a cogitar mudar de empresa tinham questões a considerar além de "qual o meu salário?, qual a minha bonificação?", como recordou Fraenkel em uma entrevista. "As mulheres estavam muito mais preocupadas com 'Eu vou pisar em um terreno de areia movediça onde as mulheres são odiadas, onde há um teto de vidro, e onde nada fazem para atender às minhas necessidades?'"[31] Sob a liderança de Fraenkel e Rivkin, a Shearson se destacava pela credibilidade ao dizer às mulheres que elas não ficariam empacadas em um terreno de areia movediça. Em vez disso, elas poderiam esperar receber apoio para desenvolver todo o seu potencial. E os números confirmavam que a Shearson era excepcionalmente eficaz no que dizia respeito ao desenvolvimento de seus analistas: quase 12% dos analistas da empresa alcançavam um *status* ranqueado, em comparação com 8% da média do setor. E os analistas da Shearson alcançavam essa posição mais rapidamente que os de outras empresas – mais ainda no caso das mulheres, que conseguiam com apenas 3,73 anos de experiência na empresa, comparadas a uma média de 6,26 anos em outros departamentos de pesquisas. Mais de 60% das analistas mulheres no departamento de Rivkin tinham *status* ranqueado, em comparação com uma média abaixo de 30% em empresas concorrentes e apenas 2% no setor. Em 1991, quase um quarto de todas as analistas ranqueadas trabalhavam na empresa, em comparação com menos de 4% em 1987. Nenhum outro banco de investimentos empregava tantas analistas de alto desempenho do setor. Com sua gradativa ascensão nos *rankings* da *Institutional Investor*, o departamento de pesquisas da Shearson parecia determinado a iniciar uma longa trajetória como líder no setor baseada em sua abordagem inclusiva de contratação, treinamento e avaliação.

Entretanto, o estilo gerencial anticonvencional de Rivkin, com foco nas pessoas – que também incluía a institucionalização de sextas-feiras informais e retiros externos de formação de equipes –, não conquistou a simpatia de seus supervisores. Embora intensamente dedicado a seu próprio departamento, Rivkin não tinha muita paciência para as complexidades da política da empresa, especialmente ao lidar com colegas seniores que ele sentia não entenderem as complexidades da pesquisa de mercado. Em 1992, ele deixou abruptamente a empresa, chocando muitos dos analistas que haviam se tornado estrelas sob sua tutela.[32]

Nos anos seguintes, os funcionários de alto desempenho do departamento, inclusive Esquivel, seguiram o mesmo caminho, quando as taxas de rotatividade entre os analistas ranqueados saltaram de percentuais de um dígito para mais de 20%. Só em 1994, 57% das analistas mulheres ranqueadas deixaram a Shearson e foram para empresas concorrentes. Fred Fraenkel também saiu, frustrado com sua incapacidade de manter a cultura e a equipe que ele e Rivkin haviam construído, diante de um novo regime de corte de custos e tentativas da liderança da empresa de obrigar o departamento de pesquisas a adotar uma abordagem convencional de contratação e gestão de talentos. Com essas saídas, o departamento logo despencou nos *rankings*. E deixou de ocupar uma posição de liderança no que dizia respeito à diversidade de gênero. Em 1995, a empresa estava "na lanterna", em vez de liderar o setor em sua composição de gênero; menos de 15% de seus analistas eram mulheres, e não havia nenhuma mulher entre seus analistas ranqueados.[33]

Esse abrupto declínio enfatiza o papel fundamental dos gestores no avanço e na sustentação da equidade e da inclusão. Rivkin havia instituído diversas práticas que ajudaram a nivelar o campo de atuação, mas sua saída e novas restrições por parte da liderança da empresa não deixaram ninguém para defendê-las e mantê-las. Sem um gestor para cuidar dela, a cultura característica que Rivkin cultivara foi engolida pela empresa mais ampla e pelas normas do setor, e a vantagem que ela um dia tivera em termos de recrutamento e retenção de mulheres talentosas evaporou. Não mais uma ilha de inclusão ou excelência, o departamento de Rivkin perdeu seu apelo de um possível futuro – ou atual – empregador. Como Esquivel recordou, nos meses que antecederam sua saída do departamento, "Dia sim, dia não, os analistas estavam deixando a empresa. Se não estivessem saindo, estavam procurando outra coisa".[34] A rapidez tanto da ascensão como do declínio da empresa enfatiza como os gestores e os sistemas trabalham juntos. A liderança de nível mais alto é necessária para implementar e gerenciar os sistemas, razão pela qual as inovações de Rivkin nunca passaram de seu próprio departamento e porque elas nunca foram sustentáveis depois que seus superiores retiraram seu apoio tácito. Sem a permissão, e muito menos o endosso, dos mandachuvas, os sistemas locais implementados por Rivkin e Fraenkel não poderiam perdurar após a gestão dos dois. Enfim, a liderança em todos os níveis é fundamental para conduzir até mesmo os sistemas mais equitativos e inclusivos no dia a dia.

CONCLUSÃO

# Um momento revolucionário

*Pulo da cama e aos tropeços vou à cozinha,
servir a mim mesma uma xícara de ambição.*
— Dolly Parton, *Como eliminar seu chefe*

Em 1980, muito antes de os coautores deste livro ingressarem no mercado de trabalho, *Como eliminar seu chefe* tornou-se o segundo filme de maior sucesso do ano (superado apenas pelo campeão de bilheteria *Star wars: o império contra-ataca*).[1] Em uma época em que o assédio no ambiente de trabalho, o tratamento diferenciado e a linguagem aviltante em relação às mulheres eram amplamente aceitos, o filme apresentou uma fantasia satisfatória de justiça quando três mulheres, interpretadas pelas estrelas Jane Fonda, Dolly Parton e Lily Tomlin, exigiram vingança contra seu chefe ultrajantemente sexista. Embora a média dos ambientes de trabalho de hoje represente uma ampla melhoria sobre o ambiente do filme – no qual as mulheres assediadas física e abertamente preteridas para promoção em favor de homens menos capacitados, e dificilmente alguém se abala com as piadas e as observações humilhantes –, a letra da trilha sonora do filme, que se tornou um estrondoso sucesso na *Billboard* e rendeu um Grammy a Parton, continua válida. A canção fala das aspirações que murcham e se esfacelam sob a pressão de uma realidade desigual, vias de avanço bloqueadas, contribuições desacreditadas e não recompensadas, e uma profunda sensação de frustração com essas condições injustas. Quarenta anos depois, esses temas continuam recorrentes nas histórias das mulheres citadas neste livro, em todos os setores de atividade, contextos geográficos e estágios de suas carreiras profissionais.

Mas nós não escrevemos este livro para afirmar que o *status quo* é intratável. Pelo contrário, decidimos reunir nossa própria pesquisa e as de outros pesquisadores sobre a desigualdade de gênero no trabalho por acreditarmos que o momento atual é de imensa oportunidade. Uma das executivas que entrevistamos descreveu sentir-se "como se estivéssemos no acampamento base do Monte Everest" quando se trata de igualdade de gênero. "Ainda temos um longo caminho pela frente, mas é o acampamento de base. Cumprimos a jornada de 5.100 metros para alcançar a montanha." Ela tem razão em ambas as colocações. Coletivamente, superamos e derrubamos os principais obstáculos à carreira das mulheres; deixamos para trás um rastro de barreiras derrubadas. Ao mesmo tempo, a montanha à nossa frente passou a ser um imenso alívio. Os obstáculos profundos ao avanço das mulheres são regularmente revelados por meio da pesquisa especializada, da exploração jornalística e das experiências reais no ambiente de trabalho. Na primeira parte deste livro, esforçamo-nos para explicar como esses obstáculos evoluem na carreira das mulheres. As estratégias empregadas no início tornam-se menos efetivas à medida que as mulheres sobem na hierarquia, como detalhamos no Capítulo 2. A cada estágio, do nível de admissão até a sala do conselho, o desenvolvimento de um instrumental para conviver em um ambiente de trabalho desigual é uma competência essencial – e uma carga mental adicional – para as mulheres. Acreditamos que é fundamental compreender a natureza dessas barreiras e os fatores que as levam a persistir, razão pela qual tivemos o cuidado de explicar as fontes da desvantagem de gênero e contar as histórias de mulheres que convivem com o problema. Sem compreender a natureza das lacunas de gênero de hoje, elas não podem se fechar – na realidade, as tentativas nesse sentido podem até minar as melhores intenções. Entretanto, chegar à montanha significa que podemos começar a traçar um caminho para continuar subindo e avançando; a escalada ainda pode ser árdua, mas é superável.

Uma das razões para estarmos esperançosos é que ficou mais difícil desconsiderar a desigualdade de gênero no ambiente de trabalho. As mídias sociais, juntamente com a crescente dependência da média tradicional das plataformas sociais, significam que as experiências de viés e a discriminação vivenciadas pelas mulheres fazem parte da conversa global de maneira sem precedentes. Quando começamos a reunir nossas ideias para a elaboração deste livro, o movimento #MeToo havia surgido, e o assédio sexual não era um tópico de alta prioridade para as empresas que pesquisamos.

Mas o movimento obrigou as empresas a levar a sério sua responsabilidade com as culturas organizacionais que estavam permitindo que o assédio florescesse nas sombras. Na rodada mais recente de coleta de dados para um estudo contínuo que ajudamos a conduzir, três quartos dos homens disseram que, após o #MeToo, eles haviam desenvolvido maior empatia pelos desafios enfrentados pelas mulheres no trabalho. Outros exemplos de mudança de expectativas são observados na nova legislação. Há alguns anos, era considerado cada vez mais improvável que houvesse exigência de diversidade de gênero nos conselhos corporativos nos Estados Unidos. Até que a Califórnia aprovou uma lei que exigia que as empresas obedecessem a um nível mínimo de representação para as mulheres. O Estado de Washington promulgou uma medida semelhante dois anos depois. Da mesma forma, era praticamente impensável que as empresas revelassem lacunas de remuneração em função do gênero – até que as exigências regulatórias no Reino Unido incentivassem empesas multinacionais, como o Citigroup, a compartilhar dados até além do mínimo exigido.

Vemos também razão para otimismo à medida que uma atenção cada vez maior é dispensada às experiências das mulheres não brancas, particularmente de mulheres pretas, que enfrentam outros tipos de barreiras, comparadas às suas colegas brancas. Ao longo de todo este livro, tentamos destacar algumas pesquisas cruciais sobre a interseção de raça e gênero e desafiar os fenômenos pelos quais as mulheres não brancas são especialmente marginalizadas, embora tenhamos, sem dúvida, deixado de abordar alguns aspectos importantes. Por exemplo, observamos no Capítulo 3 que, até muito recentemente, a conversa sobre a diversidade nos conselhos de administração tem sido voltada quase totalmente para as questões de gênero. (Michele Hooper, no perfil que segue o Capítulo 3, também faz essa observação e merecidamente critica os conselhos e as instituições de governança pela situação.) A falha em reconhecer e abordar a maneira como a governança corporativa é dominada por brancos está absolutamente clara na proporção abismalmente baixa de assentos ocupados por mulheres não brancas nos conselhos. Esperamos que o foco dessa atenção agora esteja mudando. Relatos recentes do setor têm dedicado mais espaço à análise dos dados sobre a diversidade racial nos conselhos, e os legisladores californianos propuseram uma lei, inspirada na exigência da diversidade de gênero, que procura proibir os conselhos com composição exclusivamente branca no estado.[2] Do mesmo modo, mais conversas sobre as lacunas de remuneração baseadas na identidade racial estão ocorrendo. O governo do Reino Unido, que já exige a revelação das disparidades de remuneração baseadas no gênero, está cogitando uma regra que exigiria que as empresas revelassem dados sobre as diferenças de remuneração por raça e etnia.[3] E a pandemia do coronavírus veio trazer luz sobre as existentes e crescentes desvantagens enfrentadas por mulheres de etnia latina e pretas especificamente, inclusive as taxas mais altas de desemprego e a remuneração mais baixa.[4] Ignorar os efeitos perniciosos do racismo e do viés racial é negligenciar tudo o que precisamos fazer para avançar a representação de *todas* as mulheres para posições de liderança, uma posição cada vez mais adotada pelas empresas e pelos defensores da equidade de gênero.

Os momentos de avanço são tempos de transição, e, consequentemente, momentos de precariedade também. As empresas e a sociedade redobrarão esforços para resolver as desigualdades que moldam vidas e carreiras, ou as aspirações por ambientes de trabalho mais justos e inclusivos desmoronarão sob o peso da dúvida e recuarão? O ceticismo e a reação negativa em relação às mudanças organizacionais e culturais são bastante reais. Um decreto de 2020 proibiu os órgãos federais de se envolver em treinamento de funcionários que discuta o conceito de privilégio branco ou que recorra ao campo da teoria racial crítica ao se referir a esses programas como "esforço(s) de propaganda".[5] O "memo Google" de 2017, no qual um funcionário afirmava que as mulheres são menos aptas e têm menos interesse em funções técnicas que os homens, foi aclamado por comentaristas de mídia que pensavam da mesma maneira.[6] Entretanto, em vez de dar razões para o desespero, vemos esses eventos e muitos outros semelhantes como um chamado à ação. Não existem fórmulas instantâneas, mas nosso objetivo é munir os leitores com conhecimentos e instrumentos de apoio a uma ambição coletiva de promover mudanças.

Passamos muitas páginas explicando a natureza geralmente sutil da desigualdade de gênero hoje para ajudar os leitores a compreender melhor as condições que a perpetuam. Meias medidas que não conseguem descer às raízes da desigualdade geralmente produzem resultados limitados. Um exemplo comovente está se desdobrando diante de nossos olhos. Quando começamos a escrever este livro, o mundo nunca tinha ouvido falar no novo coronavírus. Quando concluímos, esse vírus estava retorcendo a economia mundial, sobrecarregando os sistemas de saúde e transformando nossa forma de trabalhar. Nessa nova realidade, os pais se viam sem o apoio das creches, lançados na tarefa de atuarem tanto como funcionários quanto como cuidadores em tempo integral com pouco apoio. Com a mesma rapidez com que essas novas condições se instalaram, veio a consciência de que as mulheres estavam suportando uma carga desproporcional. Logo em março de 2020, uma pesquisa de opinião revelou que as mulheres tendiam mais a relatar que suas vidas haviam sido transtornadas pelo vírus que os homens. Mais para o final do ano, estudos sobre o efeito da pandemia sobre as famílias constataram que as mães haviam reduzido suas horas de trabalho até cinco vezes mais que os pais e estavam assumindo uma carga maior do cuidado dos filhos e do serviço doméstico.[7] Apesar de todas as vantagens que obtivemos para as mulheres no trabalho, um paradigma de governança no qual a carreira dos homens tem prioridade continua a existir. Entretanto, muitos dos homens com quem falamos no Capítulo 4 estão traçando um curso diferente, demonstrando em suas escolhas como parceiros e gerentes o que parece promover e permitir o estabelecimento de normas mais igualitárias. Um exemplo da era da pandemia foi visto no *tweet* que viralizou do ministro da educação de Serra Leoa, que compartilhou uma foto sua carregando a filha mais nova enquanto participava de uma videoconferência e convidava outras pessoas a "compartilhar com o mundo como um líder trabalhava em casa".[8]

Todos têm uma participação no avanço da igualdade de gênero. Os homens só têm a ganhar abandonando as expectativas estereotípicas que impõem uma divisão artificial e insustentável entre trabalho e amor – os homens que estão lutando para serem cuidadores e profissionais estão fazendo isso não apenas para compartilhar a carga, mas também para compartilhar igualmente a alegria e a realização da família. As empresas também ganham quando deixam de aderir a pressupostos obsoletos sobre gênero e trabalho. As crenças enviesadas (conscientes e inconscientes) e comportamentos afins resultam na subvalorização sistemática das mulheres por seus empregadores. Na ausência de um compromisso com o avanço da igualdade de gênero, gerentes e empresas limitam, sem necessidade, sua capacidade de alavancar talentos – algo amplamente reconhecido como o recurso mais importante em uma economia baseada no conhecimento, em que o poder de decisão e solução de problemas das pessoas geram valor. A criação de um ambiente de trabalho que permita às mulheres prosperarem não é um favor concedido pelas empresas às suas funcionárias. Remover as fontes de desvantagem sistemática significa desencadear e colher todo o benefício do talento dessas mulheres. Não estamos falando de um caso de negócios simplista em que a soma de mulheres significa a soma de lucros. (Ver Capítulo 3 para uma discussão sobre a pesquisa em relação à diversidade e ao desempenho.) Ao contrário, estamos incentivando você a abrir os olhos para a miopia de fazer da equidade de gênero um objetivo de baixa prioridade – bom de ter, mas extrínseco a seu trabalho mais importante. Nada poderia estar mais longe da verdade. Ao vencer os vieses e mudar as estruturas que levam à subvalorização e ao bloqueio das mulheres, você se coloca à frente dos colegas que permitem as barreiras de gênero persistirem.

Em nosso perfil de Jack Rivkin, ressaltamos que Rivkin via o valor de fazer de seu departamento um lugar em que as analistas mulheres pudessem prosperar e abrir clara vantagem em relação a empresas concorrentes depois de implementar aquelas condições. A rápida ascensão de sua equipe nos *rankings* do setor representa um caso convincente de como um ambiente em que há equidade de gênero pode desencadear o sucesso das mulheres – torná-las, no jargão da pesquisa de investimentos, "estrelas". O desmantelamento das estruturas que marginalizam as mulheres pode também melhorar a cultura geral de uma empresa. Um abrangente estudo sobre empresas multinacionais realizado na Coreia do Sul em meados dos anos 2000 constatou que essas empresas estavam contratando e promovendo mais mulheres a cargos gerenciais que empresas concorrentes locais, rejeitando as percepções culturais de que as mulheres não pertenciam a esses cargos, especialmente se isso lhes conferisse autoridade sobre os funcionários homens. Os pesquisadores descobriram que a presença dessas gestoras mudou as normas inflexíveis que impediam a transparência, a investigação e o debate, e essas mudanças culturais levaram a uma maior produtividade das empresas.

Esses pesquisadores conduziram um profundo trabalho de campo qualitativo para compreender exatamente como a presença de gestoras mulheres estava revigorando as empresas que as contratavam e promoviam. Eles descobriram que os homens estiveram mais imersos em culturas de comando e controle em casa, na escola e no serviço militar (que era obrigatório somente para os homens). Consequentemente, as funcionárias se mostraram mais hábeis para incentivar estilos de gestão colaborativos e reflexivos condizentes com o momento.[9] O que é notável em relação a essa explicação é que a maior facilidade das mulheres para o que as empresas necessitavam advinha das habilidades que elas adquiriram vivenciando um mundo desigual. As mulheres não haviam sido expostas ao mesmo treinamento e desenvolvimento que os homens, visto que os papéis de gênero ditavam que as mulheres se concentrassem mais na casa e na família que no trabalho e na liderança. Entretanto, apesar desses obstáculos, as mulheres que seguiram carreiras gerenciais aproveitaram os talentos desenvolvidos dentro desse contexto e os aplicaram para alcançar um grande sucesso.

Aliás, a discriminação geralmente leva as mulheres a desenvolverem, por necessidade, habilidades que as tornam excepcionalmente aptas à liderança. Veja o fenômeno do penhasco de vidro em que as empresas tendem a nomear mulheres para liderar em tempos de crise.[10] Falando de modo geral, esse padrão sugere que as mulheres tendem a estar bastante familiarizadas com a gestão em meio a situações de crise, depois de assistirem às atribuições desejáveis serem designadas a colegas homens favorecidos, enquanto elas, ao contrário, quase sempre serviam para "apagar incêndios". Consequentemente, elas são mais engenhosas para construir suas redes de contatos; elas buscam fora de suas empresas e dependem menos de seus colegas imediatos. Essa estratégia, originária da exclusão, pode significar que o desempenho das mulheres está menos vinculado a seu ambiente de trabalho que o dos homens: as mulheres podem mudar de emprego e levar com elas uma robusta lista de contatos, prontas para começar a todo vapor.[11] Outro exemplo: no Capítulo 2, descobrimos que o cultivo da resiliência era fundamental para o sucesso de mulheres que haviam superado obstáculos e chegado à liderança. Alguns de nossos colegas conduziram um profundo estudo sobre mulheres afro-americanas que haviam conquistado posições executivas (*C-level*) ou de sócias-diretoras e, da mesma forma, constataram que a resiliência fora essencial para sua ascensão.[12] A persistência da desigualdade de gênero no trabalho estimula as mulheres, especialmente as mulheres não brancas, a desenvolver medidas extras de flexibilidade e tenacidade.

Disposição, engenhosidade, resiliência: em um campo de atuação ainda desnivelado, não é de surpreender que esses termos caracterizem as mulheres que chegam ao topo. Entretanto, mesmo enaltecendo essas características, devemos nos lembrar de que muitas mulheres ainda em processo de ascensão encontram-se empacadas ou fora dos eixos, embora lutando para cultivar todas as habilidades e capacidades certas. Um estudo de 2019 que coletou dados de 329 empresas com mais de 13 milhões de funcionários coletivamente constatou que, entre os níveis iniciais e de diretoria, a parcela de mulheres brancas na trilha da liderança já encolheu 13%, e das mulheres não brancas, chocantes 50%.[13] As empresas estão perdendo mulheres talentosas em um ciclo vicioso. As mulheres deixam as empresas quando não veem um caminho para o progresso, e a falta de mulheres em posições de poder pode deixar as funcionárias se sentindo alienadas e confiando menos umas nas outras e em gestoras mulheres.[14]

Décadas atrás, as três principais personagens de *Como eliminar seu chefe* se juntaram, desafiando um sistema que as excluía e menosprezava. A gerente de longa data que via suas potenciais promoções impedidas sabia que estava travando a mesma batalha que a secretária que se esquivava de comentários obscenos e uma nova colega que estava ingressando na força de trabalho depois de um divórcio. Em vez de se concentrar estritamente em como superar obstáculos individuais, as três mulheres viram um conjunto mais amplo e mais fundamental de problemas e se dispuseram a retificá-los (embora de maneira cômica). Sabemos que muitas disparidades de gênero fogem ao escopo deste livro e reconhecemos que nosso foco em mulheres profissionais deixa de fora um grupo de outras trabalhadoras que enfrentam desvantagens mais calamitosas e arraigadas. Entretanto, esperamos que, defendendo as mudanças sistêmicas, tenhamos deixado claro que o compromisso de todos – de todos os gêneros e em todos os níveis – é necessário no movimento por mais igualdade. Sentimo-nos encorajados pelas formas emergentes de solidariedade na luta contra a discriminação no ambiente de trabalho, como o trabalho do Time's Up, um fundo jurídico de defesa criado por uma estrelada lista de profissionais do ramo de entretenimento que trabalha em favor das mulheres dentro de todo o espectro econômico. A equidade de gênero melhora profundamente a vida e o ambiente de trabalho de todos nós, e está na hora de continuar lutando por ela. Não devemos mais nos satisfazer em ver mulheres rompendo individualmente as barreiras – está na hora de as empresas adeptas da destruição do telhado de vidro eliminarem os cantos vivos e os cacos que continuam a impedir que as mulheres alcancem seu pleno potencial. Está na hora de os telhados virem abaixo para que todos nós – homens, mulheres, empresas e sociedade – possamos nos voltar para um horizonte repleto de possibilidades maiores.

# De inovadora a defensora
## Ilene H. Lang

"Uma professora disse que eu não poderia ser líder por ser menina", Ilene Lang se recorda. "Tornei-me uma feminista aos 11 anos ao ouvir isso." O compromisso de Lang com a igualdade de gênero, que ela chama de passatempo de toda uma vida, a levaria à Catalyst, uma instituição sem fins lucrativos voltada para o avanço das mulheres no ambiente de trabalho. Nesse percurso, sua própria jornada profissional mapeou a evolução das oportunidades profissionais das mulheres, levando-a de uma era de discriminação normalizada para uma era em que o gênero é muito menos determinante, ainda que atrapalhe o avanço das mulheres.

Lang ingressou no Radcliffe College no outono de 1961 como membro de uma das últimas turmas a vivenciar o sistema separado e desigual que diferenciava Radcliffe do Harvard College, no qual somente homens eram admitidos. Na época em que Lang se matriculou, os formandos de Radcliffe ainda se formavam separadamente, apesar de cursarem o mesmo currículo ministrado pelo mesmo corpo docente. Essa prática fora eliminada à época em que Lang se formou, em 1965, mas as mulheres não estavam em pé de igualdade. "Havia uma proporção de quatro homens para uma mulher. Nós éramos cidadãs de segunda classe. Não podíamos frequentar a Lamont Library, que era restrita aos estudantes de graduação de Harvard. Em nossa 50ª reunião, ainda nos queixávamos disso – era algo muito formativo", ela explica. (As mulheres tinham acesso a Lamont em 1967, com início das admissões conjuntas a partir de 1975. Em 1977, as "admissões cegas para o sexo" eliminaram o padrão de quatro para uma.[15])

Criada em Chicago, Lang foi a oradora de sua turma no ensino médio. O título de seu discurso de despedida, "Observe a oportunidade", refletia seu desejo de traçar seu próprio caminho – uma abordagem que, mais tarde, nortearia sua decisão de ingressar no novo campo da tecnologia da computação. Mas, antes de seguir carreira em um setor emergente e em franco crescimento, Lang vivenciou a revolta social que expandia as oportunidades das mulheres. Enquanto ela procurava emprego como pós-graduada, a tecnologia tinha seu apelo – não apenas porque a proximidade de escolas como Harvard e MIT significava que novas empresas estavam surgindo, mas também porque o jovem setor aparentemente poderia estar aberto para as mulheres. "Uma colega de Radcliffe e eu brincávamos que deveríamos olhar as empresas de tecnologia, por se tratar de um setor engajado em uma busca tão desesperada por talentos que chegaria até a contratar mulheres." De fato, havia portas abertas; Lang ingressou em uma empresa de consultoria em tecnologia, e sua amiga foi trabalhar na IBM.

A nova empresa de Lang era amplamente formada por engenheiros do MIT que haviam desenvolvido um sólido centro de dados. Lang foi contratada para redigir propostas e documentos, e sua função era afortunada não apenas por colocar Lang no caminho de uma carreira na área de tecnologia. "A chefe de gabinete do presidente participara do Harvard-Radcliffe Program in Business Administration. Ela era minha mentora", Lang recorda. Ela incentivou Lang a cogitar fazer um MBA em Harvard, algo que Lang tinha em mente depois de vários anos atuando no setor e imersa no emergente campo da pesquisa em computação. Em 1970, durante a quebra da bolsa, sua empresa quebrou, e ela decidiu que era chegada a hora. Lang matriculou-se na Harvard Business School (HBS) em 1971, uma das menos de 40 mulheres em uma turma de mais de 800 alunos. Embora as mulheres ainda fossem minoria na HBS, as normas sociais baseadas no gênero estavam mudando rapidamente. "A década de 1960 foi um despertar", Lang explica, "e a década de 1970 trouxe mudanças significativas. No ano em que me formei no MBA, dois casos fundamentais chegaram à Suprema Corte no espaço de apenas dois meses. Um foi *Roe vs. Wade*, e o outro foi uma ação coletiva da AT&T que entendeu que a empresa discriminava as mulheres. (A AT&T pagou 38 milhões de dólares em salários retroativos e aumentos para resolver um caso da Equal Employment Opportunity Commission que alegava discriminação racial e de gênero por parte da empresa.)[16] "As mulheres invadiram o mundo dos negócios, convencidas de que seriam bem-sucedidas", Lang reflete. De fato, grande parte da cobertura midiática na época afirmava que era questão de tempo até as mulheres alcançarem a paridade com os homens.

Diante desse cenário, Lang estava alavancando sua experiência antiga em *software*, seu primeiro curso superior, e sua tendência natural para a aventura com relação à sua carreira. "Eu tenho genes de empreendedora – meus avós de ambos os lados eram empreendedores e construíram algumas bem-sucedidas empresas familiares. Eu me sentia confortável com um certo grau de risco assumido", ela observa. No início da década de 1980, o dinheiro do capital de risco inundava o setor de tecnologia, e, ao que parecia, empolgantes desenvolvimentos ocorriam diariamente na área de computação. "Minha vizinha comprou um novo computador formidável de uma empresa chamada Symbolics", lembra-se Lang, que logo apostou seu entusiasmo em um emprego na Symbolics. "Eles precisavam de alguém que cuidasse das comunicações e da documentação – o que se encaixava em minha experiência. Eu estava no lugar certo, na hora certa." Lang era uma de pouquíssimas mulheres na empresa e a única mãe em uma função de liderança. "Eu tinha dois filhos pequenos e um terceiro a caminho, de modo que a empresa me muniu com recursos de computação em casa, permitindo-me trabalhar com flexibilidade. Eu servi de modelo para mulheres e homens, uma responsabilidade que assumi com muita seriedade. Anos mais tarde, ex-colegas vieram me dizer que estavam mais capacitados a conciliar o trabalho com o papel de pais/mães em razão de meu exemplo. 'Passem esse exemplo adiante!', eu os aconselhei. É assim que as mudanças acontecem."

Como vice-presidente de *software*, Lang ajudou a levar a Symbolics a público e terminou sua gestão como vice-presidente de *marketing*. No início da década de 1990, ela ingressou na Lotus como vice-presidente de desenvolvimento de produtos internacionais. Ela liderava uma equipe global, com escritórios em Dublin, Tóquio, Cingapura e Cambridge, Massachusetts. Em parceria com a IBM e a China Academy of Sciences, ela criou um laboratório global de garantia da qualidade em Pequim que permitiu à empresa trazer produtos mais rapidamente para o mercado global: "Usamos a tecnologia, é claro, mas a chave foi o desenvolvimento da comunicação, os protocolos formais e a confiança, permitindo que as pessoas trabalhassem juntas em paralelo. Naquela época não chamávamos isso de 'diversidade e inclusão', mas era isso. A transformação cultural na Lotus foi profunda." Lang foi promovida a vice-presidente sênior do grupo do mercado de *desktops*, responsável por 50% dos negócios globais da Lotus. Quando a IBM comprou a Lotus, Lang foi recrutada pela Digital Equipment Corporation, onde ela criou o AltaVista, uma ferramenta inicial de busca que rapidamente superou as capacidades e a popularidade de seus concorrentes. A Digital Equipment Corporation caminhou para uma oferta pública inicial do AltaVista, mas depois retirou a oferta, ocasião em que Lang deixou a empresa, assumindo as funções de consultora, diretora e CEO em outras quatro empresas virtuais.

Embora Lang tenha construído uma carreira de grande visibilidade como executiva do setor de tecnologia, quando a bolha do "ponto com" estourou, em 2000, seus genes de empreendedora clamavam por mudança. "Eu havia liderado três 'ponto coms' em cinco anos e estava pronta para algo mais. Eu atuei em vários conselhos corporativos e estava prestando consultoria a empresas em início de atividades, investindo em *startups* de tecnologia dirigidas por mulheres e trabalhando com alguns investidores de risco na região de Boston, mas procurava o que estava por vir. Eu queria uma mudança." Lang atuou nos conselhos de várias instituições sem fins lucrativos e estava fascinada com a possibilidade de deixar o setor privado, mas nenhuma das instituições às quais ela prestava suporte acendera nela o tipo de paixão que ela sabia ser necessária para liderar uma organização orientada para uma missão – até que ela ouviu dizer que a Catalyst estava à procura de uma nova presidente. A Catalyst – em parte usina de ideias e em parte empresa de consultoria – prestava consultoria empresarial sobre como viabilizar a carreira profissional das mulheres desde 1962, quando a fundadora, Felice Schwartz, defendia a ideia de que as mães tinham um lugar na América corporativa. Quando Lang recebeu uma ligação sobre o emprego, o trabalho da Catalyst havia se expandido para lidar com as barreiras ao avanço das mulheres a posições de liderança executiva e aos conselhos corporativos, bem como para combater os vieses de gênero, como a noção de que as mulheres não tinham ambição. Lang sentiu-se imediatamente estimulada com a perspectiva. "Eu percebi que aquele era o coroamento de uma carreira profissional, que meu passatempo seria meu trabalho. Eu era tão apaixonada por promover o avanço das mulheres e a igualdade para as mulheres; enfim, aquele era o tipo de trabalho para mim." Depois de romper as barreiras como uma líder mulher, agora estava na hora de Lang se dedicar a derrubá-las definitivamente.

O tempo que Lang passou na Catalyst pode ter sido um ápice, mas sua carreira estava longe do fim quando ela assumiu o comando em 2003. O que não faltava eram desafios de liderança. A cidade de Nova York ainda se recuperava dos ataques terroristas do 11 de Setembro, e a empresa de 40 anos precisava acelerar sua adesão à tecnologia e definir seus esforços no sentido de aumentar a complexidade do ambiente de trabalho moderno. O significado da igualdade de gênero em si estava mudando, com maior entendimento de como a raça e a etnia, a orientação sexual e outras dimensões de identidade moldavam as experiências das mulheres. Como Lang explica:

> A perspectiva que tenho hoje foi aguçada pela minha experiência na Catalyst, com a compreensão das estruturas dos estereótipos e do viés implícito em relação às barreiras estruturais e sistêmicas. Fascina-me o fato de trilhões de dólares serem gastos para fazer as mulheres se sentirem incapazes para que outros trilhões sejam gastos para "corrigir" o problema. O que precisamos fazer é corrigir as políticas, as práticas e a cultura no ambiente de trabalho! Eu reconhecia padrões em minhas próprias experiências profissionais – por exemplo, a importância de patrocinadores e mentores. Os mentores aconselham, os patrocinadores arriscam a própria pele. Cada oportunidade que se apresentara a mim, da Symbolics e da Lotus ao AltaVista e à Catalyst, resultou das ações de patrocinadores, mulheres e homens que me conheciam e arriscaram seu capital reputacional por mim.

Sob a liderança de Lang, a Catalyst expandiu seu trabalho às questões das mulheres não brancas e LGBTQ, conduziu mais pesquisas e programas fora dos Estados Unidos e lançou uma iniciativa que buscava o engajamento dos homens no avanço da equidade de gênero. Lang também conduziu a Catalyst em tempos inauspiciosos, sobretudo na crise financeira de 2008. "Duas semanas depois de iniciado nosso novo ano fiscal, com um plano de crescimento aprovado pelo conselho, a Lehman Brothers entrou em colapso", ela se lembra. "Muitos de nossos funcionários e a diretoria queriam que nós nos preparássemos e reduzíssemos custos." Em vez disso, Lang e sua equipe pediram à diretoria que resistisse ao ímpeto de cortar custos. "O presidente do conselho disse: 'Vocês têm dinheiro no banco para passar uma chuva, e lá fora está caindo um temporal. Nossas empresas estão cortando custos, e nós precisamos confiar que a Catalyst esteja aí para nós'. Portanto, não recuamos. Nós não congelamos os salários, e ainda concedemos aumentos e promoções. Não contratamos; ao contrário, investimos nos funcionários existentes. Era algo contraproducente, mas serviu para unir a equipe e aumentar nosso foco em nossos valores e no futuro." Foi uma estratégia inteligente. A Catalyst saiu da crise mais fortalecida, e dois anos depois, às vésperas de seu 50º aniversário, o conselho aprovou e financiou a primeira grande campanha de doações da Catalyst, levantando milhões de dólares para expandir a influência global da empresa e seu impacto nas conversas sobre a equidade no ambiente de trabalho.

Lang se aposentou como presidente e CEO da Catalyst em 2014 e permaneceu como diretora honorária. Ela é também conselheira da Trewstar, uma empresa de recrutamento de executivos que coloca mulheres nos conselhos corporativos, e é investidora e conselheira do Women's Venture Capital Fund, que investe em equipes de liderança com diversidade de gênero. Lang se mostra particularmente entusiasmada com a maneira como o entendimento coletivo sobre a diversidade de gênero continua a evoluir. "Questionando a natureza do gênero, estamos questionando o fundamento dos estereótipos de gênero. Hoje estamos aprendendo que o gênero e a raça são construtos sociais, o que nos ajuda a definir problemas e oportunidades de outra maneira." Entretanto, mesmo levando em consideração o quanto as coisas mudaram nesse tempo, Lang reconhece que ainda enfrentamos desigualdades fundamentais. O progresso não é inevitável, ela ressalta. "É mais difícil ser otimista hoje em dia", diante da reação negativa contra os avanços da justiça racial e de gênero. Contudo, Lang continua vendo a igualdade como uma missão compartilhada que todos nós podemos abraçar. "Os líderes se manifestam, estabelecem metas, agem, assumem responsabilidade e são responsabilizados. Ser líder significa ser um agente de mudanças em tempos de desafio. Ainda temos muito trabalho pela frente."

EPÍLOGO

# O balanço da igualdade de gênero
Um estudo de caso da Harvard Business School

Na introdução deste livro, fizemos referência a nosso envolvimento no contínuo trabalho de avanço da equidade de gênero em nossa instituição, a Harvard Business School (HBS). Não deixamos de observar os números da HBS, em muitos aspectos, como um bastião da liderança masculina.[1] Muitos dos homens, a maioria branca, que dominam os postos mais altos das áreas de negócios e outros setores, são formados pela faculdade, que ainda precisa ser dirigida por uma reitora mulher. As estudantes mulheres não alcançaram 50% de qualquer turma de MBA. Somente um quarto dos membros do corpo docente é mulher, e a escola teve entre seus gestores apenas duas mulheres pretas em sua história.[2] Seria um descuido nosso escrever sobre as barreiras que as mulheres que estão no mercado de trabalho enfrentam sem fazer uma clara apreciação de nossa própria instituição, que tem enorme influência nos negócios. Qual o estado da equidade de gênero hoje na faculdade? Até que ponto chegamos, e o que ainda falta terminar?

As mulheres começaram a concluir MBAs na HBS no início da década de 1960. A obtenção de um grau profissional era um dos instrumentos que as mulheres estavam usando para chegar à liderança naquela época. Esse credenciamento reforçava o que a mestre em Ciências e cofundadora Letty Cottin Pogrebin chamou "a mais longa e árdua jornada" da "fria mesa de metal de datilografia" da função de secretariado para "a mesa quentinha de imbuia" do executivo.³ Entretanto, a obtenção de um MBA na HBS poderia ser sua própria penosa jornada. Falando em um evento de ex-alunas em 2014, o reitor Nitin Nohria se desculpou pelo mau tratamento vivenciado pelas mulheres na escola, reconhecendo diante de uma multidão de 600 delas que muitas haviam sido "desrespeitadas, excluídas e desamadas pela escola". "A escola devia dispensar-lhes um melhor tratamento", disse Nohria, "e eu prometo que irá melhorar".⁴ Certamente, como as próximas páginas ilustrarão, a HBS é um lugar melhor para as mulheres do que era há 50, 20 ou, até mesmo, 10 anos. Todavia, como a declaração de Nohria subentende, temos espaço para melhorar, e a história e o estado presente da igualdade de gênero na escola merecem um olhar mais detido.

Em alguns aspectos, a história das mulheres na HBS apresenta um estudo de caso em mudança organizacional – suas possibilidades, suas limitações e sua natureza irregular e parcial. Não se trata da história de um líder que eliminou as iniquidades com um único golpe. Tampouco da história do atendimento das demandas femininas por melhor tratamento. Não se trata de uma narrativa organizada e linear de melhoria contínua – há momentos de avanço seguidos por períodos de inércia, juntamente com ciclos de *momentum* e retrocessos. Na última década, vimos um progresso significativo, mas sabemos que devemos sustentar esse progresso nos próximos anos. Um exemplo: no início da década de 2010, as estudantes mulheres passaram a ser representadas entre os *Baker Scholars*, a mais alta honraria acadêmica da escola, em uma proporção equivalente à sua representação na turma de MBA. Depois de anos de uma lacuna de gênero e esforços das estudantes no sentido de investigar suas causas e acender os debates sobre o assunto, esse desenvolvimento era um sinal de que a escola havia se tornado um lugar em que as mulheres poderiam alcançar seu pleno potencial. Sem dúvida, como este epílogo irá detalhar, a cultura da escola mudou radicalmente desde que as mulheres começaram a ser admitidas. Mas nos últimos anos a proporção de mulheres entre os *Baker Scholars* caiu abaixo dos níveis de representação.⁵ Nosso contínuo foco e compromisso serão fundamentais para evitar o ressurgimento das lacunas de gênero nas conquistas.

As páginas que se seguem tentarão identificar em quais circunstâncias progredimos realmente na equidade de gênero e expor em quais outros aspectos continuamos deixando a desejar. Hoje, a HBS forma estudantes dentro do contexto de uma ampla consciência sobre as múltiplas formas de desigualdade. A expectativa é de que líderes e empresas contribuam ativamente para a construção de um mundo melhor, e que a contínua predominância de homens brancos em posições de poder esteja sendo desafiada com força renovada.[6] As mulheres começaram a ser admitidas na HBS em 1963, mas a primeira mulher preta, que veio a se tornar cofundadora da African American Student Union, só entrou depois de mais de 4 anos. As mulheres não brancas, de modo geral, têm obtido menos visibilidade no discurso sobre gênero na escola, e grande parte da história de progresso rumo à equidade de gênero não explica as maneiras como as experiências dessas mulheres diferem daquelas das mulheres brancas. Nossa esperança é de que, examinando nossos esforços passados e atuais para resolver a desigualdade de gênero, a escola possa reconhecer suas deficiências e, consequentemente, redobrar seu compromisso em se tornar um lugar que permita que todos prosperem. Paralelamente, revelando o que deu certo, objetivamos destacar alguns dos componentes-chave da mudança institucional e lembrar nossos leitores de que a transformação sempre é possível.

### Admitidas – mas não aceitas

O corpo docente da HBS começou a lecionar para mulheres na década de 1930, fazendo horas extras no programa de certificação em administração de recursos humanos do Radcliffe College. Em 1959, a HBS começou a admitir estudantes graduadas por aquele programa no segundo ano do MBA, embora elas ainda fossem proibidas de se matricular no programa completo de dois anos.[7] A falecida ministra da Suprema Corte dos Estados Unidos Ruth Bader Ginsburg, que ingressou na Faculdade de Direito de Harvard em 1956, estava entre a última turma de mulheres a ser formalmente excluída da candidatura direta à HBS. Como ela contou em uma entrevista concedida ao *New York Times* em 2015, sua decisão de seguir carreira na área jurídica foi, em parte, determinada pelo fato de que "a escola de negócios não estava admitindo mulheres, o que lhe deixava a opção do Direito".[8] Em 1962, o corpo docente da HBS votou favoravelmente à admissão direta de mulheres; 8 mulheres se matricularam no ano seguinte. A primeira turma foi formada por mulheres que, como a grande maioria de suas colegas, eram brancas. A primeira mulher preta a ingressar diretamente no MBA, Lillian Lincoln Lambert, foi admitida em 1967.

No momento em que foi submetida a uma votação formal, a questão da admissão de mulheres era incontroversa, sugerindo que a escola estava atrasada, e não na liderança, das visões sociais sobre o lugar das mulheres. Como recordou um membro do corpo docente presente na reunião de 1962, "Havia muita discussão sobre a questão, não havia dúvida de que seria aprovada e [...] aquela reunião [...] era, na verdade, uma espécie de reunião descontraída. Era uma conclusão óbvia, e apenas uma questão de tempo". Entretanto, apesar da facilidade com que a escola passou a ser mista, as mulheres eram tratadas de modo diferente de seus colegas homens. As primeiras candidatas eram consideradas parte de um grupo separado, e as estudantes moravam inicialmente no *campus* do Radcliffe College e iam e voltavam da HBS de táxi, custeado pela escola. Tampouco elas podiam fazer refeições no refeitório do *campus* com o restante de seus colegas.[9] As estudantes estavam bem conscientes de que eram uma anomalia, até mesmo pervertidas, e estavam acostumadas a serem solicitadas a justificar sua presença no *campus*. Uma ex-aluna da turma de 1967 desenvolveu uma réplica inteligente: "No início eu dava uma resposta sincera de como eu queria ser consultora", ela recorda. "E, depois de três ou quatro vezes, eu comecei a dizer, 'Estou aqui porque quero ser diretora financeira da General Motors, e, se você for bonzinho comigo, poderia arranjar-lhe um emprego'." Ela não foi a única a recorrer ao humor como uma maneira de reconhecer e até mesmo encarar os desafios de ser uma estudante de MBA. Em 1969, o jornal estudantil *The Harbus* publicou a matéria "Estudante mulheres de MBA são escrOtinadas", na qual a autora (uma mulher) observou ironicamente que "uma das vantagens de ser mulher na Harvard Business School é que você é uma mercadoria escassa e, portanto, digna de nota (e eu uso esse termo deliberadamente)".[10]

Embora as estudantes encontrassem uma recepção hostil da parte de vários colegas de turma homens – e pelo menos um professor proibiu a matrícula de mulheres em seu popular curso –, frequentar a HBS, todavia, era um caminho para oportunidades geralmente não disponibilizadas às mulheres. Ao se formar, Barbara Franklin, cujo perfil aparece anteriormente neste livro, estava satisfeita por receber várias ofertas de emprego, observando que "nós mulheres nos preocupávamos mais [em arranjar emprego], certamente mais que os homens". Uma aspirante a líder decidiu fazer um MBA depois de perceber que a escada tradicional para a carreira profissional era do tipo na qual ela teria dificuldade até para colocar o pé, quanto mais para subir. Trabalhando em uma grande empresa de tecnologia e vendo que praticamente todos os executivos seniores na empresa haviam chegado ao topo por meio da gerência de vendas, ela perguntou a seu gerente se poderia passar para a área de vendas. "Ele disse que a empresa não tinha uma mulher na área de vendas desde a Segunda Guerra Mundial, e que seria necessário um evento de importância comparável para a empresa voltar sequer a considerar a hipótese", ela recordou em uma entrevista. Foi nesse momento que ela decidiu se candidatar à HBS, na esperança de que um título de Harvard ajudasse empresas futuras a enxergar além de seu gênero.

Nos primeiros anos após a admissão de mulheres, pouco parecia ter mudado em relação à escola. As poucas dezenas de mulheres que se formavam na década de 1960 sentavam-se em salas de aula rodeadas por homens em um *campus* que não fora projetado para acomodá-las. Jay Light, que fez um MBA e um doutorado na HBS antes de ingressar no corpo docente e, mais tarde, tornar-se reitor da faculdade, descreveu o ambiente que recebia suas colegas mulheres na época:

> Eu cheguei à HBS em 1966 e acredito que havia 7 mulheres na turma de 67. Era uma experiência difícil, solitária e frustrante para elas. Quer dizer, imagine; essas mulheres eram verdadeiras pioneiras. Elas não vinham para cá porque fosse algo cômodo. Elas não vinham para cá porque alguém esperava isso delas; aliás, as pessoas não esperavam que elas viessem para cá – nem seus pais nem os professores daqui nem ninguém esperava isso delas. Elas vinham porque realmente queriam. E o lugar não estava preparado em termos de infraestrutura física, de interações sociais, de nada – nada estava preparado para recebê-las com hospitalidade.

No final da década, no entanto, as coisas começaram a mudar lentamente. À medida que o diálogo nacional sobre os papéis das mulheres na sociedade se intensificava, a conversa no *campus* também ganhava intensidade. Em 1969, abriram-se os dormitórios para mulheres, e uma aluna foi nomeada *Baker Scholar* pela primeira vez.[11] À medida que as mulheres passavam a fazer mais parte da escola, as expectativas em relação a elas começaram a aumentar.

O número de alunas estava crescendo – 50 matriculadas para o ano letivo de 1969-1970 –, no entanto a abordagem da escola à integração das mulheres era mais *ad hoc* e aleatória que deliberada e ponderada. Muitas mulheres "sentiam que seus pontos de vista não eram pertinentes ou levados a sério", como lembraram várias ex-alunas em entrevistas. Uma ex-aluna da turma de 1986 que passara 2 anos trabalhando para uma grande empresa multinacional antes de chegar à HBS recordou: "Minha experiência em uma fábrica no Texas ainda não havia me preparado totalmente para a HBS. A escola não era muito receptiva a estudantes mulheres. Havia apenas uma sala para mulheres no bloco Aldrich [o principal prédio de salas de aula]. Eles não sabiam o que fazer conosco; os professores não sabiam como nos chamar. Era um período de revoltas sociais, e as pessoas estavam tentando encontrar seu caminho".

Alguns alunos homens expressavam desprezo e hostilidade em relação às suas colegas de turma e, de fato, menosprezavam quaisquer estudantes que não se enquadrassem no molde tradicional de homem branco. Havia apenas 58 alunos pretos, entre mais de 600 alunos, na turma de 1971.[12] Uma ex-aluna da turma de 1971 recordou:

> No início do primeiro ano, havia um sentimento por parte de alguns dos homens [brancos] matriculados de que a escola havia flexibilizado seus padrões para permitir o acesso de afrodescendentes e mulheres, e que, portanto, por nossa causa, 10 colegas brancos por seção não entraram. Parecia que os homens brancos se ressentiam mais dos pretos que das mulheres em termos de espaço ocupado. Mas era como se todas nós fôssemos percebidas dessa maneira, de forma simbólica.

Uma ex-aluna da turma de 1972 que entrevistamos se mostrou ainda menos animada em relação à maneira como alguns de seus colegas de turma reagiram à sua presença:

> Os colegas homens ocasionalmente me abordavam com visível revolta nos corredores e diziam: "O que você está fazendo aqui? Que direito você tem de estar aqui?". Na verdade, eles diziam isso bem na minha cara. E eu lhes dizia: "Pretendo usar meu MBA. Quero fazer exatamente o que vocês querem fazer com ele". Mas não parava por aí. Eles diziam coisas como "Ah, você não está aqui só para arranjar um marido?" – não percebendo que eu já era casada – e "Meu melhor amigo se candidatou e não entrou. Você tirou o lugar dele".

Enquanto isso, a postura do corpo docente em relação às alunas mulheres era mais determinada pela disposição de cada instrutor que por uma clara posição institucional. Os homens continuavam a constituir a grande maioria do corpo docente na década de 1970; 6 dos 180 professores eram mulheres, e nenhuma delas ocupava cargo de gestão. (De 1908 até o início da década de 1960, apenas 2 mulheres foram nomeadas para o corpo docente da HBS, Henrietta Larson e Elizabeth Abbott Burnham.[13]) Enquanto alguns professores incentivavam ativamente a candidatura de mais mulheres à HBS, outros sentiam-se visivelmente desconfortáveis com a presença de mulheres em suas salas de aula. Uma ex-aluna descreveu as atitudes do corpo docente como algo que variava da indiferença à marginalização: "Havia alguns professores que não se importavam muito com nossa presença lá; para eles, o que importava era que você respondesse às perguntas e fizesse o trabalho. Mas havia outros que nunca se dirigiam às mulheres, a menos que se tratasse de uma discussão sobre um produto feminino – por exemplo, algo que ele achasse ser de natureza doméstica".

E algumas alunas enfrentavam a intolerância patente na sala de aula. Como contou uma ex-aluna da turma de 1971, "Tínhamos professores que, no meio de uma aula, olhavam para as mulheres e para os afrodescendentes e diziam: 'Isso é difícil demais para você?'". Outra lembrou que "alguns [professores] discriminavam muito, não se dirigiam às mulheres e as desconsideravam", e houve outra ainda que disse: "Um dos professores deixou muito claro que acreditava que o lugar das mulheres não era na sala de aula. Outro desestimulava ativamente as mulheres a cursar a matéria eletiva do segundo ano que ele ministrava".

## O início de um movimento

As estudantes mulheres estavam cada vez mais insatisfeitas com esse *status quo* e começaram a se manifestar contra a situação. Uma aluna do 1º ano, chamada Ilene Lang, cujo perfil aparece anteriormente neste livro, expressou sua opinião no *Harbus* ao desafiar a "incredulidade", a "condescendência" e o "desprezo" que as mulheres enfrentavam – de "piadas sobre o trabalho das mulheres à liberação das mulheres e às fragilidades físicas, mentais e emocionais das mulheres" até "o hábito dos escritores de caso de se referirem às mulheres que trabalhavam como meninas".[14] No início de 1971, um grupo de mulheres se reuniu para discutir a criação de um grupo de estudantes mulheres. O clube, então denominado Harvard Business Women, realizou sua primeira reunião oficial em abril daquele ano, e hoje continua sendo uma das maiores e mais ativas organizações de estudantes da escola. Duas líderes fundadoras, Marnie Tattersall e Betty Eveillard, descreveram o novo grupo para o *Harbus* como uma "câmara de compensação" para as necessidades e os interesses das alunas mulheres, com o objetivo de fomentar a comunidade entre as alunas e resolver o que elas diplomaticamente chamavam "cursos de obstrução" à "experiência educacional ideal" das mulheres.[15] Desde o início, as participantes enfatizaram tratar-se de uma instituição de natureza pragmática, "não de um grupo de liberação feminina ou mesmo de um grupo de mulheres muito radicais". Elas estavam absolutamente conscientes de que, como afirmou o artigo, "muitos dos alunos homens torcem o nariz diante da ideia de um 'grupo de mulheres'".[16]

Embora menosprezando estrategicamente a ligação do clube com o movimento feminista, suas líderes reconheciam que o apoio ao sucesso das alunas mulheres, todavia, significaria confrontar as maneiras pelas quais elas continuavam marginalizadas. Embora a administração da HBS não se opusesse à formação do grupo, que logo passou a ser conhecido como Women's Student Association (WSA), a HBS ainda estava longe de priorizar as necessidades das mulheres. Mesmo algo tão fundamental quanto oferecer instalações para mulheres no bloco Aldrich, onde praticamente todas as aulas eram realizadas, continuava sendo um impasse mais de uma década após a admissão de mulheres. Leslie Levy, presidente da WSA de 1975 a 1976, recordou como essa questão era mais significativa do que poderia parecer à primeira vista: "Se as mulheres quisessem ir ao banheiro, elas precisavam ir ao porão. Até que nós conseguimos que a administração designasse para nós, em andares intercalados, um banheiro anteriormente designado aos homens. Houve muita gozação porque eles não retiraram os mictórios". Susan Posner, presidente de 1977 a 1978, também explicou que os banheiros eram vistos como um microcosmo do problema maior: "Citamos o fato de que aquilo não estava transmitindo exatamente a mensagem de que as mulheres eram admiradas e necessárias".

Aliás, mais de uma década depois que a HBS passou a ser uma instituição mista, as alunas mulheres questionavam até que ponto elas eram realmente bem-vindas não apenas à luz da infraestrutura do *campus*, mas também ao se considerar o pequeno número de mulheres em posição de autoridade na escola. "Eu me lembro especificamente de duas professoras mulheres", recordou uma ex-aluna. "Mas, além dessas, não víamos nenhuma outra mulher em qualquer tipo de posição de liderança, tampouco em nossos casos de estudo." (Os estudos de caso constituíam a maior parte do currículo da escola, como ainda ocorre hoje.) A recém-criada WSA oferecia um mecanismo para que as mulheres manifestassem suas preocupações e pressionassem a escola a adotar uma cultura de gênero mais inclusiva. Uma das primeiras metas da WSA com esse fim foi o recrutamento de candidatas para a escola; Eveillard, Tattersall e suas colegas de turma representavam menos de 5% da turma de MBA de 1972.

A WSA abordou a administração da escola com propostas destinadas a atrair candidatas mulheres, mas não recebeu muito apoio; por isso, o clube passou a criar suas próprias iniciativas para tornar a HBS mais visível para jovens mulheres. Beverly Brandt, também integrante da turma de 1972, ajudou a organizar esses esforços:

> Nós queríamos aumentar o número de mulheres qualificadas que cogitassem ingressar na HBS como uma opção de instituição de ensino superior. Não tínhamos dinheiro para propaganda, é claro, mas nos dirigimos a algumas das mulheres mais importantes do mundo, as líderes em suas áreas, e as convidamos a falar no *campus*. Divulgamos para todas as universidades locais que tinham alunas, incentivando-as a participar, para que elas vissem que estavam lá presentes e soubessem que a candidatura delas era bem-vinda.

A vinda de líderes femininas de alta visibilidade para o *campus* também deu às mulheres que lá estavam uma noção de seu próprio potencial em uma época em que a grande maioria dos cargos a que os detentores de MBA aspiram era ocupada por homens.

"Uma das coisas com que eu acho que muitas de nós tínhamos dificuldade era o fato de não termos mulheres como modelos", disse Tattersall em uma entrevista. A WSA ofereceu uma palestra de Gloria Steinem em 1971, e Muriel Siebert, a primeira mulher a ocupar um cargo na Bolsa de Valores de Nova York, falou em 1972 no Women in Management Day.[17] No ano seguinte, a WSA realizou seu primeiro Career Day, com a participação de ex-alunas líderes em vários setores de atividade.

A WSA deu atenção também à representatividade – ou à falta dela – das mulheres no currículo. Em 1972, o clube apresentou aos pesquisadores da escola "Guidelines for Avoiding Discrimination against Women in Written Materials".[18] Esse esforço continuava em curso em 1975, quando a WSA pediu a empresas e ex-alunos que enviassem ideias de casos envolvendo mulheres. O clube também começou a coletar exemplos de linguagem sexista e discriminatória nos casos.[19] Em 1980, a WSA lançou seu Case Editing Committee, voltado para "o tratamento igualitário dos sexos nos casos da HBS".[20] Naquele ano, John McArthur foi nomeado reitor da faculdade, e a administração começou a apoiar mais ativamente a WSA. Ginger Graham, presidente da WSA de 1985 a 1986, explicou como a parceria começou a florescer:

> Praticamente não havia protagonistas mulheres nos casos, e geralmente as mulheres que apareciam nos casos eram descritas como secretárias, esposas ou assistentes. Era possível que houvesse uma mulher citada no início de um caso – "Enquanto Jim estava arrumando a mala para viajar, sua esposa dobrava suas camisas, observando enquanto ele ponderava sobre sua grande viagem", algo assim. A WSA trabalhou com a administração para dar início a um projeto de modernização de parte da linguagem e começar a resolver a questão da falta de protagonistas mulheres. A escola precisava se comprometer com esse esforço, visto que cada uma das mudanças no material dos casos tinha de ser aprovada, os autores tinham de ser contatados, as revisões, sugeridas e aprovadas, e o material, reemitido; não era um compromisso banal para a própria escola. O processo envolvia todos os alunos e os incentivava a contribuir como editores do material dos casos de maneira a resultar em uma linguagem mais representativa e adequada em torno do gênero e de outros vieses. Iniciativas separadas foram lançadas para identificar mulheres da área de negócios que pudessem ser protagonistas, e um novo material foi apresentado para os casos. Tínhamos o compromisso do Reitor McArthur e da Professora Regina Herzlinger, a patrocinadora do corpo docente da WSA, e o apoio da escola para os recursos de implementação das mudanças. Acho que isso resultou em um material de casos de maior qualidade, dando continuidade à marcha no sentido de melhorar o contexto em que as estudantes mulheres leem sobre outras líderes mulheres, discutem a questão das mulheres em posições de liderança e se veem como futuras líderes.

À medida que o currículo lentamente começava a evoluir, a composição de gênero do corpo docente também evoluía. A Professora Herzlinger, cujo perfil aparece após este epílogo, tornou-se a primeira mulher a ocupar um cargo na Harvard Business School em 1980, embora esse marco não tenha sinalizado uma mudança imediata para uma era de maior diversificação de gênero no corpo docente da faculdade. Mesmo com o aumento gradual do número de professoras mulheres, as desigualdades de gênero continuavam sendo uma fonte de discórdia. Uma professora de marketing moveu um processo contra a HBS, alegando que a discriminação de gênero havia contribuído para que lhe fosse negado um mandato em 1983.[21] O caso polarizou o *campus*, como recordou uma aluna na época: "Os parâmetros foram estabelecidos. Ou você era contra ou a favor; não havia meio-termo".

À medida que a escola se aproximava do 20º aniversário de admissão das mulheres, as mudanças estavam em curso, mas o *campus* continuava dominado por homens brancos, heterossexuais, nascidos nos Estados Unidos. O reconhecimento desse fato não fazia parte da cultura do *campus*, e os estudantes que não se enquadravam no molde geralmente sentiam a necessidade de minimizar suas diferenças em relação à norma. Uma ex-aluna da turma de 1982 recordou: "Havia 5 alunos homossexuais em nossa seção, inclusive eu, e nenhum de nós se assumia porque não era conveniente ou porque não era seguro assumir-se. Eu ouvia muito discurso contra as mulheres e comentários homofóbicos. Foi uma experiência muito negativa". Outra ex-aluna observou que permanecia a noção-padrão de que os alunos da HBS eram homens: "O meu marido foi convidado para o clube de jardinagem... Simplesmente enviaram uma mala-direta para todas as esposas. Ele não se sentiu ofendido, mas era estranho. Ainda havia mictórios nos banheiros femininos quase 20 anos após a admissão das mulheres. De modo que estava bastante claro que Harvard não havia acolhido totalmente as mulheres naquela época".

## O confronto com uma cultura

Apesar de algum progresso, estava claro que simplesmente abrir as portas da HBS para as mulheres e outras pessoas marginalizadas e sub-representadas não era suficiente para realmente diversificar a escola. Era necessário um esforço mais conjugado para que o corpo discente vencesse suas raízes homogêneas. No final da década de 1960, a African American Student Union começara a trabalhar com os administradores para recrutar mais estudantes pretos, e a WSA seguiu no mesmo caminho. Em 1982, a WSA e a secretaria acadêmica desenvolveram conjuntamente um sistema por meio do qual ex-alunas poderiam recomendar candidatas mulheres.[22] A colaboração no recrutamento de mulheres se intensificou no decorrer da década, como explicou Carol Schwartz, presidente da WSA de 1988-1989: "A escola estava tentando descobrir maneiras de buscar e identificar mulheres de perfis não tradicionais e incentivá-las a vir para a HBS. Durante minha gestão como presidente, houve uma série de reuniões em que isso foi discutido". Em 1988, formou-se o Committee to Increase the Number of Women na HBS para investigar por que somente um quarto do grupo de candidatos era de mulheres, sobretudo levando em conta que as mulheres totalizavam de 40 a 50% dos candidatos à maioria das faculdades de direito na época. "Acho que [a administração] estava consciente dos números", disse Julia Sass Rubin, presidente da WSA de 1989 a 1990. "Eles realmente estavam tentando, mas estavam enfrentando algumas tendências sociais mais amplas. E nós os ajudamos a analisar todas essas coisas. Nós lhes apresentamos uma maneira de se concentrar na questão." A WSA também expandiu sua programação independente para potenciais candidatas, recrutando ativamente mulheres ao realizar os Admitted Student Days, enviando prospectos da WSA com notas pessoais e promovendo maratonas telefônicas para que seus membros ligassem para as mulheres aprovadas nos processos seletivos e as incentivassem a se matricular.[23]

Enquanto isso, a WSA mantinha sua defesa às mulheres que já se encontravam no *campus*. Embora agora seja muito menos comum a presença delas ser abertamente questionada por outros estudantes, as mulheres nem sempre recebiam o benefício pleno do currículo de MBA. Em 1985, a WSA, recorrendo a entrevistas, pesquisas de opinião e dados sobre as admissões, informou que as mulheres do 1º ano não se sentiam "muito confortáveis na turma" e estavam menos satisfeitas que seus colegas homens com a frequência com que conseguiam participar das discussões de caso. Essas constatações eram particularmente preocupantes, considerando que a participação em sala de um aluno representava metade de sua nota. E, de fato, as pesquisas da WSA revelaram que a nota das mulheres tendia a superar a dos homens nos exames com correção às cegas, mas elas ainda eram sub-representadas nas honrarias, o que deixara claro que as notas de participação estavam diminuindo o resultado das mulheres.[24] Karen Dawes, presidente da WSA de 1980 a 1981, explicou que a escassez de mulheres era um desafio à tarefa de falar na sala de aula: "Você estava em uma sala com 80 pessoas onde talvez 10 fossem mulheres. No primeiro dia você entra e percebe que não há muitas outras pessoas que se pareçam com você. Com base em minhas conversas com mulheres e em minha experiência, posso afirmar que é um pouco mais difícil entrar e participar da discussão".

Em resposta, o corpo docente feminino, os funcionários e os estudantes criaram programas para discutir esses desafios e lembrar às estudantes mulheres que elas realmente pertenciam à escola. A Professora Lynda Applegate, que ingressou no corpo docente em 1986, recordou um esforço no sentido de reunir as mulheres, afirmar seu lugar na sala de aula e estimulá-las a continuar trabalhando por uma escola mais inclusiva:

> Os alunos da HBS fazem seu 1º ano todos juntos em "seções" de várias dezenas de alunos. Quando comecei a lecionar na escola, uma das primeiras coisas que notei foi que as alunas mulheres eram mais visadas quanto à maneira como se enquadravam nesses grupos; havia apenas algumas mulheres em cada seção. Eu trabalhei com outras professoras e funcionárias para lançar algo que chamamos "Women Students' Welcome", em que todas as mulheres do corpo docente e funcionárias do MBA, juntamente com as alunas do 2º ano, davam as boas-vindas às mulheres que estavam entrando. Realizávamos o evento no auditório do *campus* no início do ano letivo, e abríamos a sessão pedindo às estudantes que olhassem para as mulheres de sucesso à sua volta na sala. Em seguida, pedíamos que elas comparassem a sensação dessa experiência com o que vivenciavam na sala de aula. Isso levava a uma discussão fantástica, e nós sempre encerrávamos incentivando-as a ingressar na WSA e a continuar trabalhando juntas para aumentar o poder das mulheres na HBS.

Às vezes a experiência de marginalização das mulheres ia além do simples fato de ser uma minoria numérica. Como Robin Hacke, presidente da WSA de 1983 a 1984, descreveu:

> Eu não pretendia me envolver [com a WSA]. Mas aconteceu algo em minha seção: no meio do ano, um dos rapazes achou que seria muito divertido retirar todos os cartões de marcação de assento dos alunos e colocar todas as

mulheres em um lado da sala em determinado dia. Falando sobre isso agora, depois de todos esses anos, parece ridículo que alguém se importasse com o lugar em que se sentava. Mas foi essa preocupação polêmica que me serviu de alerta. A ideia de todas as mulheres serem deslocadas para o lado levou-me a pensar na WSA como uma instituição de interesse para mim. E nós estávamos na época em que era comum, no aniversário das pessoas, trazer dançarinas de dança do ventre e *strippers* para a sala de aula. Foi como se aquilo tivesse "selado o acordo" para mim. Eu pensei: este não é um ambiente muito favorável às mulheres. Na época, acho que havia 19 mulheres em minha seção, de um total de 91 pessoas. De modo que aquilo me instigou a me envolver.

Os tipos de incidentes que estimularam Hacke continuaram a ocorrer na década seguinte, culminando na primavera de 1988, quando 6 alunos sofreram sanções disciplinares por assédio sexual, inclusive passando bilhetes explícitos a colegas mulheres e visitantes da turma. Os incidentes receberam considerável cobertura da imprensa; revelados publicamente em primeira mão pela revista *Inc.*, também foram reportados pela Associated Press, pelo *Boston Globe*, pelo *New York Times* e pelo *Wall Street Journal*. A cobertura midiática veio ao final de um longo período de luta dentro da escola, que começou no fim de 1996, quando as alunas que haviam sofrido assédio se reuniram com os administradores da instituição. Nenhuma medida formal foi tomada em resposta a essas reuniões iniciais, embora, na primavera de 1997, vários professores e administradores – inclusive o presidente do programa de MBA e o diretor de normas estudantis – tivessem escrito aos alunos sobre o assédio e os pressionado a "pensar nessas questões" e "ajudar a identificar comportamentos inadequados".[25] A WSA não ficou satisfeita com a resposta silenciosa: "Era como se estivéssemos sendo aplacadas", recordou um membro.

O clube não aceitou a relutância inicial da escola em fazer mais que uma advertência geral. Embora os administradores tivessem inicialmente afirmado que pouco poderia ser feito no sentido de resolver incidentes específicos, a menos que houvesse uma queixa formal por parte de uma aluna, as vítimas temiam que a apresentação desse tipo de queixa prejudicasse suas oportunidades profissionais e suas redes de contatos profissionais no futuro, como observou o jornal estudantil na época.[26] Para estimular mais ação por parte da escola, os membros da WSA começaram a controlar as comunicações entre as alunas e a administração, examinando leis e regulamentos pertinentes e solicitando o apoio de membros do corpo docente que elas achassem que simpatizariam com a causa. Como uma ex-aluna explicou, "De certa forma, nós éramos gerentes de projeto, tentando coletar [informações], para ver quem nós poderíamos encontrar que tivesse alguma influência. [Era] uma questão de persistência. Coletar os bilhetes, coletar as histórias, recusar-se a deixar que tudo simplesmente desaparecesse".

A solicitação de apoio do corpo docente foi fundamental. "Marcamos horários e tentamos descobrir quem poderia ser um aliado e quem poderia estar preocupado com essas questões. Procuramos agir de forma estratégica em relação ao assunto, pensar em quem tinha influência, em quem poderia estar aberto à questão, e acabamos encontrando [docentes] suficientes que poderiam ser úteis", recordou outra ex-aluna. Até que, mais ou menos à época em que o escândalo veio a público, outro memorando enviado aos alunos reconheceu o padrão dos incidentes, e 6 alunos foram formalmente penalizados.[27] O processo fora falho e sofrera interrupções, mas, por fim, obrigou a comunidade da HBS a reconhecer e tratar da questão do assédio. "[Sem a WSA], teria simplesmente sido negligenciado", argumentou uma ex-aluna. O incidente também instigou a escola a articular e divulgar seu conjunto de "Valores da Comunidade", que hoje continua a ser exibido nas salas de aula e em outros locais no *campus*.

## Adesão às mudanças?

No início do século XXI, a dinâmica do *campus* havia evoluído consideravelmente, sobretudo por causa da apuração ocasionada pelo escândalo de assédio. E a HBS começara a assumir uma nova feição. As salas de aula um dia lotadas de homens brancos engravatados e cabelos cortados à moda militar agora eram ocupadas por um conjunto mais diversificado de alunos; em 2005, as mulheres representavam 35% da turma de MBA, e mais de 30% dos alunos vinham de fora dos Estados Unidos.[28] Mesmo assim, uma sensação de real pertencimento talvez ainda fosse algo ilusório para as alunas mulheres. Uma ex-aluna da turma de 2006 achou a escola inclusiva e respeitosa em relação a alguns tipos de diferença cultural, mas ainda um tanto retrógrada no que dizia respeito à dinâmica de gênero: "Eu acho que, por ser uma escola tão globalizada, as pessoas estão acostumadas com o fato de os outros serem diferentes. Mas ainda há uma sensação de que as mulheres não deveriam estar em determinadas funções ou que elas devem ser tratadas de determinada maneira. O tom é fortíssimo". Nitin Nohria, que ministrou um curso obrigatório sobre comportamento organizacional no início do ano 2000, observava essas atitudes sempre que seus alunos discutiam estudos de caso que envolviam líderes mulheres:

> Quando havia protagonistas mulheres em um caso, as pessoas tinham perguntas sobre a maneira como elas administravam o equilíbrio entre a vida profissional e a vida pessoal. Os homens também tinham famílias, mas nós não parecíamos fazer aquele tipo de pergunta sobre eles. Portanto, se as mulheres presentes na sala de aula vivenciassem conversas em torno de protagonistas mulheres em que sempre houvesse essas dimensões de gênero, provavelmente era mais difícil imaginar maiores oportunidades de igualdade em relação aos homens.

À medida que as disparidades de gênero ganhavam mais prioridade na agenda da liderança da escola, a WSA pressionava para que houvesse mais diálogo. Em 2009, o clube mais uma vez analisou dados sobre as notas e constatou que as alunas mulheres continuavam sub-representadas nas fileiras dos agraciados com honrarias e super-representadas entre os alunos que eram reprovados no 1º ano.[29] Mary Ellen Hammond, presidente da WSA de 2008 a 2009, ficou estarrecida ao ver a disparidade:

> As honrarias do 1º ano foram divulgadas, e eu só dei uma olhada na lista. Lembro-me de fazer as contas e enviá-la à minha copresidente, Anne Himpens, com um bilhete dizendo "Quase 40% da turma e bem abaixo de 10% dos agraciados com honrarias?". Anne fez uma busca no Google e encontrou uma lista de alguns anos antes; ela fez o cálculo e chegou a um resultado semelhante. Minha resposta foi: acho que devemos ter uma conversa.

No ano seguinte, uma equipe de alunas mulheres trabalhou com uma conselheira do corpo docente, a Professora Kathleen McGinn, no intuito de examinar as causas subjacentes das lacunas. Os resultados apontaram para uma série de prováveis fatores, entre os quais os vieses inconscientes entre os instrutores e a falta de mulheres que servissem de exemplo na forma de membros do corpo docente e protagonistas de casos. Vieses sutis sobre as líderes mulheres também invadiam a sala de aula. Nohria observara um padrão em suas próprias turmas, em que "quanto a todas as nossas protagonistas de casos, a discussão, de alguma forma, levantava quase inevitavelmente questões como 'Essas mulheres foram bem-sucedidas por terem sorte? Ou por serem competentes?'. Nós não parecíamos fazer as mesmas perguntas sobre os homens".

Manifestar-se na aula ainda era algo tenso, e as mulheres geralmente se sentiam mais limitadas para expressar suas perspectivas. Como observou um artigo do *Harbus* sobre os resultados do estudo sobre os estudantes, "muitas mulheres admitem censurar-se na sala de aula para administrar sua imagem fora da sala".[30] À medida que a escola se aproximava de sua 6ª década como uma instituição mista, muitos se perguntavam – nas páginas do *Harbus*, nas reuniões do clube e nas conversas com as pessoas – se um MBA tinha o mesmo valor para as mulheres que para os homens. "Se a HBS sugere o fato de que alguns CEOs constantes na lista *Fortune* 500 são ex-alunos da HBS e estão dispostos a receber o crédito por isso, então a escola deve incluir também a proporção de mulheres – ou a falta delas – [na liderança] e assumir uma parcela de responsabilidade por isso", disse uma ex-aluna da turma de 2011. "Acho que o ambiente de aprendizagem é um fator."

Nohria tornou-se reitor da faculdade em 2010 e acreditava ter a clara obrigação de resolver as diferenças de gênero na conquista acadêmica. "Embora as estatísticas sobre admissões e matrículas revelassem que nós estávamos aceitando e matriculando alunos homens e mulheres com notas, experiências, realizações e aptidões semelhantes", ele explicou, "não víamos paridade em termos de desempenho depois que eles estavam no *campus*". A defesa e a investigação da WSA trouxeram visibilidade para a questão, difícil de ser ignorada tanto pelos alunos como pelos professores. A sub-representação das mulheres nas honrarias começou a ser reconhecida e discutida nas reuniões oficiais do corpo docente, bem como informalmente pelo *campus*. Em 2013, a escola comemorou o 50º aniversário de admissão das mulheres, expondo ainda mais as persistentes disparidades de gênero. Para Nohria, o ano foi uma ocasião para enfatizar a essencialidade da equidade de gênero para seu papel como reitor. Na celebração oficial do aniversário na primavera de 2013, ele declarou para uma multidão de mais de 800 ex-alunos que, "se o feminismo significa estar profundamente comprometido com a igualdade de homens e mulheres, então eu sou um feminista".[31]

## Escrevendo histórias diferentes

Uma série de programas destinados a resolver as lacunas de gênero foi implementada no início da década de 2010. Houve avaliações dos padrões de perguntas em sala para os alunos para verificar se as mulheres tinham oportunidades iguais de falar na aula, e os "escribas" que monitoravam as contribuições dos alunos forneciam dados objetivos nos quais o corpo docente se baseava ao avaliar a participação, que correspondia a um terço da nota de um aluno na matéria. *Workshops* sobre a participação efetiva eram oferecidos a todos os estudantes, consoante à ideia de que a contribuição das mulheres poderia ser insuficiente em relação a seu conhecimento e sua qualificação. (De fato, as pesquisas confirmam que os incentivos formais para que as mulheres contribuíssem com suas ideias, em especial em áreas estereotipicamente masculinas, como a área financeira, podem ajudar a garantir que estudantes mulheres com a qualificação pertinente se manifestem.)[32] Além disso, foi adotada uma nova matéria obrigatória que não dependia do método de caso tradicional, mas que empregava técnicas de aprendizagem empíricas em pequenos grupos.

A escola também empenhou esforços no sentido de cultivar novas normas fora da sala de aula, como a mudança do sistema de grupos de estudo autosselecionados para grupos designados que reuniam os alunos com um grupo diversificado de colegas de turma. Houve resistência e reações negativas – alguns alunos consideravam as mudanças, de acordo com um artigo publicado em 2013 no *New York Times*, "uma engenharia social intrusiva". Contudo, as taxas de satisfação dos estudantes subiram, fechando a lacuna de satisfação entre homens e mulheres.[33]

É difícil desvendar o impacto individual de cada uma dessas diversas intervenções, que, no entanto, constituíam parte necessária da mudança de cultura. As lacunas nas notas em muitas matérias obrigatórias e em relação aos agraciados com honrarias haviam se fechado pouco antes da implementação de muitas intervenções, sugerindo que um diálogo mais intenso havia despertado amplo compromisso em resolver o problema. As ferramentas e as inovações a que a escola aderiu provavelmente vieram reforçar e legitimar esse desejo compartilhado de fechar as lacunas e ajudaram a institucionalizar nosso ímpeto inicial de progresso. As medidas formais também refletiram a priorização da questão que é essencial para fomentar mudanças. O tempo dirá se a HBS tem dedicado iguais recursos e atenção à equidade de gênero em longo prazo, mas esses esforços iniciais formalizados reforçaram um sentido de urgência e importância que viera à tona.

Algumas disparidades persistiam. As reduzidas lacunas de satisfação podem ter sido determinadas pelas experiências de mulheres brancas, ocultando, assim, que as mulheres não brancas, que constituem uma minoria numérica, não estavam colhendo os benefícios de algumas dessas mudanças. Não obstante, as estudantes mulheres não eram mais vistas como uma anomalia, e seus colegas homens certamente não estão questionando a presença delas no *campus*. Em 2016, LaToya Marc e Libby Leffler tornaram-se a primeira chapa formada exclusivamente por mulheres a ser eleita copresidentes do corpo discente. E, em 2019, 8 dos 10 presidentes de seção eram mulheres, a proporção mais alta jamais alcançada.[34] (Cada turma de MBS consiste em 10 seções com cerca de 90 alunos que cursam o 1º ano juntos e elegem colegas de turma para atuarem como líderes comunitários.)

Juntamente com muitos colegas, nós mesmos tentamos resolver o que acreditamos que continua a ser uma causa fundamental da persistente desigualdade de gênero: uma super-representação de líderes masculinos brancos no currículo. Na HBS, os casos constituem a esmagadora maioria das leituras atribuídas e formam a base para a maioria das aulas, particularmente no 1º ano do MBA, quando todos os alunos cursam um conjunto-padrão de matérias. Em 2015, fizemos uma análise minuciosa de progresso em relação à diversidade de casos no decorrer dos seis anos anteriores. Houve aumento de casos publicados com protagonistas mulheres durante esse período, elevando a proporção total para aproximadamente 25%. Também vimos o que estava acontecendo em matérias obrigatórias e eletivas, bem como nos programas de educação executiva da HBS. O currículo obrigatório contava com a maior representatividade de protagonistas mulheres, e os dados atuais mostram que a proporção aumentou ao longo do tempo, embora esses casos continuem correspondendo a uma minoria de 23% (*vs.* 67% com um protagonista homem e 11% sem um protagonista identificável).[35] Embora não tenhamos dados comparativos atuais para o currículo eletivo ou a educação executiva, as novas ofertas em ambos os programas apresentam matérias com foco em mulheres líderes – a eletiva "How Star Women Succeed", discutida a seguir, e o programa de educação executiva *Women on Boards*, que, até agora, educou mais de 400 mulheres e testemunhou aumento da demanda ano após ano. (Para mais detalhes sobre o *Women on Boards*, ver Capítulo 3.)

Como o método de casos constitui a essência da experiência acadêmica dos estudantes, a falta de protagonistas femininas pode significar que a própria liderança parece enviesar os homens, como nos disse recentemente uma ex-aluna: "Em nossa turma de liderança, de cerca de 25 protagonistas, talvez 3 fossem mulheres. Nós líamos sobre muitas grandes líderes, mas era difícil eu me ver pessoalmente no lugar delas". Um membro do corpo docente que entrevistamos concordava que nossas imagens de liderança continuam demasiadamente limitadas. "Acho que todos – alunos, professores, todo o mundo – precisam ser expostos a uma série de tipos de pessoas que estão em posições de liderança", ela observou. "Em parte, é uma questão de servir de exemplo – fazer os alunos na sala dizerem 'Ah, eu consigo me imaginar fazendo isso'." Na realidade, uma extensa linha de pesquisas de ciências sociais constatou que a autopercepção e o desempenho de estudantes mulheres são influenciados pela presença ou pela ausência de mulheres que sirvam de modelo. Por exemplo, estudos que examinaram os efeitos da leitura ou da visualização de descrições de mulheres bem-sucedidas constataram que essas atividades reforçavam a crença das estudantes em sua própria competência e em sua capacidade de falar em público.[36]

Os líderes homens dominam a educação de negócios, até mesmo além do currículo de nossa própria instituição. Uma análise de dados do Case Centre, uma câmara de compensação global, constatou que apenas 11% dos casos de maior sucesso e premiados publicados entre 2009 e 2015 incluíam uma protagonista mulher.[37] Outro estudo, de casos publicados pela Ivey, a segunda maior (depois da HBS) editora do mundo, constatou que apenas 19% dos casos publicados em um período de 1 ano continham protagonistas mulheres. Mesmo quando elas aparecem, as líderes mulheres podem ser marginalizadas. O mesmo estudo constatou que as protagonistas mulheres eram minimizadas em relação a outros personagens em seus casos e que os casos de protagonistas mulheres continham menos citações diretas das protagonistas, comparados aos casos que apresentavam líderes homens.[38] Além disso, os estudantes podem trazer vieses, geralmente inconscientes, para sua leitura. Falamos com uma dezena de membros do corpo docente sobre o gênero na sala de aula, e analisamos as avaliações dos alunos de uma matéria obrigatória do MBA. Nessa matéria, os casos com protagonistas mulheres receberam avaliações mais baixas dos alunos homens (embora não das mulheres), mantendo-se constantes outros fatores, como o professor que lecionou o caso. Não possuímos dados suficientes para compreender o que determina essas avaliações mais baixas, mas elas podem refletir vieses sutis sobre gênero e liderança. Ouvimos dizer que os casos sobre mulheres altamente bem-sucedidas às vezes provocam ceticismo. Um instrutor que lecionou um caso sobre uma executiva preta explicou: "O problema em fazer disso um caso sobre um grande sucesso é que os alunos ainda desprezam a protagonista mulher, e aí 'tudo não passa de RP'." Esse comentário pode ser uma oportunidade de aprendizado – se o instrutor optar por fazer dele uma oportunidade. Um professor nos disse que procurava transformar esse tipo de suposição em questões que incentivassem os alunos a refletir sobre a razão pela qual eles duvidavam de uma líder mulher. "Quando surge na aula a questão de que Fred é brilhante, mas que Jane tem sorte, configura-se verdadeira oportunidade de aprendizado", ele explicou. "Eu posso ressaltar, vejam, na última aula que tivemos com Fred como protagonista, ele era ótimo, brilhante, blá-blá-blá. Por que vocês acham que Jane ou Ingrid ou Christine tem sorte?"

Achamos que uma das maneiras de neutralizar a persistente sensação de que as líderes mulheres são uma anomalia seria virando o *script*, por assim dizer, e oferecendo um curso em que elas fossem a regra, e não a exceção. O curso que desenvolvemos, "How Star Women Succeed", visa, em parte, preparar os alunos com as habilidades necessárias para lidar com os desafios do ambiente de trabalho, mas também procura informá-los sobre como eles podem permitir que as mulheres sejam bem-sucedidas em suas próprias futuras equipes. Explorando as experiências de liderança das mulheres em diversos campos de atividade, como finanças, direito, telecomunicações e consultoria, o curso oferece uma experiência diferente aos alunos acostumados a um currículo dominado por homens e, em muitos casos, a um ambiente de trabalho dominado por homens antes de ingressarem na escola de negócios. Como explicou uma ex-aluna da turma de 2013 que fez o curso:

> Eu me matriculei porque existe uma escassez de protagonistas mulheres nos casos que estudamos nos currículos obrigatório e eletivo na HBS. Eu estava entusiasmada em ter uma aula em que a maioria dos protagonistas dos casos fosse mulher e em aprender o que é, se é que há algo, diferente em relação ao estilo de liderança das mulheres e como as mulheres lidam com algumas das complexidades e desafios que podem ser específicos do gênero. Isso me serviu de estímulo, especialmente quando eu cogitava me formar no futu-

ro próximo e reingressar na força de trabalho com menos mulheres nos níveis gerenciais. Eu sei que, cada vez mais, esse será o caso à medida que eu continuar progredindo. Para mim, foi uma maneira de coletar histórias memoráveis de dificuldades, exemplos e modelos aos quais eu pudesse recorrer à medida que progredia em minha própria carreira.

Nas entrevistas que conduzimos com outras ex-alunas do curso, verificamos que o impacto de estudar a trajetória de líderes mulheres – e geralmente ouvir diretamente delas como oradoras de turma – melhorava a capacidade de elas lidarem com as decisões e os obstáculos profissionais. Como uma entrevistada explicou, "Havia muitas coisas que outras mulheres haviam feito que me conscientizaram daquilo que poderia mudar em relação às minhas ações e ao meu comportamento". E, de modo semelhante, uma outra disse: "Eu acho que serviu para me preparar melhor exatamente nos relatos, nas histórias e nas lições aprendidas – se me deparar com situações semelhantes, eu consigo me recordar de algumas das lições e de alguns dos casos e decidir o que fazer em relação à minha situação ou evitar totalmente determinadas situações". Além dessas táticas práticas, ouvimos dizer também que o curso expandiu as aspirações dos alunos, como descreveu uma entrevistada: "O curso me inspirou a pensar grande, muito grande, e a pensar de forma muito mais estratégica e a dedicar muito tempo a um ativo planejamento de carreira". Outra ex-aluna lembrou: "Ajudou-me a me desafiar a pensar: eu estou fazendo o que eu realmente quero fazer? Por que eu estou no emprego em que estou? O que estou ganhando? Qual o objetivo em longo prazo?".

Igualmente importante, o curso também ofereceu aos estudantes instrumentos com os quais eles poderiam defender a inclusão de gênero, como contaram vários ex-alunos. Embora a maioria dos alunos que fizeram o curso fosse mulher, os homens também se matricularam. Um aluno disse ter se tornado mais consciente dos vieses de gênero à sua volta:

> Há coisas que eu aprendi [no curso] que eu uso o tempo todo no ambiente de trabalho. Eu me vejo questionando comportamentos. E o curso suscitou muitas conversas com a eleição [de 2016]. Um outro homem que assistiu à aula e eu trocávamos mensagens de texto, diariamente, com o hashtag #HSWS [*How Star Women Succeed*], com relação a qualquer coisa que Hillary fizera, porque havia esse duplo padrão. Eu estava muito ligado nisso.

Outro ex-aluno pressionou por mudanças na abordagem de contratação de sua empresa depois que retornou à sua pós-graduação em finanças:

> Fica muito mais fácil manifestar-se depois que você se sente com algum conhecimento de causa. Recentemente, quando a nossa equipe estava analisando uma lista de primeira rodada de entrevistas, eu e um colega nos dirigimos à nossa equipe de RH e dissemos: "Há uma única mulher em uma lista de 50 entrevistas. Vocês só podem estar de brincadeira comigo; o que estamos fazendo?". Eles, infelizmente, nos olharam com cara de paisagem e culparam o funil de candidatos, de modo que nós dois assumimos a tarefa de corrigir o problema em curto prazo e pressionar por uma solução mais recorrente no futuro.

Os estudantes homens que se matricularam no curso sobre o avanço da liderança das mulheres constituíam, convenhamos, um pequeno grupo autosselecionado. Mas eles não são os únicos homens no *campus* que entraram na conversa sobre equidade de gênero. Nem todos os alunos homens apoiavam o crescente foco no gênero no início da década de 2010. Alexandra Daum, copresidente da WSA de 2013 a 2014, recordou que alguns achavam que "as mulheres estavam recebendo atenção demais e que aquilo, na verdade, não era muito útil para elas nem para a escola". Entretanto, ao mesmo tempo, ela e outras líderes da WSA tinham conhecimento de homens que queriam contribuir, mas não sabiam como, ou mesmo se deviam. Durante décadas, o gênero na escola fora puramente uma "questão das mulheres"; o combate a essa desigualdade de gênero fazia parte da vida do *campus*, mas uma parte com a qual os homens tinham pouco compromisso. Isso começou a mudar logo depois do 50º aniversário da admissão das mulheres, à medida que um número cada vez maior de homens decidiu aderir à causa.

### Um novo capítulo, uma incerteza sem fim

Em resposta às críticas e ao entusiasmo de seus colegas de turma homens, a WSA lançou um novo programa denominado Manbassadors em 2013. A ex-aluna Tara Hagan ajudou a fundar um grupo como vice-presidente de envolvimento masculino da WSA. Ela queria que os homens no *campus* soubessem que "[eles] estavam convidados a participar da conversa".

Como ela explicou em uma entrevista, "Alguns homens não têm falado muito em igualdade de gênero, e é difícil passar de 'Eu nunca falei sobre isso' para 'Eu posso falar sobre isso com eloquência e dizer as coisas certas'. Você ainda está tentando descobrir. O Manbassadors gera a conversa, mas também procura facilitar a entrada". Duzentos homens (mais de 30% dos alunos homens de MBA) participaram do grupo inaugural do Manbassadors. Hagan via como um dos principais objetivos do programa "a mudança na maneira como as mulheres se sentiam na sala de aula, sabendo que havia homens defendendo as questões de gênero. Em parte, isso consiste na criação de um movimento social, de mudança da dinâmica". Da mesma forma, Daum sentia que o Manbassadors poderia gerar uma mudança de cultura: "Pelo simples fato de aderirem, eles estão alimentando o fogo, dizendo que se preocupam com a questão, que estão no mesmo barco". O programa tinha por objetivo também servir como um meio, como disse David Wolfish, ex-aluno da turma de 2014 e cofundador do Manbassadors, "para que os homens tivessem um compromisso claro e manifesto com a WSA" e vissem que as questões que afetavam as mulheres eram do interesse de todos. O colega de turma de Wolfish, Santiago Ocejo, descreveu o programa como forma de fomentar uma discussão mais sofisticada: "Não vejo o Manbassadors como um 'apoio' simplista às mulheres, mas como local em que os homens possam envolver-se com essas questões. Os homens devem ver isso como parte importante de seu treinamento e educação".

O programa Manbassadors tornou-se um braço permanente da WSA, e, com o tempo, um grupo cada vez mais visível – especialmente à medida que o diálogo nacional sobre a discriminação de gênero no ambiente de trabalho se intensificava no final da década de 2010. Como ressaltou Matt Piltch, membro ativo do Manbassadors de 2017 a 2019 e membro do conselho da WSA de 2018 a 2019, "O #MeToo tornou o mundo, inclusive a HBS, muito mais consciente da natureza sistêmica dessas questões". Colega de turma de Piltch, Kyle Emory, liderou o Manbassadors em uma campanha para ampliar a participação: "Nós nos empenhamos muito em envolver e engajar a comunidade. E mudamos a promessa do Manbassadors de modo a nos tornarmos mais focados na ação, não apenas no discurso, sobre a igualdade de gênero", explicou Emory. O número de alunos homens afiliados ao grupo mais do que dobrou, passando a 480 (cerca de 90% dos homens na turma de 2019). Agora, não eram mais só as alunas mulheres a desafiar os administradores da escola para resolver as questões do sexismo. Piltch recordou que "não recebemos nenhum comentário [sobre o #MeToo] da administração até dezembro de 2017; eu fiquei surpresa e, francamente, considerei aquilo problemático. Por isso, comecei a elaborar, dentro do grupo do Manbassadors, um memorando sobre o que a HBS poderia fazer para resolver a diversidade e a inclusão em geral, mais especificamente questões em torno da violência sexual e desigualdade de gênero". Piltch também trabalhou com as copresidentes da WSA, Erica Santoni e Alexis Wolfer, em uma série de propostas de mais mudanças curriculares, incluindo um apelo por maior diversidade dos protagonistas de casos, treinamento para o corpo docente e integração do viés implícito e de outros tipos de treinamento de diversidade à experiência dos estudantes. Insistindo que a atenção às questões de gênero e a outros eixos da desigualdade deveriam fazer parte da educação gerencial, estudantes aliados, homens e mulheres esperavam causar impacto não apenas na escola, mas também nos negócios como um todo.

Os alunos de MBA permanecem no *campus* por apenas 2 anos, mas a influência deles sobre as empresas, os setores e as diversas comunidades podem perdurar por décadas. Como Emory explicou, mudar o mundo significa também mudar a mentalidade dos estudantes: "Estamos tentando crescer, e esse é um espaço incômodo em que se possa trabalhar. Como melhoramos como homens, como aliados, ao dar esses passos gradativos?". Apesar das profundas mudanças no campo dos negócios e na sociedade desde a década de 1960, muitos dos líderes estudantis de hoje veem um longo caminho pela frente, e os números corroboram essa visão. As mulheres ainda são superadas em número por seus colegas do sexo oposto, perfazendo 43% da turma de 2021 da HBS. A representação mais baixa das mulheres na HBS e nos programas de MBA em geral está fora de sincronia com as tendências mais amplas no campo da educação. Em 2018, as mulheres conquistaram 38% dos MBAs, e um estudo de 2017 constatou que a proporção de mulheres que se candidatavam a programas de MBA permanecia praticamente inalterada desde 2012.[39] Todavia, em 2016, as mulheres correspondiam a uma ligeira maioria dos estudantes de medicina nos Estados Unidos, e, em 2017, elas ultrapassaram a marca dos 50% dos estudantes de direito nas faculdades do país.[40]

Além disso, apesar da diferente natureza da experiência com os programas de MBA hoje, em comparação com 50, 30 ou, até mesmo, 20 anos atrás, as perspectivas de carreira das mulheres que se formam ainda ficam atrás das dos homens. Mesmo entre essa população elitizada, a proposta de valor de um MBA ainda carece de equalização. Um estudo longitudinal com ex-alunos em que estamos envolvidos constatou que as mulheres que se formam tendem significativamente menos que os homens a desempenhar funções de supervisão, ser responsáveis por áreas de resultados financeiros e ocupar altos cargos gerenciais. Elas também se mostram menos satisfeitas com o desenvolvimento de suas carreiras: as mulheres relatam menor satisfação que os homens em várias frentes, entre as quais avanço, realização profissional e oportunidades de engajamento em um trabalho significativo.[41] Pesquisas correlatas comparando ex-alunos pretos com brancos constataram algumas das mesmas disparidades, com mais brancos em cargos de supervisão e liderança e a existência de maiores diferenças entre mulheres pretas e homens brancos. Os ex-alunos pretos relataram também níveis mais baixos de satisfação profissional que seus pares brancos.[42]

Essas constatações estão de acordo com outras pesquisas, incluindo um estudo global com 4 mil estudantes de MBA formados por várias instituições cujos autores constataram que as mulheres demonstravam menor avanço na carreira e menos satisfação que seus pares do sexo oposto, e que os formados tinham uma probabilidade duas vezes maior de ingresso nos postos de diretores e executivos seniores.[43] Da mesma forma, um estudo com estudantes de MBA pela University of Chicago, das turmas de 1990 a 2006, constatou que o salário inicial das mulheres com pós-graduação eram, em média, 15 mil dólares inferior aos dos homens, e essa disparidade salarial só se ampliou ao longo dos anos.[44] Uma recente pesquisa de opinião conduzida pelo *Financial Times* com pós-graduados pelas escolas de negócios avaliadas pelo jornal constatou que, 3 anos após o término do curso, os homens estavam ganhando mais que as mulheres em todos os setores, inclusive aqueles que empregavam mais mulheres, como saúde e educação.[45]

Este livro se concentrou nas mudanças ainda necessárias nas empresas e nos setores para mudar essas tendências, mas está claro para nós que as instituições educacionais, como a nossa, têm um papel a desempenhar na atenuação das desigualdades no ambiente de trabalho. A missão declarada da HBS consiste em educar líderes que façam a diferença no mundo. A liderança empresarial carece de diversidade de todos os tipos, restringindo assim, diríamos, o potencial para seu impacto positivo no mundo. As mulheres pretas com pós-graduação participantes de nossos estudos tendem sistematicamente menos do que seus pares – homens pretos e brancos, bem como mulheres brancas – a ver alguém parecido com elas em cargos de alta gerência, e são mais propensas a dizer que sua raça e seu gênero criaram obstáculos à sua carreira.[46] O mundo certamente não está se beneficiando plenamente de seus talentos. Além disso, a HBS nem sempre proporciona uma experiência educacional verdadeiramente igualitária, mesmo hoje. No verão de 2020, a aluna Chichi Anyoku, que estava iniciando o 2º ano, falou sobre raça e racismo em um debate com a participação de toda a escola, realizado logo após os assassinatos de cidadãos pretos pela polícia e pelos seguranças nos Estados Unidos. Anyoku contou incidentes de racismo que ela havia vivenciado como testemunha e vítima, dentro e fora da sala de aula.[47] Tratava-se de um preocupante lembrete de que, como instituição, não derrubamos as barreiras, tanto culturais como estruturais, que enfraquecem a experiência de ser aluno da HBS.

Entretanto, a escola foi profundamente transformada pelas mulheres, inclusive mulheres não brancas, que chegaram até aqui. As sementes deste livro foram plantadas há quase uma década, quando a HBS decidiu olhar para a história da escola por ocasião do 50º aniversário da admissão das mulheres. À medida que, juntamente com vários colegas, pesquisamos as experiências das mulheres no *campus* ao longo dos anos, ficou claro que a escola, apesar de suas persistentes limitações, é tão receptiva às mulheres quanto é hoje, em grande parte, porque as mulheres insistiram em ser realmente incluídas. Mesmo quando as mulheres representavam uma minúscula fração da turma de MBA, elas reivindicaram seu lugar na sala de aula e pediram a uma poderosa instituição que abrisse espaço para suas necessidades e ambições. Neste epílogo, vimos como a WSA desempenhou papel crucial ao contemplar o que faltava na HBS. As estudantes trouxeram líderes mulheres para o *campus* quando não havia quase nenhuma mulher como professora lá na frente, na sala de aula, e desafiaram os vieses existentes no material acadêmico por meio do qual elas deveriam aprender. Elas também questionaram: por que tão poucas mulheres se candidatavam a ingressar na HBS duas décadas depois que a escola lhes abrira as portas? Por que as alunas não podiam reportar casos de assédio sexual anonimamente? Por que tão poucas líderes mulheres figuravam no currículo? Por que as mulheres não alcançavam honrarias acadêmicas na mesma proporção que os colegas de turma homens?

O fato de trazer essas questões para a mesa de discussão abriu espaço para que a escola as resolvesse e apresentasse grande progresso na solução dos problemas subjacentes que os questionamentos revelavam. À semelhança dos grupos de apoio de funcionários de muitas empresas, a WSA foi um lugar para que as estudantes que compartilham importante identidade dessem voz e visibilidade aos desafios que elas enfrentavam. Com muita frequência, esses grupos não são efetivamente alavancados. Em vez de serem vistos como recurso para o diagnóstico de iniquidades e o delineamento de um caminho para a mudança organizacional, eles se tornam um meio de ventilar preocupações sobre a desigualdade, na esperança de que o tempo por si só satisfaça os funcionários interessados. Ou eles ajudam a atrair candidatos que veem o grupo como sinal de compromisso com a diversidade e a equidade, porém ainda não empoderados para agir ou influenciar as decisões. Essa abordagem de divulgação é uma oportunidade perdida de imensas proporções. Na HBS, a WSA e outros clubes estudantis que defendem as comunidades sub-representadas ajudaram os administradores a compreender o que determina as disparidades, nortearam os programas destinados a resolvê-las e permitiram que muitas iniquidades fossem discutidas. Em resposta, os dirigentes da escola toparam o desafio em momentos cruciais, usando seu poder para realizar mudanças institucionais. Como este epílogo deixa claro, a jornada rumo à verdadeira equidade e inclusão é uma maratona, não uma corrida de velocidade de curta distância. A HBS ainda está no páreo, e esperamos que a nossa história inspire outros educadores, bem como as empresas que empregam nossos graduados, a continuar correndo também.

# O caminho de uma pioneira
## Professora Regina E. Herzlinger

Criada em uma coesa comunidade judaica ortodoxa no Brooklyn da década de 1950, Regina Herzlinger estava determinada a ter uma profissão. "Eu sempre fui uma ótima leitora e muito curiosa – eu li uma enciclopédia infantil inteira por volta dos 5 anos –, também era interessada na minha segurança financeira", ela explica. "Minha família foi vítima do Holocausto e perdeu tudo – membros da família e recursos –, e eu queria ter uma segurança financeira que não pudesse ser tomada de mim, e ser uma profissional." Para se aproximar dessa meta, ela tomou a inusitada atitude de deixar a comunidade para ingressar no MIT e estudar economia, no início da década de 1960. Depois de se formar, ela precisou trilhar um caminho que efetivou suas capacidades e suas ambições em uma época em que não existia praticamente nenhum modelo de mulheres trabalhadoras. Embora suas opções fossem limitadas, Herzlinger encontrou um ponto de partida na área de gestão:

> Finanças, minha primeira opção de profissão, é ainda hoje um setor com notável escassez de mulheres, e isso ocorria também em meados da década de 1960. Eu queria trabalhar em um banco de investimentos, mas tinha zero chance de ser admitida. Por isso, fui trabalhar em uma empresa de consultoria, e eu tinha uma equipe de 40 funcionários na época em que eu tinha 26 anos. Fui muito bem-sucedida, mas eu queria ter filhos, e, como consultora, estava quase sempre dentro de um avião e raramente via meu marido. [Herzlinger casara-se com um colega de turma do MIT em 1966.] De modo que, eu pensei, bem, o que eu gosto de fazer? Eu gostava muito das pesquisas e da interação da consultoria. E pensei em como poderia reproduzir essa experiência sem passar toda a minha vida dentro de um avião.

A Harvard Business School (HBS) parecia um lugar ideal para a realização de suas metas, e Herzlinger se candidatou. "Era um lugar ao qual eu me candidatei não apenas pra obter um doutorado, mas também para ingressar no corpo docente", ela recorda. "Era um tipo de atividade de 'negação' – não havia mulheres no corpo docente; mal havia estudantes mulheres. Mas, por ser quem sou, eu vi meu caminho e não me deixei dissuadir com facilidade."

A determinação de Herzlinger se mostrou frutífera: ela foi admitida no programa de doutorado da HBS, para estudar controle financeiro, e passou a se interessar por gestão sem fins lucrativos. Sua tese de doutorado sobre mensuração da produtividade em um centro médico local aumentou seu interesse pelo setor de saúde, e ela elaborou uma agenda de pesquisas e ensino com base nesses interesses, apesar de não haver precedentes na escola para o tipo de bolsa que ela conseguiu. "Quando eu fui efetivada, as pessoas diziam: ela é boa, mas tem esses interesses estranhos. Ela é interessada em instituições sem fins lucrativos e saúde, currículos que não se enquadram na HBS. Como sempre, eu não dei atenção." No início da década de 1980, Herzlinger tornou-se a primeira mulher a ser efetivada e é hoje uma renomada acadêmica do setor de saúde – um assunto não mais visto como estranho por seus colegas e, de fato, estudado por muitos outros.[48] Em 2020, ela já havia publicado mais de 50 casos de ensino de campo, vários editoriais para o *New York Times* e o *Wall Street Journal* e seis livros. Ela estava também trabalhando em um novo livro e elaborando material didático sobre a inovação no setor de saúde.

No entanto, por um tempo, persistiu a incerteza de que Herzlinger sequer conseguiria seguir uma carreira acadêmica na HBS. Em que pese o pedido para que ela ingressasse no corpo docente como professora assistente ao concluir seu doutorado em 1971, o reitor lhe disse inicialmente que, como mulher, ela não poderia lecionar para alunos de MBA. Imaginando que aquele acordo poderia atrapalhar seriamente sua carreira, ela decidiu sair. "Isto é uma instituição de ensino", ela se recorda de ter pensado. "Portanto, [sem ensinar], eu não terei uma carreira aqui. Eu não saí com raiva; eu só pensei: este não é o momento certo para eu estar aqui." Herzlinger foi trabalhar para o governador de Massachusetts, mas não demorou para que ela recebesse um convite para retornar – dessa vez com o *status* pleno de membro ativo do corpo docente: "O reitor me chamou e disse: mudamos de ideia. Você pode voltar e pode lecionar. E eu voltei. Era o que eu queria". Herzlinger mais tarde se tornaria um dos dois primeiros membros do corpo docente a ser escolhida "melhor instrutora" pelos alunos.

Herzlinger não se sentiu inibida por sua inusitada condição de mulher lecionando em uma instituição com poucas estudantes mulheres, quanto mais professoras. Embora certamente tenha sido uma pioneira, Herzlinger foi movida mais pelo interesse em usar a HBS como uma plataforma para resolver o que ela via como questões urgentes que pelo desejo de conquistar uma posição que desafiava os precedentes:

> As mulheres da minha idade, de modo geral, foram as primeiras a fazer o que faziam profissionalmente, mas, em vez de ser "a primeira", eu me senti mais motivada pela expressão hebraica *tikkun olam*. Significa que você quer corrigir o mundo. Mas eu tinha consciência e procurei ser útil às minhas colegas mulheres. Por exemplo, em meio ao amplo debate sobre o "teto de vidro" na década de 1990, as candidaturas de mulheres ao MBA caíram. Preocupava-me que as mulheres estivessem desnecessariamente se privando de uma carreira maravilhosa, e eu escrevi um editorial do *Wall Street Journal* em que argumentava que o problema da escassez de mulheres nos postos dos diretores seniores era causado tanto pela escassez de candidatas viáveis na época como pelo sexismo. Eu previ que haveria mais de 20 mulheres como CEOs de empresas públicas no século XXI, como fonte de suprimento de mulheres com esses interesses e habilidades crescente. Acredito que isso tenha servido para reverter uma preocupante tendência de queda entre as mulheres em nosso grupo de candidatas.

No decorrer dos anos, Herzlinger continuou a explorar novos territórios profissionais, mesmo depois de derrubar um conjunto de barreiras. Na década de 1980, ela lançou uma empresa de dispositivos médicos com seu marido, doutor em física, o que, como ela explica, "não era muito diferente de quando eu cheguei à HBS. Nós simplesmente queríamos fazer, e fizemos". Paralelamente, os Herzlinger estavam também criando dois filhos e se viram conciliando trabalho e família à medida que o assunto ganhava cada vez mais destaque no discurso sobre a carreira profissional das mulheres. Eles criaram uma parceria igualitária que permitia que ambos os cônjuges buscassem metas profissionais – uma abordagem talvez ainda à frente de seu tempo. Como ela descreve:

Não era o caso em meu casamento, mas na maioria dos casamentos as mulheres ainda têm a responsabilidade básica pelos filhos, pela vida social e por tudo mais. De modo que você precisa ter uma profissão que lhe permita equilibrar essas coisas. Quando meus alunos vêm me pedir conselho, o número de homens que pergunta sobre o equilíbrio entre vida profissional e vida pessoal... eu contaria nos dedos de uma mão todos os homens que me procuraram nesses 50 anos, ao passo que, para as mulheres, é uma questão muito importante.

Por meio de suas funções como professora, pesquisadora e empreendedora, Herzlinger causou impacto em muitos milhares de estudantes e acadêmicos, bem como em profissionais de saúde e seus pacientes. Além disso, ela foi uma presença revolucionária em várias salas de conselho, assim como ajudou a definir os debates sobre as políticas a serem implementadas. Ela atuou nos conselhos de mais de uma dezena de empresas de capital aberto, normalmente como presidente ou membro do comitê de auditoria ou pensão, dada sua formação de doutora em contabilidade, e geralmente como a primeira mulher a se sentar à mesa. Com sua franqueza característica, Herzlinger recorre às suas próprias observações para ressaltar as desvantagens da homogeneidade na sala do conselho:

> Acho que os conselhos precisam de diversidade de todos os tipos, mas o que eles realmente necessitam é de pessoas que entendam do ofício. E o que você vê com frequência nos conselhos são CEOs, provenientes dos mesmos tipos de funções que a alta gerência da empresa que eles supervisionam. E essa semelhança entre conselheiros e gerência poderia, em última análise, ser negativa; quando seu colega CEO está em apuros, os conselheiros são muito solidários, talvez indevidamente. É aí que os conselhos são realmente importantes, quando a empresa está em apuros – e você está com o tipo errado de conselho se todos os seus membros forem CEOs que não entendem realmente do ofício.

Hoje, Herzlinger continua a ser uma voz de destaque em termos de inovação e foco no cliente no setor de saúde. Como muitos de seus colegas na HBS, ela despende considerável energia traduzindo os conhecimentos de pesquisa em diretrizes para os legisladores. Ela foi a autora do plano para o setor da saúde do candidato presidencial John McCain em 2008 e levou ao Congresso dos Estados Unidos questões do setor de saúde. Em um editorial de 2018 do *Wall Street Journal* publicado em coautoria com Joel Klein, ex-procurador-assistente na era Bill Clinton, ajudou a defender a expansão do uso dos acordos de reembolso de serviços de saúde, uma regra adotada pelo governo federal no ano seguinte. O trabalho de Herzlinger sobre a expansão das opções do consumidor no mercado de seguros de saúde também foi citado em um editorial do *Wall Street Journal* de autoria conjunta dos ministros da saúde e bem-estar social, trabalho e fazenda dos Estados Unidos; após essa publicação ela presidiu, em Washington, um painel sobre a inovação no setor de saúde.[49]

A influência de Herzlinger no setor de saúde se estendeu também a partir de sua longa atuação no curso de MBA, "Innovating in Health Care". Foi o primeiro curso de saúde a ser oferecido na HBS e evoluiu com a mudança da natureza do setor. (Os planos de negócios dos alunos elaborados para o curso geraram, até o momento, pelo menos 6 empresas unicórnio\*). Em 2014, Herzlinger lançou o "Innovating in Health Care" como um abrangente curso aberto *on-line*, disponibilizando-o a milhares de alunos não apenas da HBS. Hoje ela continua a quebrar paradigmas em seu campo acadêmico, desenvolvendo um livro didático anticonvencional sobre inovação em saúde. Como ela explica, "Eu estou muito entusiasmada com esse trabalho, porque a matéria não é ensinada. Inovação, saúde e os métodos de pesquisa médica são assuntos ensinados. O que as pessoas não ensinam é como você inova efetivamente nesse ambiente, e é aí que está o foco de meu curso. Não se trata de um curso-padrão". Para estimular mais o ensino sobre inovação em saúde, Herzlinger fundou a Global Educators Network for Health Innovation Education (thegeniegroup. org), uma instituição sem fins lucrativos que visa ajudar escolas e instrutores a desenvolverem currículos; desde sua fundação, o grupo já auxiliou mais de 20 escolas em todo o mundo a elaborar programas ou cursos sobre inovação na área de saúde.

A própria trajetória de Regina Herzlinger tem sido inovadora. Ao longo de uma carreira que já se estende por seis décadas, ela quase sempre tem sido a primeira a explorar questões importantes e a reivindicar assentos normalmente ocupados por homens. Seu trabalho e sua presença pioneiros têm pressagiado mudanças radicais nas funções das mulheres nos

---

\*   Empresas unicórnio são negócios nascentes que são avaliados em 1 bilhão de dólares (N.R.C.)

negócios e na sociedade. Em retrospecto, Herzlinger observa que sempre acreditou em uma inexorável e positiva tendência a uma maior diversidade, inclusive a uma maior representatividade das mulheres em cargos de gestão e liderança, e se mostra satisfeita por ter vivido o suficiente para testemunhar um progresso significativo.

# Notas

## Introdução

1. Likhitha Butchireddygari, "Historic Rise of College-Educated Women in Labor Force Changes Workplace," *Wall Street Journal*, August 20, 2019, https://www.wsj.com/articles/historic-rise-of-college-educated-women-in-labor-force-changes-workplace-11566303223; Jonnelle Marte, "Women Gained in Income and Jobs in 2018, U.S. Census Data Shows," Reuters, September 10, 2019, https://www.reuters.com/article/us-usa-economy-census-women/women-gained-in-income-and-jobs-in-2018-us-census-data-shows-idUSKCN1VV2IQ.

2. "Quick Take: Women in the Workforce–Global," Catalyst, January 30, 2020, https://www.catalyst.org/research/women-in-the-workforce-global/.

3. Michelle Stohlmeyer Russell, Matt Krentz, Katie Abouzahr, and Meghan Doyle, "Women Dominate Health Care—Just Not in the Executive Suite," Boston Consulting Group, January 7, 2019, https://www.bcg.com/en-us/publications/2019/women-dominate-health-care-not-in-executive-suite.aspx.

4. Emma Hinchcliffe, "A New Low for the Global 500: No Women of Color Run Businesses on This Year's List," *Fortune*, August 10, 2020, https://fortune.com/2020/08/10/a-new-low-for-the-global-500-no-women-of-color-run-businesses-on-this-years-list/.

5. Paula England, Andres Levine, and Emma Mishel, "Progress toward Gender Equality in the United States Has Slowed or Stalled," *Proceedings of the National Academy of Sciences* 117, no. 13 (2020): 6990–6997.

6. "Degrees Conferred by Race and Sex," National Center for Education Statistics, 2019, https://nces.ed.gov/fastfacts/display.asp?id=72.

## Capítulo 1

1. "Voice of the Female Millennial," in *The Female Millennial: A New Era of Talent*," Pricewater houseCoopers, 2015, https://www.pwc.com/jg/en/publications/the-female-millenniala-new-era-of-talent.pdf.

2. Robin J. Ely, Pamela Stone, Laurie Shannon, and Colleen Ammerman, *Life & Leadership after HBS*, Harvard Business School, 2015, ttps://www.hbs.edu/gender/faculty-research/life-and-leadership-after-hbs/Pages/default.aspx.

3. "Facts over Time—Women in the Labor Force," US Department of Labor, https://www.dol.gov/wb/stats/NEWSTATS/facts/womenlf.htm#CivilianLFSex.

4. David S. Pedullaa and Sarah Thébaud, "Can We Finish the Revolution? Gender, Work-Family Ideals, and Institutional Constraint," *American Sociological Review* 80, no. 1 (2015): 116–139.

5. Name has been changed.

6. Shelley J. Correll, "SWS 2016 Feminist Lecture: Reducing Gender Biases in Modern Workplaces: A Small Wins Approach to Organizational Change," *Gender & Society* 31 (2017): 725–750; Monica Biernat, M. J. Tocci, and Joan C. Williams, "The Language of Performance Evaluations: Gender-Based Shifts in Content and Consistency of Judgment," *Social Psychological and Personality Science* 3, no. 2 (2012): 186–192; Eden B. King, Whitney Botsford, Michelle R. Hebl, et al., "Benevolent Sexism at Work: Gender Differences in the Distribution of Challenging Developmental Experiences," *Journal of Management* 38, no. 6 (2012): 1835–1866.

7. Madeline E. Heilman and Michelle C. Haynes, "No Credit Where Credit Is Due: Attributional Rationalization of Women's Success in Male-Female Teams," *Journal of Applied Psychology* 90, no. 5 (2005): 905–916.

8. Madeline E. Heilman and Julie J. Chen, "Same Behavior, Different Consequences: Reactions to Men's and Women's Altruistic Citizenship Behavior," *Journal of Applied Psychology* 90, no. 3 (2005): 431–441.

9. Robin J. Ely, Pamela Stone, and Colleen Ammerman, "Rethink What You 'Know' about High-Achieving Women," *Harvard Business Review*, December 14, 2014, 100–109.

10. "Voice of the Female Millennial."

11. Rachel Thomas, Marianne Cooper, Ellen Konar, et al., *Women in the Workplace 2017*, https://womenintheworkplace.com/2017.

12. Alice H. Eagly and Linda L. Carli, *Through the Labyrinth: The Truth about How Women Become Leaders* (Boston: Harvard Business Press, 2007).

13. "List: Women CEOs of the S&P 500," Catalyst, October 2, 2019, https://www.catalyst.org/research/women-ceos-of-the-sp-500/.

14. Klaus Schwab, Richard Samans, Saadia Zahidi, Till Alexander Leopold, and Vesselina Ratcheva, *The Global Gender Gap Report 2017*, World Economic Forum, 2017, http://www3.weforum.org/docs/WEFGGGR2017.pdf.

15. Paul A. Gompers, Vladimir Mukharlyamov, Emily Weisburst, and Yuhai Xuan, "Gender Effects in Venture Capital," SSRN, June 4, 2014, https://papers.ssrn.com/sol3/papers.cfm?abstract_id=2445497.

16. Boris Groysberg, *Chasing Stars: The Myth of Talent and the Portability of Performance* (Princeton, NJ: Princeton University Press, 2010).

17. Kathleen L. McGinn and Katherine L. Milkman, "Looking Up and Looking Out: Career Mobility Effects of Demographic Similarity among Professionals," *Organization Science* 24, no. 4 (2013): 1041–1060.

18. Rachel Thomas, Marianne Cooper, Ellen Konar, et al., *Women in the Workplace 2019*, https://wiw-report.s3.amazonaws.com/Women in the Workplace 2019.pdf.

19. "Voice of the Female Millennial."

20. Thomas et al., *Women in the Workplace 2017*.

21. Robin J. Ely, Pamela Stone, Laurie Shannon, and Colleen Ammerman, *Life & Leadership after HBS*, Harvard Business School, 2015, https://www.hbs.edu/gender/faculty-research/life-and-leadership-after-hbs/Pages/default.aspx.

22. Ely, Stone, and Ammerman, "Rethink What You 'Know.'"

23. Lakshmi Ramarajan, Kathleen McGinn, and Deborah Kolb, *An Outside-Inside Evolution in Gender and Professional Work*, Working paper, Harvard Business School, November 2012, https://www.hbs.edu/faculty/Pages/item.aspx?num=43734.

24. Ely, Stone, and Ammerman, "Rethink What You 'Know.'"

25. Thomas et al., *Women in the Workplace 2017*.

26. Robin J. Ely and Irene Padavic, "What's Really Holding Women Back?," *Harvard Business Review*, March–April 2020, 58–67; Irene Padavic, Robin J. Ely, and Erin M. Reid, "Explaining the Persistence of Gender Inequality: The Work-Family Narrative as a Social Defense against the 24/7 Work Culture," *Administrative Science Quarterly* 65, no. 1 (2019): 61–111.0

27. Gretchen Livingston and Kim Parker, "8 Facts about American Dads," Pew Research Center, June 12, 2019, https://www.pewresearch.org/fact-tank/2019/06/12/fa-

thers-day-facts/; Clare Lyonette and Rosemary Crompton, "Sharing the Load? Partners' Relative Earnings and the Division of Domestic Labour," *Work, Employment and Society* 29, no. 1 (2015): 23–40; Suzanne M. Bianchi, Liana C. Sayer, Melissa A. Milkie, and John P. Robinson, "Housework: Who Did, Does or Will Do It, and How Much Does It Matter?," *Social Forces* 91, no. 1 (2012): 55–63; Liana C. Sayer, Suzanne M. Bianchi, and John P. Robinson, "Are Parents Investing Less in Children? Trends in Mothers' and Fathers' Time with Children," *American Journal of Sociology* 110, no. 1 (2004): 1–43.

28. Ely, Stone, and Ammerman, "Rethink What You 'Know.'"

29. Caitlyn Collins, Liana Christin Landivar, Leah Ruppanner, and William J. Scarborough, "COVID-19 and the Gender Gap in Work Hours," *Gender, Work & Organization*, 2020, doi:10.1111/gwao.12506.

30. Erin Reid, "Why Some Men Pretend to Work 80-Hour Weeks," *Harvard Business Review*, April 28, 2015, https://hbr.org/2015/04/why-some-men-pretend-to-work-80-hour-weeks.

31. Sreedhari D. Desai, Dolly Chugh, and Arthur P. Brief, "The Implications of Marriage Structure for Men's Workplace Attitudes, Beliefs, and Behaviors toward Women," *Administrative Science Quarterly* 59, no. 2 (2014): 330–365.

32. "Voice of the Female Millennial."

33. Joan C. Williams, Mary Blair-Loy, and Jennifer L. Berdahl, "Cultural Schemas, Social Class, and the Flexibility Stigma," *Journal of Social Issues* 69, no. 2 (2013): 209–234.

34. Pamela Stone, *Opting Out? Why Women Really Quit Careers and Head Home* (Berkeley: University of California Press, 2007).

35. Williams, Blair-Loy, and Berdahl, "Cultural Schemas, Social Class, and the Flexibility Stigma."

36. Shelley J. Correll, Stephen Benard, and In Paik, "Getting a Job: Is There a Motherhood Penalty?," *American Journal of Sociology* 112, no. 5 (2007): 1297–1339.

37. Melissa J. Hodges and Michelle J. Budig, "Who Gets the Daddy Bonus? Organizational Hegemonic Masculinity and the Impact of Fatherhood on Earnings," *Gender and Society* 24, no. 6 (2010): 717–745.

38. Fran Worden Henry, *Toughing It out at Harvard: The Making of a Woman MBA* (New York: McGraw-Hill Book, 1983).

39. Matt Hazenbush, *Application Trends Survey Report 2019*, Graduate Management Admission Council, 2019, https://www.gmac.com/-/media/files/gmac/research/admissions-and-application-trends/application-trends-survey-report-2019.pdf.

40. Fort. Foundation, fortefoundation.org, accessed 2019.

41. Rusty B. McIntyre, Rene M. Paulson, and Charles G. Lord, "Alleviating Women's Mathematics Stereotype Threat through Salience of Group Achievements," *Jour-

nal of Experimental Social Psychology 39, no. 1 (2003): 83–90; Ioana M. Latu, Marianne Schmid Mast, Joris Lammers, and Dario Bombari, "Successful Female Leaders Empower Women's Behavior in Leadership Tasks," *Journal of Experimental Social Psychology* 49, no. 3 (2013): 444–448.

42. Leonardo Bursztyn, Thomas Fujiwara, and Amanda Pallais, "'Acting Wife': Marriage Market Incentives and Labor Market Investments," *American Economic Review* 107, no. 11 (2017): 3288–3319.

43. Amy J. C. Cuddy, Peter Glick, and Anna Beninger, "The Dynamics of Warmth and Competence Judgments, and Their Outcomes in Organizations," *Research in Organizational Behavior* 31 (2011): 73–98.

44. Alice H. Eagly and Steven J. Karau, "Role Congruity Theory of Prejudice toward Female Leaders," *Psychological Review* 109, no. 3 (2002): 573–598.

45. Caroline T. Zhang, "Barbara Hackman Franklin HBS '64, Former Secretary of Commerce," *Harvard Crimson*, May 29, 2014, https://www.thecrimson.com/article/2014/5/29/barbara-hackman-franklin-hbs/.

46. Lee Stout, *A Matter of Simple Justice* (University Park: Pennsylvania State University Libraries, 2012).

## Capítulo 2

1. Bureau of Labor Statistics, "Women in the Labor Force: A Databook," *BLS Reports*, https://www.bls.gov/opub/reports/womens-databook/2018/home.htm; "Pyramid: Women in S&P 500 Companies," Catalyst, January 15, 2020, https://www.catalyst.org/research/women-in-sp-500-companies/.

2. Emma Hinchcliffe, "The Number of Female CEOs in the Fortune 500 Hits an All-Time Record," *Fortune*, May 18, 2020, https://fortune.com/2020/05/18/women-ceos-fortune-500-2020/.

3. "Historical List of Women CEOs of the Fortune: 1972–2020," Catalyst, May 28, 2020, https://www.catalyst.org/research/historical-list-of-women-ceos-of-the-fortune-lists-1972-2020/.

4. Claire Cain Miller, Kevin Quealy, and Margot Sanger-Katz, "The Top Jobs Where Women Are Outnumbered by Men Named John," *New York Times*, April 24, 2018, https://www.nytimes.com/interactive/2018/04/24/upshot/women-and-men-named-john.html.

5. Dominic-Madori Davis, "One of the Only 4 Black Fortune 500 CEOs Just Stepped Down—Here Are the 3 That Remain, *Business Insider*, July 21, 2020, https://www.businessinsider.com/there-are-four-black-fortune-500-ceos-here-they-are-2020-2.

6. Dion Rebouin, "Only 1 Fortune 500 Company Is Headed by a Woman of Color," *Axios*, January 14, 2019, https://www.axios.com/fortune-500-no-women-of-color-ceos-3d42619c-967b-47d2-b94c-659527b22ee3.html.

7. Ellen McGirt, "PwC Releases Its First-Ever Diversity Report," *Fortune*, August 27, 2020, https://fortune.com/2020/08/27/pwc-diversity-report-first-ever/.

8. Madeline E. Heilman, "Gender Stereotypes and Workplace Bias," *Research in Organizational Behavior* 32 (2012): 113–135; Anne M. Koenig, Alice H. Eagly, Abigail A. Mitchell, and Tiina Ristikari, "Are Leader Stereotypes Masculine? A Meta-analysis of Three Research Paradigms," *Psychological Bulletin* 137, no. 4 (2011): 616–642.

9. Heather Murphy, "Picture a Leader. Is She a Woman?," *New York Times*, March 16, 2018, https://www.nytimes.com/2018/03/16/health/women-leadership-workplace.html.

10. Cira Cuberes and Boris Groysberg, "Success Strategies of Star Women in Consulting" (unpublished manuscript, Harvard Business School, 2012).

11. Jane Stevenson, "Presentation on 'Women CEOs Speak' Report" (Harvard Business School, November 29, 2017).

12. Jamie Tarabay, "Julie Bishop Quits Australian Politics, Adding to Exodus of Conservative Women," *New York Times*, February 21, 2019, https://www.nytimes.com/2019/02/21/world/australia/julie-bishop-liberals.html.

13. Kara Swisher, "Hitting the Glass Ceiling, Suddenly, at Pinterest," *New York Times*, August 14, 2020, https://www.nytimes.com/2020/08/14/opinion/pinterest-discrimination-women.html.

14. Cuberes and Groysberg, "Success Strategies of Star Women in Consulting."

15. Lily Jampol and Vivian Zayas, "Gendered White Lies: Women Are Given Inflated Performance Feedback Compared with Men," *Personality and Social Psychology Bulletin*, doi:10.1177/0146167220916622; Shelley J. Correll and Caroline Simard, "Research: Vague Feedback Is Holding Women Back, Harvard Business Review, April 29, 2016, https://hbr.org/2016/04/research-vague-feedback-is-holding-women-back; Eden B. King, Whitney Botsford, Michelle R. Hebl, et al., "Benevolent Sexism at Work: Gender Differences in the Distribution of Challenging Developmental Experiences," *Journal of Management* 38, no. 6 (2012): 1835–1866; Theresa K. Vescio, Sarah J. Gervais, Mark Snyder, and Ann Hoover, "Power and the Creation of Patronizing Environments: The Stereotype-Based Behaviors of the Powerful and Their Effects on Female Performance in Masculine Domains," *Journal of Personality* and Social Psychology 88, no. 4 (2005): 658–672.

16. Katherine B. Coffman, Christine L. Exley, and Muriel Niederle, "When Gender Discrimination Is Not about Gender," Working Paper, Harvard Business School, 2017.

17. Rachel Thomas, Marianne Cooper, Ellen Konar, et al., *Women in the Workplace 2018*, https://womenintheworkplace.com/2018.

18. Courtney L. McCluney and Verônica Caridad Rabelo, "Conditions of Visibility: An Intersectional Examination of Black Women's Belongingness and Distinctiveness at Work," *Journal of Vocational Behavior* 113 (2019): 143–152; Allison Cook and Christy Glass, "Above the Glass Ceiling: When Are Women and Racial/Ethnic Minorities Promoted to CEO?," *Strategic Management Journal* 35, no. 7 (2019): 1080–1089.

19. Victoria L. Brescoll and Eric Luis Uhlmann, "Can an Angry Woman Get Ahead? Status Conferral, Gender, and Expression of Emotion in the Workplace," *Psychological Science* 19, no. 3 (2008): 268–275.

20. Ashleigh Shelby Rosette and Robert W. Livingston, "Failure Is Not an Option for Black Women: Effects of Organizational Performance on Leaders with Single versus Dual-Subordinate Identities," *Journal of Experimental Social Psychology* 48, no. 5 (2012): 1162–1167.

21. Stephanie Forshee, "Women CEOs Negotiate Higher Severance Pay," *Agenda*, 2020, https://www.agendaweek.com/c/2674993/325193; Felice B. Klein, Pierre Chaigneau, and Cynthia E. Devers, "CEO Gender-Based Termination Concerns: Evidence from Initial Severance Agreements," *Journal of Management*, November 21, 2019, doi:0149206319887421.

22. Joan C. Williams, Mary Blair-Loy, and Jennifer L. Berdahl, "Cultural Schemas, Social Class, and the Flexibility Stigma," *Journal of Social Issues* 69, no. 2 (2013): 209–234; Pamela Stone, *Opting Out? Why Women Really Quit Careers and Head Home* (Berkeley: University of California Press, 2007).

23. Irene Padavic, Robin J. Ely, and Erin M. Reid, "Explaining the Persistence of Gender Inequality: The Work–Family Narrative as a Social Defense against the 24/7 Work Culture," *Administrative Science Quarterly* 65, no. 1 (2020): 61–111.

24. Laura Morgan Roberts, Anthony J. Mayo, Robin J. Ely, and David A. Thomas, "Beating the Odds," *Harvard Business Review*, April 2018, 126–131.

## Capítulo 3

1. Olga Emelianova and Christina Milhomem, *Women on Boards*: 2019 Progress Report, MSCI, December 2019, https://www.msci.com/documents/10199/29f5bf79-cf87-71a5-ac26-b435d3b6fc08.

2. James Thorne, "Moves to Lift Board Diversity Highlight Inaction among Private Companies," Pitchbook, February 28, 2020, https://pitchbook.com/news/articles/moves-to-lift-board-diversity-highlight-inaction-among-private-companies.

3. Deloitte and the Alliance for Board Diversity, *Missing Pieces Report: The 2018 Board Diversity Census of Women and Minorities on Fortune 500 Boards*, https://www2.deloitte.com/us/en/pages/center-for-board-effectiveness/articles/missing-pieces-fortune-500-board-diversity-study-2018.html.

4. Daniel Thomas, "Company Boards Pressed to Improve Ethnic Minority Representation," *Financial Times*, July 1, 2020, https://www.ft.com/content/022b3540-39ca-4f47-b409-5a15cca6d2aa.

5. Emma Hinchliffe, "GM's Board Will Have More Women Than Men. It's Not the Only One," *Fortune*, May 20, 2019, http://fortune.com/2019/05/20/women-boards-fortune-500-2019/.

6. Anja Kirsch, "The Gender Composition of Corporate Boards: A Review and Research Agenda," *Leadership Quarterly* 29, no. 2 (20118): 346–364.

7. PricewaterhouseCoopers, *The Collegiality Conundrum: Finding Balance in the Boardroom: PwC's 2019 Annual Corporate Directors Survey*, https://www.pwc.com/us/en/services/governance-insights-center/assets/pwc-2019-annual-corporate-directors-survey-full-report-v2.pdf.pdf

8. PricewaterhouseCoopers, *Turning Crisis into Opportunity: PwC's 2020 Annual Corporate Directors Survey*, https://www.pwc.com/us/en/services/governance-insights-center/assets/pwc-2020-annual-corporate-directors-survey.pdf.

9. Amanda Gerut, "Appointments of Black Board Members Skyrocket," *Agenda*, November 6, 2020, https://www.agendaweek.com/c/2951303/368723/appointmentsblackboardmembers_skyrocket.

10. PricewaterhouseCoopers, *The Collegiality Conundrum*.

11. Isabelle Solal and Kaisa Snellman, "Why Investors React Negatively to Companies That Put Women on Their Boards," *Harvard Business Review*, November 25, 2019, https://hbr.org/2019/11/why-investors-react-negatively-to-companies-that-put-women-on-their-boards.

12. Marianne Bertrand, Sandra E. Black, Sissel Jensen, and Adriana Lleras-Muney, "Breaking the Glass Ceiling? The Effect of Board Quotas on Female Labor Market Outcomes in Norway," National Bureau of Economic Research, June 2014 (revised June 2017), https://www.nber.org/papers/w20256.pdf.

13. Lauren Rivera, Ann Shepherd, and Gen. Teare, "Research: Gender Diversity on Start-Up Boards Is Worse Than You Think," *Harvard Business Review*, December 11, 2019, https://hbr.org/2019/12/research-gender-diversity-on-start-up-boards-is-worse-than-you-think.

14. Department for Business, Energy, and industrial Strategy and Andrew Griffiths, "Revealed: The Worst Explanations for Not Appointing Women to FTSE Company

Boards" [Press release], GOV .UK, May 13, 2018, https://www.gov.uk/government/news/revealed-the-worst-explanations-for-not-appointing-women-to-ftse-company-boards.

15. Matteo Tonello, "Corporate Board Practices in the Russell 3000 and S&P 500: 2019 Edition," The Conference Board, https://www.conference-board.org/topics/board-practices-compensation/Corporate-Board-Practices-2019.

16. Patrick Durkin, "Gender Diversity Claims Undermined as Eight Women Dominate Top Boards, *Australian Financial Review*, February 3, 2019, https://www.afr.com/leadership/gender-diversity-claims-undermined-as-eight-women-dominate-top-boards-20190201-h1aqay.

17. Edward H. Chang, Katherine L. Milkman, Dolly Chugh, and Modupe Akinola, "Diversity Thresholds: How Social Norms, Visibility, and Scrutiny Relate to Group Composition," *Academy of Management Journal* 62, no. 1 (2019): 144–171.

18. Marion Hutchinson, Janet Mack, and Kevin Plastow, "Who Selects the 'Right' Directors? An Examination of the Association between Board Selection, Gender Diversity and Outcomes, *Accounting & Finance* 55, no. 4 (2015): 1071–1103; Szymon Kaczmarek, Satomi Kimino, and Annie Pye, "Antecedents of Board Composition: The Role of Nomination Committees," *Corporate Governance: An International Review* 20, no. 5 (2012): 474–489.

19. Rosabeth Moss Kanter, "Warren Buffett Has the Right Answer to Crony Capitalism: Women," CNN, March 6, 2020, https://www.cnn.com/2020/03/04/perspectives/warren-buffett-annual-letter-corporate-governance/.

20. Ethan Wolff-Mannn, "Buffett Rejects Diversity Measure for Berkshire, but Throws Support behind Its Goal," *Yahoo! Finance*, May 2, 2020, https://finance.yahoo.com/news/buffett-rejects-diversity-measure-but-throws-support-behind-its-goal-001730183.html.

21. Anja Kirsch, "The Gender Composition of Corporate Boards: A Review and Research Agenda," *Leadership Quarterly* 29, no. 2 (2018): 346–364; Ren.e B.Adams, "Women on Boards: The Superheroes of Tomorrow?," *Leadership Quarterly* 27, no. 3 (2016): 371–386; Alice H. Eagly, "When Passionate Advocates Meet Research on Diversity, Does the Honest Broker Stand a Chance?," *Journal of Social Issues* 72, no. 1 (2016): 199–222; David A. Carter, Frank D'Souza, Betty J. Simkins, and W. Gary Simpson, "The Gender and Ethnic Diversity of US Boards and Board Committees and Firm Financial Performance," *Corporate Governance: An International Review* 18, no. 5 (2010): 396–414; Deborah Rhode and Amanda K. Packel, "Diversity on Corporate Boards: How Much Difference Does Difference Make?," *Delaware Journal of Corporate Law* 39, no. 2 (2010): 377–426.

22. Kimberly D. Krawiec, John M. Conley, and Lissa L. Broome, "A Difficult Conversation: Corporate Directors on Race and Gender, *Pace International Law Review* 26, no. 1 (2014): 13–22.

23. Anita Williams Woolley, Christopher F. Chabris, Alex Pentland, Nada Hashmi, and Thomas W. Malone, "Evidence for a Collective Intelligence Factor in the Performance of Human Groups," *Science* 330, no. 6004 (2010): 686–688; Clint A. Bowers, James A. Pharmer, and Eduardo Salas, "When Member Homogeneity Is Needed in Work Teams: A Meta-Analysis, *Small Group Research* 31, no. 3 (2000): 305–327.

24. Cristian L. Dezs. and David Gaddis Ross, "Does Female Representation in Top Management Improve Firm Performance? A Panel Data Investigation," *Strategic Management Journal* 33, no. 9 (2012): 1072–1089.

25. Ye Dai, Gukdo Byun, and Fangsheng Ding, "The Direct and Indirect Impact of Gender Diversity in New Venture Teams on Innovation Performance," *Entrepreneurship Theory and Practice* 43, no. 3 (2019): 505–528; Sarah E. Gaither, Evan P. Apfelbaum, Hannah J. Birnbaum, Laura G. Babbitt, and Samuel R. Sommers, "Mere Membership in Racially Diverse Groups Reduces Conformity," *Social Psychological and Personality Science* 9, no. 4 (2018): 402–410; Katherine W. Phillips, "How Diversity Makes Us Smarter," *Scientific American*, October 1, 2014, https://www.scientificamerican.com/article/how-diversity-makes-us-smarter; Katherine W. Phillips, Michelle Duguid, MelissaThomas-Hunt, and Jayaram Uparna, "Diversity as Knowledge Exchange: The Roles of Information Processing, Expertise, and Status," in *The Oxford Handbook of Diversity and Work*, ed. Quinetta M. Roberson (Oxford: Oxford University Press, 2013), 157–178; Daan van Knippenberg and Micha.la C. Schippers, "Work Group Diversity," *Annual Review of Psychology* 58, no. 1 (2007): 515–541.

26. Robin J. Ely, Irene Padavic, and David A. Thomas, "Racial Diversity, Racial Asymmetries, and Team Learning Environment: Effects on Performance," *Organization Studies* 33, no. 3 (2012): 341–362; Robin J. Ely and David A. Thomas, "Cultural Diversity at Work: The Effects of Diversity Perspectives on Work Group Processes and Outcomes," *Administrative Science Quarterly* 46, no. 2 (2001): 229–273.

27. "La vie en rose," *The Economist*, May 6, 2010, https://www.economist.com/business/2010/05/06/la-vie-en-rose.

28. Tonello, "Corporate Board Practices in the Russell 3000 and S&P 500."

29. Ross Kerber, "Women's Share of US Corporate Board Seats Rises, but Not Top Roles: Study," Reuters, February 3, 2020, https://www.reuters.com/article/us-usadirectors-women/womens-share-of-us-corporate-board-seats-rises-but-not-top-roles-study-idUSKBN1ZX1K3.

30. Laura Casares Field, Matthew E. Souther, and Adam S. Yore, "At the Table but Can't Break through the Glass Ceiling: Board Leadership Positions Elude Diverse Directors," *Journal of Financial Economics* (forthcoming, last revised October 2, 2019), 2nd Annual Financial Institutions, Regulation and Corporate Governance Conference, http://dx.doi.org/10.2139/ssrn.2810543.

31. Ibid.

32. Boris Groysberg and Deborah Bell, "Dysfunction in the Boardroom," *Harvard Business Review*, June 2013, 88–95.

33. Andy Logan and Brendan Gill, "For Love," *New Yorker*, April 16, 1954.

34. Stefanie K. Johnson, David R. Hekman, and Elsa T. Chan, "If There's Only One Woman in Your Candidate Pool, There's Statistically No Chance She'll Be Hired," *Harvard Business Review*, April 26, 2016, https://hbr.org/2016/04/if-theres-only-one-woman-in-your-candidate-pool-theres-statistically-no-chance-shell-be-hired; Larissa Myaskovsky, Emily Unikel, and Mary Amanda Dew, "Effects of Gender Diversity on Performance and Interpersonal Behavior in Small Work Groups," *Sex Roles* 52, nos. 9–10 (2005): 645–657.

35. Alison M. Konrad, Vicki Kramer, and Sumru Erkut, "Critical Mass: The Impact of Three or More Women on Corporate Boards," *Organizational Dynamics* 37, no. 2 (2008): 145–164.

36. Paul Shukovsky, "Washington State Mandates Gender Diversity on Corporate Boards," *Bloomberg Law*, March 5, 2020, https://news.bloomberglaw.com/business-and-practice/washington-state-mandates-gender-diversity-on-corporate-boards.

37. Jennifer Rankin, "EU Revives Plans for Mandatory Quotas of Women on Company Boards, *The Guardian,* March 5, 2020, https://www.theguardian.com/world/2020/mar/05/eu-revives-plans-for-mandatory-quotas-of-women-on-company-boards.

38. Ruth Mateos de Cabo, Siri Terjesen, Lorenzo Escot, and Ricardo Gimeno, "Do 'Soft Law' Board Gender Quotas Work? Evidence from a Natural Experiment," *European Management Journal* 37, no. 5 (2019): 611–624; Siri Terjesen, Ruth V. Aguilera, and Ruth Lorenz, "Legislating a Woman's Seat on the Board: Institutional Factors Driving Gender Quotas for Boards of Directors," *Journal of Business Ethics* 128, no. 2 (2015): 233–251.

39. John Beshears, Iris Bohnet, and Jenny Sanford, "Increasing Gender Diversity in the Boardroom: The United Kingdom in 2011 (A)," Harvard Business School Case 918-006, October 2017 (revised July 2019).

40. D. Thomas, "Top UK Groups Reach Board Gender Target, but Smaller Companies Trail," *Financial Times*, February 8, 2020, https://www.ft.com/content/47d-7cba0-49b2-11ea-aeb3-955839e06441.

41. Corilyn Shropshire, "Illinois Bill Requiring Minorities on Corporate Boards 'Gutted'; Lawmakers Pass Version Calling for Disclosure, Report Card," *Chicago Tribune*, June 4, 2019, https://www.chicagotribune.com/business/ct-biz-corporate-diversity-bill-passed-gutted-20190603-story.html.

42. Victor E. Sojo, Robert E. Wood, Sally A. Wood, and Melissa A. Wheeler, "Reporting Requirements, Targets, and Quotas for Women in Leadership," *Leadership Quarterly* 27, no. 3 (2016): 519–536.

43. Marta Geletkanycz, Cynthia E. Clark, and Patricia Gabaldon, "Research: When Boards Broaden Their Definition of Diversity, Women and People of Color Lose Out," *Harvard Business Review*, October 3, 2018, https://hbr.org/2018/10/research-when-boards-broaden-their-definition-of-diversity-women-and-people-of-color-lose-out; Aaron A. Dhir, "Diversity in the Boardroom: A Content Analysis of Corporate Proxy Disclosures," *Pace International Law Review* 26, no. 1 (2014): 6–12; Christiane Schwieren, "The Gender Wage Gap—Due to Differences in Efficiency Wage Effects or Discrimination?," Maastricht University, Maastricht Research School of Economics of Technology and Organization (METEOR), January 1, 2003.

44. Sir John Parker and the Parker Review Committee, *Ethnic Diversity Enriching Business Leadership: An Update Report from the Parker Review*, February 5, 2020, https://assets.ey.com/content/dam/ey-sites/ey-com/enuk/news/2020/02/ey-parker-review-2020-report-final.pdf.

45. PricewaterhouseCoopers, *The Evolving Boardroom: Signs of Change*, 2018, https://www.pwc.com/us/en/governance-insights-center/annual-corporate-directors-survey/assets/pwc-annual-corporate-directors-survey-2018.pdf.

46. Hugh Son, "Goldman Won't Take Companies Public without 'At Least One Diverse Board Candidate,' Says CEO," CNBC, January 23, 2020, https://www.cnbc.com/2020/01/23/goldman-wont-take-companies-public-that-dont-have-at-least-one-diverse-board-candidate-ceo-says.html.

47. Michelle Chapman and Stan Choe, "Nasdaq Seeks Mandatory Board Diversity for Listed Companies," Associated Press, December 1, 2020, https://apnews.com/article/business-board-of-directors-38bceb1f1579518b5b1d97df5b029569.

48. M. J. Anderson, "Investors Back Proposal Targeting C-Suite Diversity," *Agenda*, 2019, http://www.agendaweek.com/.

49. Jason Del Rey, "Amazon Employees Are Outraged by Their Company's Opposition to a Plan to Add More Diversity to Its Board," *Vox*, May 8, 2018, https://www.vox.com/2018/5/8/17328466/amazon-jeff-bezos-board-diversity-proposal-shareholder-vote; Jason Del Rey, "Amazon Will Adopt a 'Rooney Rule' to Increase Board Diversity after Its Initial Opposition Sparked Employee Outrage," *Vox*, May 14, 2018,

https://www.vox.com/2018/5/14/17353626/amazon-rooney-rule-board-diversity-reversal-shareholder-proposal.

50. Heidrick & Struggles, *Board Monitor*: US 2019, May 28, 2019, https://heidrick.com/Knowledge-Center/Publication/BoardMonitorUS2019.

51. Amanda Gerut, "From One Woman to Three—Networks Expand as Women Join Boards," *Agenda*, 2020, https://www.agendaweek.com/c/2863703/355523/fromwomanthree_networksexpandwomenjoinboards.

52. Anne Steele, "California Rolls Out Diversity Quotas for Corporate Boards," *Wall Street Journal*, October 1, 2020, https://www.wsj.com/articles/california-rolls-out-diversity-quotas-for-corporate-boards-11601507471.

53. Boris Groysberg, Richard P. Chapman, and Yo-Jud Cheng, *2016 Global Board of Directors Survey*, Spencer Stuart, 2016, https://www.spencerstuart.com/-/media/pdf%20files/research%20and%20insight%20pdfs/wcd-board-survey-2016041416.pdf.

54. Groysberg and Bell, "Dysfunction in the Boardroom."

55. Heidrick & Struggles, *Board Monitor*.

56. "Women on Boards: A Course Becomes a Movement," HBS Alumni Stories, June 6, 2017, https://www.alumni.hbs.edu/stories/Pages/story-bulletin.aspx?num=6265.

57. "The Data on Women Leaders," Pew Research Center, 2018, https://www.pewsocialtrends.org/fact-sheet/the-data-on-women-leaders/.

58. "Susan Schiffer Stautberg '67 Remarks," Wheaton College, May 20, 2017, https://wheatoncollege.edu/commencement/past-commencements/commencement-2017-archive/honorary-degrees-2017/susan-schiffer-stautberg-67-remarks/.

## Capítulo 4

1. Taffy Brodesser-Akner, "The Company That Sells Love to America Had a Dark Secret," *New York Times*, April 23, 2019, https://www.nytimes.com/2019/04/23/magazine/kay-jewelry-sexual-harassment.html; Jenny Singer, "Here Are All the Famous Men Who Have Tried to Come Back from #MeToo," *Forward*, April 25, 2019, https://forward.com/schmooze/420038/here-are-all-the-famous-men-who-have-tried-to-come-back-from-metoo/.

2. Jena McGregor, "How #MeToo Is Reshaping Employment Contracts for Executives," *The Washington Post*, October 31, 2018, https://www.washingtonpost.com/business/2018/10/31/how-metoo-is-reshaping-employment-contracts-executives/?utmterm=.5f9a6d3da7f1; Aliya Ram, "Tech Investors Include #MeToo Clauses in Start-up Deals," *Financial Times*, March 18, 2019, https://www.ft.com/content/5d4ef400-4732-11e9-b168-96a37d002cd3.

3. Katrin Bennhold, "Another Side of #MeToo: Male Managers Fearful of Mentoring Women," *New York Times*, January 27, 2019, https://www.nytimes.com/2019/01/27/world/europe/metoo-backlash-gender-equality-davos-men.html; Victoria Brescoll, *Has #MeToo Unintentionally Increased Male Managers' Fear of Mentoring & Interacting with Female Colleagues?*, presented at the Harvard Business School Gender & Work Symposium, Boston, MA, 2019, https://www.hbs.edu/about/video.aspx?v=10cnfry9u; Sheryl Sandberg and Marc Pritchard, "The Number of Men Who Are Uncomfortable Mentoring Women Is Growing," *Fortune*, May 18, 2019, https://fortune.com/2019/05/17/sheryl-sandberg-lean-in-me-too/.

4. Elizabeth R. Johnson, Laurie Shannon, Robin J. Ely, Peter Glick, and Colleen Ammerman, *Sexual Harassment Experiences & Beliefs*, presented at the Harvard Business School Gender & Work Symposium, Boston, MA, 2019, https://www.hbs.edu/about/video.aspx?v=1w8fm8m1b.

5. Roberta Rincon, "The Importance of Men as Allies: A Review of the Literature," *Society of Women Engineers Magazine*, April 11, 2019.

6. L. Morrow, S. Allis, J. F. Stacks, and B. B. Dolan, "Why Not a Woman?," *Time* 123, no. 23 (1984): 20.

7. Pam Belluck, "N.I.H. Head Calls for End to All-Male Panels of Scientists," *New York Times*, June 12, 2019, https://www.nytimes.com/2019/06/12/health/collins-male-science-panels.html.

8. David R. Hekman, Stefanie K. Johnson, Maw-Der Foo, and Wei Yang, "Does Diversity-Valuing Behavior Result in Diminished Performance Ratings for Nonwhite and Female Leaders?," *Academy of Management Journal* 60, no. 2 (April 2017): 771–797; Sarah J. Gervais and Amy L. Hillard, "Confronting Sexism as Persuasion: Effects of a Confrontation's Recipient, Source, Message, and Context," *Journal of Social Issues* 70, no. 4 (2014): 653–667; Benjamin J. Drury and Cheryl R. Kaiser, "Allies against Sexism: The Role of Men in Confronting Sexism," *Journal of Social Issues* 70, no. 4 (2014): 637–652; Alexander M. Czopp and Margo J. Monteith, "Confronting Prejudice (Literally): Reactions to Confrontations of Racial and Gender Bias," *Personality and Social Psychology Bulletin* 29, no. 4 (2003): 532–544.

9. David M. Mayer, "How Men Get Penalized for Straying from Masculine Norms," *Harvard Business Review*, October 8, 2018, https://hbr.org/2018/10/how-men-get-penalized-for-straying-from-masculine-norms.

10. Michael S. Kimmel, "What Do Men Want?," *Harvard Business Review*, December 1993, 50–63.

11. Claire Cain Miller, "Millennial Men Aren't the Dads They Thought They'd Be," *New York Times*, July 15, 2019, https://www.nytimes.com/2015/07/31/upshot/millennial-men-find-work-and-family-hard-to-balance.html.

12. Jeff Green, "Dads Say They Deserve Parental Leave, but Only in Theory," Bloomberg, April 18, 2018, https://www.bloomberg.com/news/articles/2018-04-18/dads-say-they-deserve-parental-leave-even-if-they-don-t-take-it.

13. Emily Peck, "Big Bank Settles Claims That It Discriminated against Men," *Huffington Post*, May 30, 2019, https://www.huffpost.com/entry/jpmorgan-chase-parental-leave-discriminationn_5ceee71ce4b0888f89d06ab8?ncid=engmodushpmg0-0000004&guccounter =1.

14. Noam Scheiber, "Couple's Suit over Parental Leave Is New Challenge to Big Law Firm," *New York Times*, August 14, 2019, https://www.nytimes.com/2019/08/14/business/economy/jones-day-lawsuit.html.

15. Noam Scheiber, "Attitudes Shift on Paid Leave: Dads Sue, Too," *New York Times*, September 15, 2015, https://www.nytimes.com/2015/09/16/business/attitudes-shift-on-paid-leave-dads-sue-too.html.

16. Isabella Jibilian and Kate Taylor, "SoulCycle's Ex-CEO Said 'Paternity Leave Is for Pussies,' a New Lawsuit Filed by an Exec Who Was Fired 32 Days after Giving Birth Alleges," *Business Insider*, August 12, 2020, https://www.businessinsider.com/soulcycle-fired-pregnancy-discrimination-exec-lawsuit-2020-8.

17. Michelle Obama, *Becoming* (New York: Crown, 2018).

18. Max Abelson and Rebecca Greenfield, "Wall Street Dads Find Parental Leave Easier to Get Than to Take," Bloomberg, June 13, 2019, https://www.bloomberg.com/news/articles/2019-06-13/wall-street-dads-find-parental-leave-easier-to-get-than-to-take.

19. "Parental Leave Survey," Deloitte, 2016, https://www2.deloitte.com/content/dam/Deloitte/us/Documents/about-deloitte/us-about-deloitte-paternal-leave-survey.pdf.

20. Sarah Th.baud and David S. Pedulla, "Masculinity and the Stalled Revolution: How Gender Ideologies and Norms Shape Young Men's Responses to Work–Family Policies," *Gender & Society* 30, no. 4 (2016): 590–617.

21. Michelle Peluso, Carolyn Heller Baird, and Lynn Kesterson-Townes, *Women, Leadership, and the Priority Paradox*, IBM, 2019, https://www.ibm.com/thought-leadership/institute-business-value/report/womeninleadership.

22. Rachel Thomas, Marianne Cooper, Ellen Konar, et al., *Women in the Workplace 2017*, https://womenintheworkplace.com/2017.

23. Hannah Fingerhut, "In Both Parties, Men and Women Differ over Whether Women Still Face Obstacles to Progress," FACTANK: News in the Numbers, August

16, 2016, https://www.pewresearch.org/fact-tank/2016/08/16/in-both-parties-men-and-women-differ-over-whether-women-still-face-obstacles-to-progress/.

24. Jillesa Gebhardt, "On Equal Pay Day 2019, Lack of Awareness Persists," Survey Monkey, https://www.surveymonkey.com/curiosity/equal-pay-day-2019/#.

25. Ellen Wulfhorst, "Men Still Don't Grasp the Depth of Gender Inequality at Work," *Huffington Post*, August 13, 2020, https://www.huffpost.com/entry/gender-inequality-work-politicsl5f353430c5b6fc009a62674a.

26. William J. Scarborough, Danny L. Lambouths, and Allyson L. Holbrook, "Support of Workplace Diversity Policies: The Role of Race, Gender, and Beliefs about Inequality," *Social Science Research* 79 (2019): 194–210.

27. Diana C. Mutz, "Status Threat, Not Economic Hardship, Explains the 2016 Presidential Vote," *Proceedings of the National Academy of Sciences* 115, no. 19 (2019): E4330–E4339; Robert Schrank, "Two Women, Three Men on a Raft," *Harvard Business Review*, May–June 1994, 68–76.

28. Juliana Menasce Horowitz and Ruth Igielnik, "A Century after Women Gained the Right to Vote, Majority of Americans See Work to Do on Gender Equality," Pew Research Center, July 7, 2020, https://www.pewsocialtrends.org/2020/07/07/a-century-after-women-gained-the-right-to-vote-majority-of-americans-see-work-to-do-on-gender-equality/.

29. "The WSA and Manbassadors Team Up to Survey Student Views on Gender Inequity," *The Harbus*, March 2, 2019, http://www.harbus.org/2019/the-wsa-and-manbassadors-team-up-to-survey-student-views-on-gender-inequity/.

30. Robin J. Ely, Pamela Stone, Laurie Shannon, and Colleen Ammerman, *Life & Leadership after HBS*, Harvard Business School, May 2015, https://www.hbs.edu/gender/faculty-research/life-and-leadership-after-hbs/Pages/default.aspx.

31. Elad N. Sherf, Subrahmaniam Tangirala, and Katy Connealy Weber, "It Is Not My Place! Psychological Standing and Men's Voice and Participation in Gender-Parity Initiatives," *Organization Science* 28, no. 2 (2017): 193–210.

32. Adam M. Grant, "Why So Many Men Don't Stand Up for Their Female Colleagues," *The Atlantic*, April 29, 2014, https://www.theatlantic.com/business/archive/2014/04/why-men-dont-stand-up-for-women-to-lead/361231/.

33. W. Brad Johnson and David G. Smith, "How Men Can Become Better Allies to Women," *Harvard Business Review*, October 12, 2018, https://hbr.org/2018/10/how-men-can-become-better-allies-to-women.

34. Jeanine Prime and Corinne A. Moss-Racusin, *Engaging Men in Gender Initiatives: What Change Agents Need to Know*, Catalyst, 2009, https://www.catalyst.org/research/engaging-men-in-gender-initiatives-what-change-agents-need-to-know/.

35. Boris Groysberg and Katherine Connolly, "Great Leaders Who Make the Mix Work," *Harvard Business Review*, September 2013, 68–76.

36. Paul A. Gompers, Vladimir Mukharlyamov, Emily Weisburst, and Yuhai Xuan, "Gender Effects in Venture Capital," SSRN, June 4, 2014, https://papers.ssrn.com/sol3/papers.cfm?abstract_id=2445497; Paul Gompers and Silpa Kovvali, "The Other Diversity Dividend," *Harvard Business Review*, July–August 2018, 72.

37. Bennhold, "Another Side of #MeToo"; Gillian Tan and Katia Porzecanski, "Wall Street Rule for the #MeToo Era: Avoid Women at All Cost," Bloomberg, December 3, 2018, https://588www.bloomberg.com/news/articles/2018-12-03/a-wall-street-rule-for-the-metoo-era-avoid-women-at-all-cost.

38. Promundo-US, *So, You Want to Be a Male Ally for Gender Equality (and You Should): Results from a National Survey and a Few Things You Should Know*, 2019, https://promundoglobal.org/resources/male-allyship/.

39. Chio Verastegui, Freek Jorna, Jenny Boddington, and Sue Morphet, "Better Together: Increasing Male Engagement in Gender Equality Efforts in Australia," Bain, March 19, 2019, https://www.bain.com/insights/better-together-increasing-male-engagement-in-gender-equality-efforts-in-australia/.

40. Emily Shaffer, Negin Sattari, and Alixandra Pollack, *Interrupting Sexism at Work: How Men Respond in a Climate of Silence*, Catalyst, 2020, https://www.catalyst.org/research/interrupting-sexism-silence/.

41. Mary King, Malin Ortenblad, and Jamie J. Ladge, "What Will It Take to Make Finance More Gender-Balanced?," *Harvard Business Review*, December 10, 2018, https://hbr.org/2018/12/what-will-it-take-to-make-finance-more-gender-balanced; Katie Abouzahr, Jennifer Garcia-Alonso, Matt Krentz, Michael Tan, and Frances Brooks Taplet, "How Millennial Men Can Help Break the Glass Ceiling," Boston Consulting Group, November 01, 2017, https://www.bcg.com/en-us/publications/2017/people-organization-behavior-culture-how-millennial-men-can-help-break-glass-ceiling.aspx.

42. Robin J. Ely, Pamela Stone, Laurie Shannon, and Colleen Ammerman, *Life & Leadership after HBS*, Harvard Business School, 2015, https://www.hbs.edu/gender/faculty-research/life-and-leadership-after-hbs/Pages/default.aspx.

43. Valentin Bolotnyy and Natalia Emanuel, "Why Do Women Earn Less Than Men? Evidence from Bus and Train Operators," Working paper, Harvard University, July 5, 2019, https://scholar.harvard.edu/bolotnyy/publications/why-do-women-earn-less-men-evidence-bus-and-train-operators-job-market-paper.

44. Anne-Marie Slaughter, *Unfinished Business: Women Men Work Family* (New York: Random House, 2015); Lisa Belkin, "Huggies Pulls Ads after Insulting Dads," *Huffing-

*ton Post*, March 12, 2012, https://www.huffpost.com/entry/huggies-pulls-diaper-ads-b1339074?guccounter=1.

45. Gretchen Livingston and Kim Parker, "8 Facts about American Dads," Pew Research Center, June 23, 2019, https://www.pewresearch.org/fact-tank/2019/06/12/fathers-day-facts/.

46. Scheiber, "Couple's Suit over Parental Leave Is New Challenge to Big Law Firm."

47. Brad Harrington, Fred Van Deusen, Jennifer Sabatini Fraone, and Samantha Eddy, *The New Dad: Take Your Leave Perspectives on Paternity Leave from Fathers, Leading Organizations, and Global Policies*, The New Dad, 2014, https://www.fatherhood.gov/sites/default/files/resourcefiles/e000003047.pdf.

48. Jennifer Petriglieri, *Couples That Work: How Dual-Career Couples Thrive in Love and Work* (Boston: Harvard Business Review Press, 2019).

49. Alexis Ohanian, "Alexis Ohanian: Paternity Leave Was Crucial after the Birth of My Child, and Every Father Deserves It," *New York Times*, August 12, 2019, https://parenting.nytimes.com/work-money/alexis-ohanian-paternity-leave.

50. Yoon Min-sik, "Korean Fathers Can Get Longest Paid Leave in OECD," *Korea Herald*, December 2, 2015, http://www.koreaherald.com/view.php?ud=20151202001017.

51. Ben Waber, "Why I Require New Fathers Who Work for Me to Take Paternity Leave," Quartz, May 22, 2018, https://qz.com/work/1284912/paid-parental-leave-why-i-require-new-fathers-who-work-for-me-to-take-it/.

52. John West, "Japan Is a Poor Performer on Gender Equality. Can the 'Womenomics' Initiative Help?," Brink, August 1, 2019, https://www.brinknews.com/japan-is-a-poor-performer-on-gender-equality-can-the-womenomics-initiative-help/; Brook Larmer, "Why Does Japan Make It So Hard for Working Women to Succeed?," *New York Times*, October 17, 2018, https://www.nytimes.com/2018/10/17/magazine/why-does-japan-make-it-so-hard-for-working-women-to-succeed.html.

53. Mokoto Rich, "Japan's Working Mothers: Record Responsibilities, Little Help from Dads," *New York Times*, February 2, 2019, https://www.nytimes.com/2019/02/02/world/asia/japan-working-mothers.html.

54. Mokoto Rich, "A Japanese Politician Is Taking Paternity Leave. It's a Big Deal," *New York Times*, January 15, 2020, https://www.nytimes.com/2020/01/15/world/asia/japan-koizumi-paternity-leave.html.

55. This profile draws on Siri Chilazi, Aneeta Rattan, and Oriane Georgeac, "Ros Atkins and the 50:50 Project at the BBC," London Business School Case Study 20-010, March 2020.

56. *The 50:50 Project, Impact Report 2019*, http://downloads.bbc.co.uk/aboutthebbc/reports/reports/5050-may-2019.pdf.

57. *50:50: The Equality Project, Impact Report 2020*, http://downloads.bbc.co.uk/aboutthebbc/reports/reports/5050-april-2020.pdf.

58. Ibid.

## Capítulo 5

1. Boris Groysberg and Katherine Connolly, "JPMorgan Chase: Tapping an Overlooked Talent Pool," Harvard Business School Case 415-066, May 2015 (revised May 2018), https://www.hbs.edu/faculty/pages/item.aspx?num=48876.

2. J. Yo-Jud Cheng and Boris Groysberg, "Innovation Should Be a Top Priority for Boards. So Why Isn't It?," *Harvard Business Review*, September 21, 2018, https://hbr.org/2018/09/innovation-should-be-a-top-priority-for-boards-so-why-isnt-it.

3. Tina Lee and Julie Sweet, *Advancing Women as Leaders in the Private Sector*, 2018, https://advancingwomeninbusiness.com/wp-content/uploads/2018/10/Advancing-women-as-leaders-in-the-private-sectorreport.pdf.

4. Sheryl Estrada, "Leaders Say Gender Equity Is Important, but Less Than 50% Have Multi-year Strategy, HR Dive, March 9, 2020, https://www.hrdive.com/news/leaders-say-gender-equity-is-important-but-less-than-50-have-multi-year-s-1/573741/.

5. Herminia Ibarra, Robin J. Ely, and Deborah M. Kolb, "Women Rising: The Unseen Barriers," *Harvard Business Review*, September 2013, 60–67.

6. Miller McPherson, Lynn Smith-Lovin, and James M. Cook, "Birds of a Feather: Homophily in Social Networks," *Annual Review of Sociology* 27, no. 1 (2001): 415–444.

7. Paul A. Gompers, Kevin Huang, and Sophie Calder-Wang, *Homophily in Entrepreneurial Team Formation*, Harvard Business School Working Papers, May 16, 2017, https://ssrn.com/abstract=2973329.

8. Matt L. Huffman and Lisa Torres, "It's Not Only 'Who You Know' That Matters: Gender, Personal Contacts, and Job Lead Quality, *Gender & Society* 16, no. 6 (2002): 793–813.9

9. LinkedIn Talent Solutions, "LinkedIn's Former Head of Global Solutions on Hiring Diverse Teams," YouTube, January 30, 2019, https://www.youtube.com/watch?v=mUpogdpzaqM&feature=youtu.be.

10. Danielle Gaucher, Justin Friesen, and Aaron C. Kay, "Evidence That Gendered Wording in Job Advertisements Exists and Sustains Gender Inequality," *Journal of Personality and Social Psychology* 101, no. 1 (2001): 109–128.

11. Marise Ph. Born and Toon W. Taris, "The Impact of the Wording of Employment Advertisements on Students' Inclination to Apply for a Job," *Journal of Social Psychology* 150, no. 5 (2010): 485–502.

12. Kieran Snyder, "Language in Your Job Post Predicts the Gender of Your Hire," Textio, June 21, 2016, https://textio.ai/gendered-language-in-your-job-post-predicts-the-gender-of-the-person-youll-hire-cd150452407d.

13. Katherine B. Coffman, Manuela Collis, and Leena Kulkarni, *When to Apply?*, Harvard Business School Working Paper, February 2019, https://www.hbs.edu/faculty/Pages/item.aspx?num=57230.

14. Lisa Abraham and Alison Stein, *Words Matter: Experimental Evidence from Job Applications*, Working paper, August 9, 2020, https://drive.google.com/file/d/1YKifRzykWuIdB3MLS4VHht3okJa8pa/view.

15. Roberto M. Fernandez and Isabel Fernandez-Mateo, "Networks, Race, and Hiring," *American Sociological Review* 71, no. 1 (2006): 42–71; Roberto M. Fernandez and M. Lourdes Sosa, "Gendering the Job: Networks and Recruitment at a Call Center," *American Journal of Sociology* 111, no. 3 (2005): 859–904; Brian Rubineau and Roberto M. Fernandez, "Missing Links: Referrer Behavior and Job Segregation," *Management Science* 59, no. 11 (2013): 2470–2489.

16. Corinne A. Moss-Racusin, John F. Dovidio, Victoria L. Brescoll, Mark J. Graham, and Jo Handelsman, "Science Faculty's Subtle Gender Biases Favor Male Students," *Proceedings of the National Academy of Sciences* 109, no. 41 (2012): 16474–16479; Andr.s Tilcsik, "Pride and Prejudice: Employment Discrimination against Openly Gay Men in the United States," *American Journal of Sociology* 117, no. 2 (2011): 586–626; Marianne Bertrand and Sendhil Mullainathan, "Are Emily and Greg More Employable Than Lakisha and Jamal? A Field Experiment on Labor Market Discrimination," *American Economic Review* 94, no. 4 (2004): 991–1013; Claudia Goldin and Cecilia Rouse, "Orchestrating Impartiality: The Impact of 'Blind' Auditions on Female Musicians," *American Economic Review* 90, no. 4 (2000): 715–741.

17. Boris Groysberg and Katherine Connolly, "BlackRock: Diversity as a Driver for Success," Harvard Business School Case 415-047, February 2015, https://www.hbs.edu/faculty/pages/item.aspx?num=48640.

18. Isabelle R.gner, Catherine Thinus-Blanc, Agn.s Netter, Toni Schmader, and Pascal Huguet, "Committees with Implicit Biases Promote Fewer Women When They Do Not Believe Gender Bias Exists," *Nature Human Behaviour* 3 (2019): 1171–1179.

19. Eric Luis Uhlmann and Geoffrey L. Cohen, "Constructed Criteria: Redefining Merit to Justify Discrimination," *Psychological Science* 16, no. 6 (2005): 474–480.

20. Heather Sarsons, "Recognition for Group Work: Gender Differences in Academia," *American Economic Review* 107, no. 5 (2017): 141–145.

21. Katherine B. Coffman, Christine L. Exley, and Muriel Niederle, "The Role of Beliefs in Driving Gender Discrimination," Harvard Business School Working Paper

No. 18-054, December 2017 (revised January 2020), https://www.hbs.edu/faculty/Pages/item.aspx?num=53686.

22. Shelley J. Correll, Stephen Benard, and In Paik, "Getting a Job: Is There a Motherhood Penalty?," *American Journal of Sociology* 112, no. 5 (2007): 1297–1339.

23. Lauren A. Rivera and Andr.s Tilcsik, "Class Advantage, Commitment Penalty: The Gendered Effect of Social Class Signals in an Elite Labor Market," *American Sociological Review* 81, no. 6 (2016): 1097–1131.

24. Boris Groysberg, *Chasing Stars: The Myth of Talent and the Portability of Performance* (Princeton, NJ: Princeton University Press, 2010); Ashish Nanda, Boris Groysberg, and Lauren Prusiner, "Lehman Brothers (A): Rise of the Equity Research Department," Harvard Business School Case 906-034, January 2006 (revised June 2008), https://www.hbs.edu/faculty/pages/item.aspx?num=32959.

25. Jordan Siegel, Mimi Xi, and Christopher Poliquin, "Talent Edge Initiative," *Harvard Business Review*, October 21, 2010, https://store.hbr.org/product/baxter-s-asia-pacific-talent-edge-initiative/711408?sku=711408-PDF-ENG.

26. Iris Bohnet, Alexandra van Geen, and Max Bazerman, "When Performance Trumps Gender Bias: Joint vs. Separate Evaluation," *Management Science* 62, no. 5 (2015): 1225–1234.

27. Frank L. Schmidt and John E. Hunter, "The Validity and Utility of Selection Methods in Personnel Psychology: Practical and Theoretical Implications of 85 Years of Research Findings," *Psychological Bulletin* 124, no. 2 (1998): 262–274.

28. Stephanie K. Johnson and Jessica F. Kirk, "Dual-Anonymization Yields Promising Results for Reducing Gender Bias: A Naturalistic Field Experiment of Applications for Hubble Space Telescope Time," *Publications of the Astronomical Society of the Pacific* 132, no. 1009 (2020), https://iopscience.iop.org/article/10.1088/1538-3873/ab6ce0/pdf; Goldin and Rouse, "Orchestrating Impartiality."

29. Jeanna Smialek, "How the Fed Is Trying to Fix Its White Male Problem," *New York Times*, October 2, 2019, https://www.nytimes.com/2019/10/02/business/economy/federal-reserve-diversity-hiring.html.

30. Anne Sraders, "Goldman Sachs Removed This One Word from Some Recruiting Materials—and Saw Female Hires Soar," *Fortune*, December 10, 2019, https://fortune.com/2019/12/10/goldman-sachs-removed-this-one-word-from-some-recruiting--materials-and-saw-female-hires-soar/.

31. Groysberg, *Chasing Stars*.

32. Louise Marie Roth, *Selling Women Short: Gender and Money on Wall Street* (Princeton, NJ: Princeton University Press, 2006).

33. Boris Groysberg and Deborah Bell, "Dysfunction in the Boardroom," *Harvard Business Review*, June 3, 88–95.

34. Herminia Ibarra, "Homophily and Differential Returns: Sex Differences in Network Structure and Access in an Advertising Firm," *Administrative Science Quarterly* 37, no. 3 (1992): 422–447.

35. Alexandra Kalev, "Cracking the Glass Cages? Restructuring and Ascriptive Inequality at Work," *American Journal of Sociology* 114, no. 6 (2009): 1591–1643.

36. David A. Thomas, "Truth about Mentoring Minorities: Race Matters," *Harvard Business Review* April 1, 2001, 98–107; David A. Thomas and John A. Gabarro, *Breaking Through: The Making of Minority Executives in Corporate America* (Boston: Harvard Business School Press, 1999).

37. Irene E. De Pater, Annelies E. M. Van Vianen, and Myriam N. Bechtoldt, "Gender Differences in Job Challenge: A Matter of Task Allocation," *Gender, Work & Organization* 17, no. 4 (2010): 433–453.

38. Christine L. Nittrouer, Michelle R. Hebl, Leslie Ashburn-Nardo, Rachel C. E. Trump-Steele, David M. Lane, and Virginia Valian, "Gender Disparities in Colloquium Speakers at Top Universities," *Proceedings of the National Academy of Sciences* 115, no. 1 (2018): 104–108.

39. Eden B. King, Whitney Botsford, Michelle R. Hebl, Stephanie Kazama, Jeremy F. Dawson, and Andrew Perkins, "Benevolent Sexism at Work: Gender Differences in the Distribution of Challenging Developmental Experiences," *Journal of Management* 38, no. 6 (2012): 1835–1866.

40. Curtis K. Chan and Michel Anteby, "Task Segregation as a Mechanism for Within-Job Inequality: Women and Men of the Transportation Security Administration," *Administrative Science Quarterly* 61, no. 2 (2016): 184–216.

41. Linda Babcock, Maria P. Recalde, Lise Vesterlund, and Laurie Weingart, "Gender Differences in Accepting and Receiving Requests for Tasks with Low Promotability," *American Economic Review* 107, no. 3 (2017): 714–747.

42. Madeline E. Heilman and Julie J. Chen, "Same Behavior, Different Consequences: Reactions to Men's and Women's Altruistic Citizenship Behavior," *Journal of Applied Psychology* 90, no. 3 (2005): 431–441.

43. Ibarra, Ely, and Kolb, "Women Rising."

44. Herminia Ibarra, Nancy M. Carter, and Christine Silva, "Why Men Still Get More Promotions Than Women," *Harvard Business Review*, September 2010, 80–126.

45. Rachel Thomas, Marianne Cooper, Ellen Konar, et al., *Women in the Workplace 2017*, https://womenintheworkplace.com/2017.

46. Francine D. Blau, Janet M. Currie, Rachel T. A. Croson, and Donna K. Ginther, "Can Mentoring Help Female Assistant Professors? Interim Results from a Randomized Trial," *American Economic Review* 100, no. 2 (2010): 348–352.

47. Jennifer L. Berdahl, Marianne Cooper, Peter Glick, Robert W. Livingston, and Joan C. Williams, "Work as a Masculinity Contest," *Journal of Social Issues* 74, no. 3 (2018): 422–448.

48. Amy J. C. Cuddy, Peter Glick, and Anna Beningera, "The Dynamics of Warmth and Competence Judgments, and Their Outcomes in Organizations," *Research in Organizational Behavior* 31 (2011): 73–98; Alice H. Eagly and Steven J. Karau, "Role Congruity Theory of Prejudice toward Female Leaders," *Psychological Review* 109, no. 3 (2002): 573–598.

49. Victoria L. Brescoll and Eric Luis Uhlmann, "Can an Angry Woman Get Ahead? Status Conferral, Gender, and Expression of Emotion in the Workplace," *Psychological Science* 19, no. 3 (2008): 268–275.

50. Victoria L. Brescoll, "Who Takes the Floor and Why: Gender, Power, and Volubility in Organizations," *Administrative Science Quarterly* 56, no. 4 (2011): 622–641.

51. David G. Smith, Judith E. Rosenstein, Margaret C. Nikolov, and Darby A. Chaney, "The Power of Language: Gender, Status, and Agency in Performance Evaluations," *Sex Roles* 80 (2019): 159–171.

52. Anne Morriss and Frances X. Frei, *Unleashed: The Unapologetic Leader's Guide to Empowering Everyone around You* (Boston: Harvard Business Review Press, 2020).

53. Martha Foschi, "Double Standards in the Evaluation of Men and Women," *Social Psychology Quarterly* 59, no. 3 (1996): 237–254.

54. Monica Biernat, M. J. Tocci, and Joan C. Williams, "The Language of Performance Evaluations: Gender-Based Shifts in Content and Consistency of Judgment," *Social Psychological and Personality Science* 3, no. 2 (2012): 186–192.

55. Paola Cecchi-Dimeglio, "How Gender Bias Corrupts Performance Reviews, and What to Do about It," *Harvard Business Review*, April 12, 2017, from https://hbr.org/2017/04/how-gender-bias-corrupts-performance-reviews-and-what-to-do-about-it.

56. Herman Aguinis, Young Hun Ji, and Harry Joo, "Gender Productivity Gap among Star Performers in STEM and Other Scientific Fields," *Journal of Applied Psychology* 102, no. 12 (2018): 1283–1306.

57. M. Ena Inesi and Daniel M. Cable, "When Accomplishments Come Back to Haunt You: The Negative Effect of Competence Signals on Women's Performance Evaluations," *Personnel Psychology* 68, no. 3 (2015): 615–657.

58. Janice Fanning Madden, "Performance-Support Bias and the Gender Pay Gap among Stockbrokers," *Gender & Society* 26, no. 3 (2012): 488–518.

59. John T. Jost et al., "The Existence of Implicit Bias Is beyond Reasonable Doubt: A Refutation of Ideological and Methodological Objections and Executive Summary of Ten Studies That No Manager Should Ignore," *Research in Organizational Behavior* 29 (2009): 39–69; Mahzarin Banaji and Anthony Greenwald, "Implicit Gender Stereotyping in Judgments of Fame," *Journal of Personality and Social Psychology* 68, no. 2 (2009): 181–198.

60. Michelle M. Duguid and Melissa C. Thomas-Hunt, "Condoning Stereotyping? How Awareness of Stereotyping Prevalence Impacts Expression of Stereotypes," *Journal of Applied Psychology* 100, no. 2 (2015): 343–359.

61. Aguinis, Ji, and Joo, "Gender Productivity Gap among Star Performers in STEM and Other Scientific Fields."

62. Cecchi-Dimeglio, "How Gender Bias Corrupts Performance Reviews"; Shelley J. Correll and Caroline Simard, "Research: Vague Feedback Is Holding Women Back," *Harvard Business Review*, April 29, 2016, https://hbr.org/2016/04/research-vague-feedback-is-holding-women-back.

63. Lily Jampol and Vivian Zayas, "Gendered White Lies: Women Are Given Inflated Performance Feedback Compared with Men," *Personality and Social Psychology Bulletin*, doi:10.1177/ 0146167220916622.

64. Shelley J. Correll, "SWS 2016 Feminist Lecture: Reducing Gender Biases in Modern Workplaces; A Small Wins Approach to Organizational Change," *Gender & Society* 31, no. 6 (2017): 725–750.

65. Emilio J. Castilla, "Gender, Race, and Meritocracy in Organizational Careers," *American Journal of Sociology* 113, no. 6 (2008): 1479–1526.

66. Karen Lyness and Madeline Heilman, "When Fit Is Fundamental: Performance Evaluations and Promotions of Upper-Level Female and Male Managers, *Journal of Applied Psychology* 91, no. 4 (2006): 777–785.

67. Alexia Fern.ndez Campbell, "They Did Everything Right—and Still Hit the Glass Ceiling. Now, These Women Are Suing America's Top Companies for Equal Pay," Vox, December 29, 2019, https://www.vox.com/the-highlight/2019/12/3/20948425/equal-pay-lawsuits-pay-gap-glass-ceiling; Michael Sainato, "Walmart Facing Gender Discrimination Lawsuits from Female Employees," *The Guardian*, February 18, 2019, https://www.theguardian.com/us-news/2019/feb/18/walmart-gender-discrimination--supreme-court; Anastasia Tsioulcas, "Top Flutist Settles Gender Pay-Gap Suit with Boston Symphony Orchestra," National Public Radio, February 21, 2019, https://www.npr.org/2019/02/21/696574690/top-flutist-settles-gender-pay-gap-suit-with--boston-symphony-orchestra.

68. Samantha Schmidt, "'Victory for Equal Pay': Judge Rules Trump Administration Must Require Companies to Report Pay by Gender, Race," *Washington Post*, March 5, 2019, https://www.washingtonpost.com/dc-md-va/2019/03/05/victory-equal-pay-judge-rules-trump-administration-must-require-companies-report-pay-by-gender-race/?utmterm=.7e18bb0dd295.

69. Lisa Nagele-Piazza, "EEOC Reduces Employee Pay Data Requirements," Society for Human Resource Management, September 11, 2019, https://www.shrm.org/ResourcesAndTools/legal-and-compliance/employment-law/Pages/Employers-Should-Review-EEO-1-Guidance-Before-Pay-Data-Reporting-Deadline.aspx.

70. "Senate Bill 973 (Jackson), California Women's Law Center, 2020, https://www.cwlc.org/2020/03/senate-bill-973-jackson/.

71. Rebecca Greenfield, "Citigroup Reveals Female Employees Earn 29% Less Than Men Do," Fortune, January 16, 2019, https://www.bloomberg.com/news/articles/2019-01-16/citigroup-reveals-its-female-employees-earn-29-less-than-men-do.

72. Hannah Riley Bowles, Linda Babcock, and Kathleen L. McGinn, "Constraints and Triggers: Situational Mechanics of Gender in Negotiation," *Journal of Personality and Social Psychology* 89, no. 6 (2005): 951–965.

73. Andreas Leibbrandt and John A. List, "Do Women Avoid Salary Negotiations? Evidence from a Large-Scale Natural Field Experiment," *Management Science* 61, no. 9 (2015): 2016–2024.

74. Nina Rousille, *The Central Role of the Ask Gap in Gender Pay Inequality*, University of California, 2020, https://ninaroussille.github.io/files/Roussilleaskgap.pdf.

75. Boris Groysberg, Paul Healy, and Eric Lin, "Determinants of Gender Differences in Change in Pay among Job-Switching Executives," *Industrial & Labor Relations Review*, doi:10.1177/0019793920930712.

76. Cecilia Kang, "Google Data-Mines Its Approach to Promoting Women," *Washington Post*, April 2, 2014, https://www.washingtonpost.com/news/the-switch/wp/2014/04/02/google-data-mines-its-women-problem/.

77. Cristian L. Dezső, David Gaddis Ross, and Jose Uribe, "Is There an Implicit Quota on Women in Top Management? A Large Sample Statistical Analysis," *Strategic Management Journal* 37, no. 1 (2015): 98–115.

78. Michelle K. Ryan, Alexander Haslam, Thekla Morgenroth, Floor Rink, Jank Stoker, and Kim Peters, "Getting on Top of the Glass Cliff: Reviewing a Decade of Evidence, Explanations, and Impact," *Leadership Quarterly* 27, no. 3 (2016): 446–455.

79. Kathleen L. McGinn, Deborah M. Kolb, and Cailin B. Hammer. "Cathy Benko: WINning at Deloitte," Harvard Business School Case 907-026, September 2006, https://www.hbs.edu/faculty/Pages/item.aspx?num=33577.

80. Trond Petersen, Ishak Saporta, and Marc-David L. Seidel, "Offering a Job: Meritocracy and Social Networks," *American Journal of Sociology* 106, no. 3 (2000): 763–816.

81. Jane Giacobbe Miller and Kenneth G. Wheeler, "Unraveling the Mysteries of Gender Differences in Intentions to Leave the Organization," *Journal of Organizational Behavior* 12, no. 5 (1992): 465–478.

82. Rita Mano-Negrin, "Gender-Related Opportunities and Turnover: The Case of Medical Sector Employees," *Gender, Work & Organization* 10, no. 3 (2003): 342–360.

83. Kathleen L. McGinn and Katherine L. Milkman, "Looking Up and Looking Out: Career Mobility Effects of Demographic Similarity among Professionals," *Organization Science* 24, no. 4 (2013): 1041–1060.

84. Frank Dobbin and Alexandra Kalev, "Training Programs and Reporting Systems Won't End Sexual Harassment. Promoting More Women Will," *Harvard Business Review*, November 15, 2017, https://hbr.org/2017/11/training-programs-and-reporting-systems-wont-end-sexual-harassment-promoting-more-women-will.

85. Marianne Cooper, "The 3 Things That Make Organizations More Prone to Sexual Harassment," *The Atlantic*, November 27, 2017, https://www.theatlantic.com/business/archive/2017/11/organizations-sexual-harassment/546707/.

86. Robin J. Ely, Pamela Stone, and Colleen Ammerman, "Rethink What You 'Know' about High-Achieving Women," *Harvard Business Review*, December 2014, 101.

87. Correll, Benard, and Paik, "Getting a Job."

88. Pamela Stone, *Opting Out? Why Women Really Quit Careers and Head Home* (Berkeley: University of California Press, 2007).

89. Sara A. Rogier and Margaret Y. Padgett, "The Impact of Utilizing a Flexible Work Schedule on the Perceived Career Advancement Potential of Women," *Human Resource Development Quarterly* 15, no. 1 (2004): 89–106.

90. Leslie A. Perlow and Erin L. Kelly, "Toward a Model of Work Redesign for Better Work and Better Life," *Work and Occupations* 41, no. 1 (2014): 111–134.

91. Boris Groysberg and Sarah L. Abbott, "Canada Mortgage and Housing Corporation: 'One CMHC' and Version 3.0," Harvard Business School Case 9-419-068, May 2019, https://www.hbs.edu/faculty/Pages/item.aspx?num=56155.

92. Nick Bastone, "Salesforce's Chief People Office Explains How and Why the Company Has Spent $8.7 Million to Close Its Gender Pay Gap," *Business Insider*, December 15, 2018, https://www.businessinsider.com/cindy-robbins-salesforce-equal-pay-2018-11.

93. Tina Lee and Julie Sweet, *Advancing Women as Leaders in the Private Sector*, Canada–United States Council for Advancement of Women Entrepreneurs & Business Lea-

ders, 2018, https://advancingwomeninbusiness.com/wp-content/uploads/2018/10/Advancing-women-as-leaders-in-the-private-sectorreport.pdf.

94. Melonie Parker, "How Retention Helps Make Google More Representative," Google Blog, February 28, 2019, https://blog.google/perspectives/melonie-parker/how-retention-helps-make-google-more-representative/.

95. Rebecca Glasman, Tina Shah Paikeday, Harsonal Sachar, Alix Stuart, and Cissy Young, *A Leader's Guide: Finding and Keeping Your Next Chief Diversity Officer*, Russell Reynolds, 2019, https://www.russellreynolds.com/en/Insights/thought-leadership/Documents/Chief%20Diversity%20Officer 1218FINAL.pdf.

96. Rosabeth Moss Kanter, "The Interplay of Structure and Behavior: How System Dynamics Can Explain or Change Outcomes by Gender or Social Category" (presentation at Gender & Work: Challenging Conventional Wisdom, Harvard Business School, Boston, February 28 and March 1, 2013).

97. Dandan Pan, Carrie Haluza, Carolina Dealy, Laura Paquin, Wei Shi, Blanche Matulich and Connie Jacobson on Behalf of Themselves and All Others Similarly Situated v. Qualcomm Incorporated & Qualcomm Technologies, Inc., No. 3:16-cv-01885-JLS-DHB (United States District Court Southern District of California 2016).

98. "Equal Pay Act Charges (Charges Filed with EEOC) (Includes Concurrent Charges with Title VII, ADEA, ADA, and GINA) FY 1997–FY2019," Equal Employment Opportunity Commission, 2018, https://www.eeoc.gov/eeoc/statistics/enforcement/epa.cfm.

99. *Dandan Pan et al. v. Qualcomm Incorporated & Qualcomm Technologies, Inc.*

100. "Sanford Heisler and Tech Giant Qualcomm Agree to $19.5 Million Gender Discrimination Settlement." Sanford Heisler Sharp, July 26, 2016, https://sanfordheisler.com/press-release/qualcomm-gender-discrimination-settlement/.

101. *Dandan Pan et al. v. Qualcomm Incorporated & Qualcomm Technologies, Inc.*

102. Sara Randazzo, "Qualcomm to Pay $19.5 Million to Settle Claims of Bias against Women," *Wall Street Journal*, July 26, 2016, https://www.wsj.com/articles/qualcomm-to-pay-19-5-million-to-settle-claims-of-bias-against-women-1469571756; Qualcomm, *2019 Corporate Responsibility Report*, https://www.qualcomm.com/documents/2019-qualcomm-corporate-responsibility-report.

## Capítulo 6

1. Boris Groysberg and Katherine Connolly, "JPMorgan Chase: Tapping an Overlooked Talent Pool," Harvard Business School Case 415-066, May 2015 (revised May 2018), https://www.hbs.edu/faculty/pages/item.aspx?num=48876.

2. Frank Dobbin and Alexandra Kalev, "Why Diversity Programs Fail," *Harvard Business Review*, July–August 2016, 52–60.

3. Klea Faniko, Naomi Ellemers, Belle Derks, and Fabio Lorenzi-Cioldi, "Nothing Changes, Really: Why Women Who Break through the Glass Ceiling End Up Reinforcing It," *Personality and Social Psychology Bulletin* 43, no. 5 (2017): 638–651; Belle Derks, Naomi Ellemers, Colette van Laar, and Kim de Groot, "Do Sexist Organizational Cultures Create the Queen Bee?," *British Journal of Social Psychology* 50, no. 3 (2011): 519–535; Robin J. Ely, "The Effects of Organizational Demographics and Social Identity on Relationships among Professional Women," *Administrative Science Quarterly* 39, no. 2 (1994): 203–238; Rosabeth Moss Kanter, Men and Women of the Corporation (New York: Basic Books, 1977).

4. Rachel Thomas, Marianne Cooper, Ellen Konar, et al., *Women in the Workplace* 2019, https://wiw-report.s3.amazonaws.com/WomenintheWorkplace2019.pdf.

5. Terry Stone, Becky Miller, Elizabeth Southerlan, and Alex Raun, *Women in Healthcare Leadership* 2019, Oliver Wyman, 2019, https://www.oliverwyman.com/content/dam/oliver-wyman/v2/publications/2019/January/WiHC/WiHCL-Report-Final.pdf.

6. John T. Josta, Laurie A. Rudmanb, Irene V. Blair, et al. "The Existence of Implicit Bias Is beyond Reasonable Doubt: A Refutation of Ideological and Methodological Objections and Executive Summary of Ten Studies That No Manager Should Ignore," *Research in Organizational Behavior* 29 (2009): 39–69.

7. Michelle M. Duguid and Melissa C. Thomas-Hunt, "Condoning Stereotyping? How Awareness of Stereotyping Prevalence Impacts Expression of Stereotypes," *Journal of Applied Psychology* 100, no. 2 (March 2015): 343–359.8

8. Stefanie K. Johnson and Jessica F. Kirk, "Dual-Anonymization Yields Promising Results for Reducing Gender Bias: A Naturalistic Field Experiment of Applications for Hubble Space Telescope Time," *Publications of the Astronomical Society of the Pacific* 132, no. 1009 (2020): 034503.

9. Jeff Green, "Managers Pick Mini-Me Proteges of Same Race, Gender," Bloomberg, January 8, 2019, https://www.bloomberg.com/news/articles/2019-01-08/managers-pick-mini-me-proteges-of-same-gender-race-in-new-study.

10. Catherine H. Tinsley and Robin J. Ely, "What Most People Get Wrong about Men and Women: Research Shows the Sexes Aren't So Different," *Harvard Business Review*, May–June 2018, 114–120.

11. Ibid.

12. Thomas et al., *Women in the Workplace* 2019.

13. Zo. B. Cullen and Ricardo Perez-Truglia, *The Old Boys' Club: Schmoozing and the Gender Gap*, Working Paper No. w26530, National Bureau of Economic Research, September 2020, https://www.nber.org/papers/w26530.

14. Ashish Nanda, Boris Groysberg, and Lauren Prusiner, "Lehman Brothers (B): Exit Jack Rivkin," Harvard Business School Case, 906-035, January 2006 (revised January 2007), https://www.hbs.edu/faculty/Pages/item.aspx?num=32960.

15. Robin J. Ely, Debra Meyerson, and Martin N. Davidson, "Rethinking Political Correctness," *Harvard Business Review*, September 2006, 78–87.

16. John F. Dovidio, Erin L. Thomas, Corinne A. Moss-Racusin, Victoria L. Brescoll, Mark J. Graham, and Jo Handelsman, "Included but Invisible? The Benefits and Costs of Inclusion," paper presented at Gender & Work: Challenging Conventional Wisdom, Harvard Business School, 2013.

17. Audrey Gelman, "'Where I Got It Wrong': The Wing's Audrey Gelman Confronts the Realities of Rapid Growth," *Fast Company*, February 26, 2020, fastcompany.com website: https://www.fastcompany.com/90466019/where-i-got-it-wrong-the-wings-audrey-gelman-confronts-the-realities-of-rapid-growth.

18. Anna T. Mayo, Anita Williams Woolley, and Rosalind M. Chow, "Unpacking Participation and Influence: Diversity's Countervailing Effects on Expertise Use in Groups," *Academy of Management Discoveries* 6, no. 2 (2020): 300–319.

19. Thomas et al., *Women in the Workplace* 2019.

20. David A. Garvin, Alison Berkley Wagonfeld, and Liz Kind, "Google's Project Oxygen: Do Managers Matter?," Harvard Business School, Case 313-110, April 2013 (revised October 2013), https://www.hbs.edu/faculty/Pages/item.aspx?num=44657.

21. Melissa Harrell and Lauren Barbato, "Great Managers Still Matter: The Evolution of Google's Project Oxygen," re: Work, February 27, 2018, https://rework.withgoogle.com/blog/the-evolution-of-project-oxygen/.

22. This profile draws on the following Harvard Business School cases: Ashish Nanda, Boris Groysberg, and Lauren Prusiner, "Lehman Brothers (A): Rise of the Equity Research Department," Harvard Business School Case 906-034, January 2006 (revised June 2008), https://www.hbs.edu/faculty/pages/item.aspx?num=32959; Nanda, Groysberg, and Prusiner, "Lehman Brothers (B)"; Ashish Nanda and Boris Groysberg, "Lehman Brothers (C): Decline of the Equity Research Department," Harvard Business School Case 902-003, July 2001 (revised January 2007), https://www.hbs.edu/faculty/Pages/item.aspx?num=28331; Boris Groysberg and Laura Morgan Roberts, "Leading the Josie Esquivel Franchise (A)," Harvard Business School Case 404-054, November 2003 (revised October 2005), https://www.hbs.edu/faculty/Pages/item.aspx?num=30567.

23. Boris Groysberg, *Chasing Stars: The Myth of Talent and the Portability of Performance* (Princeton, NJ: Princeton University Press, 2010); Boris Groysberg and Linda-Eling Lee, "Star Power: Colleague Quality and Turnover," *Industrial and Corporate Change* 19, no. 3 (2010): 741–765.

24. Nanda, Groysberg, and Prusiner, "Lehman Brothers (A)."

25. Groysberg and Morgan Roberts, "Leading the Josie Esquivel Franchise (A)."

26. Nanda, Groysberg, and Prusiner, "Lehman Brothers (A)."

27. Groysberg and Morgan Roberts, "Leading the Josie Esquivel Franchise (A)."

28. Nanda, Groysberg, and Prusiner, "Lehman Brothers (A)."

29. Groysberg, *Chasing Stars*.

30. Groysberg and Morgan Roberts, "Leading the Josie Esquivel Franchise (A)."

31. Groysberg, *Chasing Stars*.

32. Nanda, Groysberg, and Prusiner, "Lehman Brothers (B)."

33. Nanda and Groysberg, "Lehman Brothers (C)."

34. Ibid.

## Conclusão

1. "Domestic Box Office for 1980," Box Office Mojo, n.d., https://www.boxofficemojo.com/year/1980/.

2. Kim Borjorquez, "Put People of Color on California Boards or Pay $100K, Proposed Law Says," *Sacramento Bee*, July 23, 2020, https://www.sacbee.com/news/politics-government/capitol-alert/article244255597.html; Heidrick & Struggles, "Board Monitor US 2020," September 9, 2020, https://www.heidrick.com/Knowledge-Center/Publication/BoardMonitorUS_2020; Sir John Parker and the Parker Review Committee, *Ethnic Diversity Enriching Business Leadership: An Update Report from the Parker Review*, February 5, 2020, https://assets.ey.com/content/dam/ey-sites/ey-com/enuk/news/2020/02/ey-parker-review-2020-report-final.pdf.

3. Eshe Nelson, "In Britain, an Idea to Reduce Racial Inequality Gains Momentum," *New York Times*, August 26, 2020, https://www.nytimes.com/2020/08/26/business/britain-pay-gaps-racial-inequality.html.

4. Kristen Bellstrom and Emma Hinchcliffe, "Black Women Are Bearing the Economic Brunt of the Pandemic," *Fortune*, June 3, 2020, https://fortune.com/2020/06/03/black-women-coronavirus-economy/; Michelle Miller and Vidya Singh, "Gender Pay Gap May Not Close 'for More Than 100 Years' for Black and Latina Women, and Pandemic Could Make It Worse," CBS News, August 8, 2020, https://www.cbsnews.com/news/gender-pay-gap-covid-pandemic-black-latina-women/.

5. Matthew S. Schwartz, "Trump Tells Agencies to End Trainings on 'White Privilege' and 'Critical Race Theory,'" National Public Radio, September 5, 2020, https://www.npr.org/2020/09/05/910053496/trump-tells-agencies-to-end-trainings-on-white-privilege-and-critical-race-theor.

6. Abby Ohlheiser, "How James Damore Went from Google Employee to Right-Wing Internet Hero," *Washington Post*, August 12, 2017, https://www.washingtonpost.com/news/the-intersect/wp/2017/08/12/how-james-damore-went-from-google-employee-to-right-wing-internet-hero/.

7. Titan Alon, Matthias Doepke, Jane Olmstead-Rumsey, and Mich.le Tertilt, "The Impact of COVID-19 on Gender Equality," Northwestern University, March 2020, http://faculty.wcas.northwestern.edu/~mdo738/research/COVID19GenderMarch2020.pdf; Jessica Bennett, " 'I Feel Like I Have Five Jobs': Moms Navigate the Pandemic," *New York Times*, March 20, 2020, https://www.nytimes.com/2020/03/20/parenting/childcare-coronavirus-moms.html; Caitlyn Collins, Liana Christin Landivar, Leah Ruppanner, and William J. Scarborough, "COVID-19 and the Gender Gap in Work Hours," *Gender, Work & Organization*, 2020: 1–12, doi:10.1111/gwao.12506; Lucia Graves, "Women's Domestic Burden Just Got Heavier with the Coronavirus," *The Guardian*, March 16, 2020, https://www.theguardian.com/us-news/2020/mar/16/womens-coronavirus-domestic-burden; Liz Hamel, Lunna Lopes, Cailey Mu.ana, Jennifer Kates, Josh Michaud, and Mollyann Brodie, "KFF Coronavirus Poll: March 2020," Kaiser Family Foundation, March 17, 2020, https://www.kff.org/global-health-policy/poll-finding/kff-coronavirus-poll-march-2020/; Scott Keeter, "People Financially Affected by COVID-19 Outbreak Are Experiencing More Psychological Distress Than Others," Pew Research Center, March 30, 2020, https://www.pewresearch.org/fact-tank/2020/03/30/people-financially-affected-by-covid-19-outbreak-are-experiencing-more-psychological-distress-than-others/; Itika Sharma Punit, "Social Distancing from House Helps Is Exposing the Indian Family's Unspoken Sexism," Quartz India, March 26, 2020, https://qz.com/india/1823823/with-coronavirus-lockdown-working-indian-women-face-family-sexism/; Laura M. Giurge, Ayse Yemiscigil, Joseph Sherlock, and Ashley V. Whillans, "Uncovering Inequalities in Time-Use and Well-Being during COVID-19: A Multi-Country Investigation," Harvard Business School Working Paper No. 21-037, September 2020, https://www.hbs.edu/faculty/Pages/item.aspx?num=58886.

8. "Coronavirus Lockdown: Sierra Leone 'Role Model' Minister Carries Baby and Holds Zoom Meeting," BBC News, April 30, 2020, https://www.bbc.com/news/world-africa-52487213.

9. Jordan Siegel, Lynn Pyun, and B. Y. Cheon, "Multinational Firms, Labor Market Discrimination, and the Capture of Outsider's Advantage by Exploiting the Social Divide," *Administrative Science Quarterly* 64, no. 2 (2019): 370–397.

10. Michelle K. Ryan and S. Alexander Haslam, "The Glass Cliff: Exploring the Dynamics Surrounding the Appointment of Women to Precarious Leadership Positions," *Academy of Management Review* 32, no. 2 (2007): 549–572; Michelle K. Ryan and S. Alexander Haslam, "The Glass Cliff: Evidence that Women Are Over-represented in Precarious Leadership Positions," *British Journal of Management* 16, no. 2 (2005): 81–90.

11. Boris Groysberg, "How Star Women Build Portable Skills," *Harvard Business Review*, February 2008, 74–81.

12. Laura Morgan Roberts, Anthony J. Mayo, Robin J. Ely, and David A. Thomas, "Beating the Odds," *Harvard Business Review*, April 2018, 126–131.

13. Rachel Thomas, Marianne Cooper, Ellen Konar, et al., *Women in the Workplace 2019*, https://wiw-report.s3.amazonaws.com/WomenintheWorkplace2019.pdf.

14. Robin J. Ely, "The Effects of Organizational Demographics and Social Identity on Relationships among Professional Women," *Administrative Science Quarterly* 39, no. 2 (June 1994): 203–238.

15. Colleen Walsh, "Hard-Earned Gains for Women at Harvard," *Harvard Gazette*, April 26, 2012, https://news.harvard.edu/gazette/story/2012/04/hard-earned-gains-for-women-at-harvard/.

16. Eileen Shanahan, "AT&T to Grant 15,000 Back Pay in Job Inequities," *New York Times*, January 19, 1973, https://www.nytimes.com/1973/01/19/archives/att-to-grant-15000-back-pay-in-job-ineouities-women-and-minority.html.

## Epílogo

1. This chapter draws upon the following Harvard Business School teaching materials: Boris Groysberg, Kerry Herman, and Annelena Lobb, "Women MBAs at Harvard Business School: 1962–2012," Harvard Business School Case 413-013, February 2013 (revised May 2014), https://www.hbs.edu/faculty/Pages/item.aspx?num=44334; Boris Groysberg, Kerry Herman, Matthew Preble, "Women MBAs in the Workplace," Harvard Business School Industry and Background Note 413-089, February 2013 (revised May 2014).

2. "Black Faculty Members at Harvard Business School, 1954–Present," Harvard Business School, 2018, https://www.library.hbs.edu/hc/AASU/thought-leadership/hbs-faculty-members/.

3. Letty Cottin Pogrebin, *How to Make It in a Man's World* (Garden City, NY: Doubleday, 1970).

4. John A. Byrne, "HBS Dean Makes an Unusual Public Apology," Poets and Quants, January 28, 2014, https://poetsandquants.com/2014/01/28/hbs-dean-makes-an-unusual-public-apology/.

5. "MBA Class of 2020 Baker Scholars," Harvard Business School, Commencement 2020, https://www.hbs.edu/commencement/awards/Pages/baker-scholars.aspx, accessed November 30, 2020.

6. Denise Lu, Jon Huang, Ashwin Seshagiri, Haeyoun Park, and Troy Griggs, "Faces of Power: 80% Are White, Even as U.S. Becomes More Diverse," *New York Times*, September 9, 2020, https://www.nytimes.com/interactive/2020/09/09/us/powerful-people-race-us.html?.

7. "Building the Foundation: Business Education for Women at Harvard University: 1937–1970," Baker Library Special Collections, Harvard Business School, 2013, https://www.library.hbs.edu/hc/wbe/index.html.

8. Philip Galanes, "Ruth Bader Ginsburg and Gloria Steinem on the Unending Fight for Women's Rights," *New York Times*, November 14, 2015, https://www.nytimes.com/2015/11/15/fashion/ruth-bader-ginsburg-and-gloria-steinem-on-the-unending-fight-for-womens-rights.html.

9. Catherine Cerach, "The History of Women at Harvard Business School." *WSA Newsletter*, Summer 1989.

10. Ellen Marram, "Female B-Schoolers Get Screw-tinized, *The Harbus*, September 12, 1969.

11. Groysberg, Herman, and Lobb, "Women MBAs at Harvard Business School: 1962–2012."

12. Anthony J. Mayo and Laura Morgan Roberts, "Spheres of Influence: A Portrait of Black MBA Program Alumni," Paper presented at the Conference on African American Business Leadership, Harvard Business School, 2018.

13. Groysberg, Herman, and Lobb, "Women MBAs at Harvard Business School: 1962–2012."

14. Ilene Lang, "Women at HBS: A Woman's View," *The Harbus*, February 10, 1972.

15. "Harvard Business Women Organize New Association," *The Harbus*, April 1, 1971.

16. "Harvard Business Women," *The Harbus*, April 1, 1971.

17. Judith. Gehrke, "Women in Management: Some Gains Being Made," *The Harbus*, May 11, 1972.

18. Karen Passage, "Discrimination Guidelines Presented," *The Harbus*, January 20, 1972.

19. "Women's Student Association," *WSA Newsletter*, October 11, 1975.

20. Women's Student Association, "WSA Case Editing Committee Report," December 1980.

21. Barbara Jackson v. *Harvard University and John McArthur*, No. Civil Action No. 84-4101-WD (US District Court for the District of Massachusetts 1989).

22. Nancy Chandler, "President's Summary 1981–1982," *WSA Newsletter*, April 1982.

23. Women's Student Association, "Help Needed for New Admit Brochures," *WSA Newsletter*, January 1981; Women's Student Association, "Phone-a-thonfor 1989–1990 Women Admits," *WSA Newsletter*, March 13, 1989.

24. Karen Cmar, "WSA Targets Participation," *The Harbus*, May 20, 1985.

25. Robert J. Dolan, "Heading down the Stretch," e-mail message to students, March 24, 1997; Steven C. Wheelwright and Janice McCormick, letter to students. May 6, 1997.

26. Peter Howley and Andrew Farquharson, "Harassment Case Explodes One Year Later," *The Harbus*, April 13, 1998; Wheelwright and McCormick, letter to students.

27. Faculty and Staff Standards Committee to HBS Community, memorandum, April 9, 1998; Steven Wheelwright, "Community Standards Case Update," e-mail message to students, November 26, 1997.

28. Groysberg, Herman, and Lobb, "Women MBAs at Harvard Business School: 1962–2012."

29. Julia Brau, Paayal Desai, Alex Germain, and Akmaral Omarova, "Gender Discrepancies in Academic Performance," *The Harbus*, May 2010; Ruhana Hafiz, "WSA Academic Initiative Survey," *The Harbus*, December 7, 2009, https://harbus.org/2009/wsa-academic-initiative-survey-4737/.

30. "As Academic Gender Gap Declines, There Is Still Work to Be Done," *The Harbus*, April 25, 2011, http://www.harbus.org/2011/gender-gap/.

31. Monisha Kapila, "Three Ways Harvard Business School Can Change the World for Women," Quartz, April 6, 2013, https://qz.com/71684/three-ways-harvard-business-school-can-change-the-world-for-women/.

32. Katherine Baldiga Coffman, "Evidence on Self-Stereotyping and the Contribution of Ideas," *Quarterly Journal of Economics* 129, no. 4 (2014): 1625–1660.

33. Jodi Kantor, "Harvard Business School Case Study: Gender Equity," *New York Times*, September 7, 2013; Anne Morriss and Frances X. Frei, *Unleashed: The Unapologetic Leader's Guide to Empowering Everyone around You* (Boston: Harvard Business Review Press, 2020).

34. Poorvi Vijay and Anoothi, "Record-Breaking Women Class Presidents: Is the World Ready for This Change," *The Harbus*, December 5, 2019, https://harbus.org/2019/record-breaking-women-class-presidents-is-the-world-ready-for-this-change/.

35. "MBA Profile and RC Case Protagonists," Harvard Business School, 2020, https://www.hbs.edu/racialequity/data/Pages/mba.aspx.

36. Ioana M. Latu, Marianne Schmid Mast, Joris Lammers, and Dario Bombari, "Successful Female Leaders Empower Women's Behavior in Leadership Tasks," *Journal of Experimental Social Psychology* 49, no. 3 (2013): 444–448; Penelope Lockwood, "Someone Like Me Can Be Successful: Do College Students Need Same-Gender Role Models?," *Psychology of Women Quarterly* 30, no. 1 (2006): 36–46.

37. Lesley Symons, "Only 11% of Top Business School Case Studies Have a Female Protagonist," *Harvard Business Review*, March 9, 2016, https://hbr.org/2016/03/only-11-of-top-business-school-case-studies-have-a-female-protagonist.

38. Colleen Sharen and Rosemary McGowan, "Invisible or Clich.d: How Are Women Represented in Business Cases?," *Journal of Management Education* 43, no. 2 (2019): 129–173.

39. Association to Advance Collegiate Schools of Business, Business School Data Guide 2018, 2018; Shelby Colby and Paula Burggeman, *What Women Want: A Blueprint for Change in Business Education*, Graduate Management Admission Council, 2017, https://www.gmac.com/-/media/files/gmac/research/research-report-series/2017-gmac-white-paperwhat-women-want-web.pdf.

40. Ilana Kowarski, "U.S. News Data: A Portrait of the Typical MBA Student," U.S. News, March 14, 2017, https://www.usnews.com/education/best-graduate-schools/top-business-schools/articles/2017-03-14/us-news-data-a-portrait-of-the-typical-mba-student; Elizabeth Olson, "Women Make Up Majority of U.S. Law Students for First Time," *New York Times*, December 16, 2016.

41. Robin J. Ely, Pamela Stone, Laurie Shannon, and Colleen Ammerman, *Life & Leadership after HBS*, Harvard Business School, 2015, https://www.hbs.edu/gender/faculty-research/life-and-leadership-after-hbs/Pages/default.aspx.

42. Mayo and Roberts, "Spheres of Influence."

43. Nancy M. Carter and Christine Silva, *Pipeline's Broken Promise*, Catalyst, 2010, http://www.catalyst.org/system/files/Pipeline'sBrokenPromiseFinal021710.pdf.

44. Marianne Bertrand, Claudia Goldin, and Lawrence F. Katz, "Dynamics of the Gender Gap for Young Professionals in the Financial and Corporate Sectors," *American Economic Journal: Applied Economics* 2, no. 3 (2010): 228–255.

45. Andrew Garthwaite, "Masters in Management Data Highlights Gender Pay Gap," *Financial Times*, October 20, 2019, https://www.ft.com/content/794ee6a8-ea4b-11e9-85f4-d00e5018f061.

46. Mayo and Roberts, "Spheres of Influence."

47. "Community Conversation on Race: June 11, 2020," Harvard Business School, 2020, https://www.hbs.edu/news/articles/Pages/community-conversation-on-race-june-2020.aspx.

48. "The First Tenured Women Professors at Harvard University," https://hwpi.harvard.edu/files/faculty-diversity/files/timeline-final32.pdf.

49. Regina Herzlinger and Joel Klein, "The IRS Can Save American Health Care," *Wall Street Journal*, July 1, 2018, https://www.wsj.com/articles/the-irs-can-save-american-health-care-1530477705; "Health Reimbursement Arrangements and Other Account-Based Group Health Plans," *Federal Register* 84, no. 119 (June 20, 2019), https://www.federalregister.gov/documents/2019/06/20/2019-12571/health-reimbursement-arrangements-and-other-account-based-group-health-plans; Alexander Acosta, Steven Mnuchin and Alex Azar, "New Health Options for Small-Business Employees," *Wall Street Journal*, October 22, 2018, https://www.wsj.com/articles/new-health-options-for-small-business-employees-1540249941.

# Índice remissivo

## A

Abordagem sistêmica do fechamento das lacunas de gênero 115
Acionistas 55
Ações
　diárias dos líderes 105
　individuais 148
Acordo(s)
　da igualdade 153
　comerciais 28
Adequabilidade 34
Adesão às mudanças 216
Administração 58
Afastamento psicológico 92
Afinidades 87
Agências de recrutamento 63, 67
Agendas 85
Agressão 83
Altos escalões 30, 53
Ambições 14, 21
Ambiente(s)
　de trabalho 5, 37, 91, 92, 95, 165, 200
　profissional 81
Anúncios de emprego *on-line* 119

Apagar incêndios 194
Aplicação 131
Apoio 13, 119
　estratégico 68
　gerencial 103
　mútuo no âmbito profissional 127
　superficial 59
Aprendizado 165
Aprendizagem 10
Aptidões 218
Área
　financeira 90
　gerencial 117
Armadilhas 110
Arquétipos de liderança 33
Ascensão 52
Aspirações 178
　femininas 27
Assédio 84
　no ambiente de trabalho 188
　sexual 143, 215
Atenção pública 65
Atitudes 99
　enviesadas 4
Atividades de socialização 104

Ativismo 85
Atkins, Ros 107
Atração 151
   de candidatos 118, 120
Atribuições-chave 125
Auditoria 31
Autoconfiança 6
Autonomeação 139
Autonomia 39
Autoridade 33
Avaliação 125, 133, 146
   de desempenho 131, 135, 151
Avaliar e refletir 145
Avanço 191
   das mulheres 196
   na carreira 139
   profissional 11, 156

# B

*Baby boomers* 7, 14
Balanço da igualdade de gênero 202
Banco
   de investimentos 10
   Mundial 47
Barreiras 29, 43, 63, 97, 105, 142
   de gênero 157
   formais 115
   organizacionais 11
Benefícios 83, 88
Biotecnologia 41
Bolsa de valores 71
   Nasdaq 65

# C

Camaradagem 58
Caminho de uma pioneira 230
Campo
   de atuação 3, 194
   jurídico 30
Candidatos 33, 77, 118, 119
Capacidade 124
   tecnológica 113
Capital de risco 10
Capitalismo 58

Cargas horárias 104
Cargos 13
   de diretoria 23
   de liderança 39
Carreira(s) 8, 42, 50, 92, 105
   das mulheres 168
   educacional 3
   início e meio 3
   profissional 14, 188, 205
Casamento 14
Cenário 59
CEO 9, 31, 32, 35, 39, 50, 87, 95
Ceticismo 55
CFO (*chief financial officer* – diretora financeira) 33, 50
Chefe mulher 44
Círculo
   de *feedback* 57
   social 32
Cláusulas #MeToo 83
Clima educacional 21
*Coaches* executivos 87
Comentários homofóbicos 212
Comitê de revisão 63
Como administrar pela igualdade de gênero e pela inclusão 157
Como quebrar o teto de vidro 151, 152
Como ser bem-sucedido nos negócios 19
Competência 41
Comportamento(s) 87, 99
   de exclusão por parte de gerentes homens 161
   discriminatório 83
   enviesados 39
   sexista 99
Composição de colaboradores 110
Compreensão 119
Compromisso
   abstrato 155
   sistêmico 46
Compulsoriedade 110
Comunidade
   global de líderes mulheres 68
   investidora 78
   sub-representadas 229
Condição parental 122
Conduta sexual imprópria 83

Conexão 96
Confiança 44, 114
Confronto com uma cultura 212
Conglomerado 59
Conhecimentos 117
Consciência 111
   cultural 107
Conscientização 83
Conselho(s) 55, 57, 59, 72, 79, 126, 233
   administrativo 11, 44
   corporativos 53, 199
Consultoria 42, 69
Consumidores 57
Consumo 159
Contatos profissionais 68
Contexto organizacional 132
Contratação(ões) 86, 121, 151, 186, 224
Contribuição(ões) 45, 87
   femininas 160
Conversações 66
Corpo docente 208, 216
Costumes 119
Cotas legislativas 63
*Coworking* 176
Credibilidade 19, 34
Crescimento 129
   organizacional 141
   profissional 4, 16, 129
   salarial 16
Criação de cotas 64
Criando organizações que quebram o teto de vidro 115
Critérios 154
Críticas construtivas 37
Cultura(s) 44, 52, 57, 171, 212
   inclusiva 172, 175
   organizacional 103, 179, 190
   tóxica 185
Curiosidade 73
   intelectual 124
Currículo 128, 212

# D

Decepções 4
Decisões 126
Defesa da igualdade de gênero na mídia 107

Desafios 25, 229
Desempenho 58, 123, 131, 133
   financeiro 96
Desenvolvimento 131, 151
   profissional 7, 36, 128
Desequilíbrio 12
   de gênero na liderança 115, 138
Desigualdade(s)
   de gênero 4, 13, 71, 89, 91
   no ambiente de trabalho 227
Desprezo 208
Diferenças de gênero 23, 160
Dinâmica 61, 109
Direito 10
Discernimento das mulheres 62
Discriminação 10, 92, 93, 134
   de gênero 5, 35, 91, 99
   de julgamento 30
Discussão sobre gênero 76
Disparidade(s) 227
   da remuneração 137
   de gênero 11, 12, 107, 217
Disposição 40, 194
Dissonância 15
Distribuição desigual de oportunidades 19
Diversidade 55, 60, 77, 96, 178, 180, 235
   de candidatos 56
   de gênero 20, 54, 64, 122
   de raça 64
   étnica 54, 76
   nos conselhos 67
   racial 55, 58, 65
Diversificação 55
Divisão de tarefas 18
Domínio masculino 126

# E

*E-commerce* 49, 105
Economia 192
   global 62
Educação 78
Efeito(s)
   pedestal 94
   reputacionais 18
Eliminação das barreiras 79
Emoções 87

Empatia 36
Empoderamento feminino 3
Empreendimento social 100
Empregadores 37, 119, 192
Emprego 45, 119
Empresa(s)
   antiquadas e tradicionais 89
   de capital aberto 56, 233
   de consultoria 34
   de serviços profissionais 23
   global 51
   públicas e privadas 159
   que enfraquecem a trajetória das mulheres 12
Engenhosidade 194
Entrando em campo 93
Entrevistas 18, 34, 78, 123, 223
Envolvimento 94
Equalização 227
Equidade 94, 95, 178, 180
   de gênero 195
   dos funcionários 87
Equilíbrio 22
   de gêneros 46, 86, 114
   entre a vida profissional e pessoal 15
   entre competência e simpatia 41
   igualitário 105
Equipes 12, 27, 127, 222
   gerenciais 79
Era pós-#MeToo 128
Escala hierárquica 37
Escalões mais altos 10
Escola de negócios 21, 204
Escolaridade 13, 16
Escolhas 15
Escritórios 4
Esfera pública 27
Esforços 29, 220
Especulações 83
Estágios 146, 188
Estereótipos 89, 123, 164
   de gênero 19
Estigma 17
Estratégias 46, 59
Estudantes 20, 21
Estudo de caso da Harvard Business School 202

Étnica dos conselhos 58
Exclusão 95
   ativa 160
   interpessoal 171
Expectativas 21, 23, 89, 115, 206
   de gênero 132
   dos funcionários 180
Expediente *on-line* 16
Experiência(s) 60, 64, 87, 218
   acadêmica 221
   educacional 209, 228
   individual 96
   profissionais 5

F

Faculdade 3, 19
Falta de diversidade racial 55
Família 4, 11, 14, 39, 73, 102, 192, 230
Fechamento das lacunas de gênero 115
*Feedback* 57, 98, 135, 170, 171
   de desenvolvimento 37
   de maneira equitativa 166
   prático 37
Filhos 5, 14
Filiação 70
Flexibilidade 17, 39, 101, 144
   de horário 15
   no trabalho 5
Formação
   de equipes 186
   em administração 20
*Fortune*
   *100* 116
   *500* 3, 31, 53, 54, 67, 105
Fragilidades físicas, mentais e emocionais das mulheres 208
Franklin, Barbara Hackman 25
Frustração 19
Função(ões)
   de liderança 97
   executivas 23, 24
   familiares 22
   gerenciais 9, 10, 84, 162
   profissionais 30
Funcionários 13, 134

## G

Gênero e raça 145
Geração 52, 117
  *millennials* 4, 14, 101
  X 14
Gerência 26
Gerenciamento de talentos 96
Gerentes 147, 157
  da linha de frente 105
Gestão
  de pessoas 116, 146
  de talentos 157, 186
  inclusiva 159, 162, 182
  não inclusiva 160
Gestores 120, 125-127, 131, 135, 141, 145
  homens e mulheres não inclusivos 160
  inclusivos alavancam efetivamente pontos de vista diversos 175
  inclusivos defendem a diversidade, a equidade e a inclusão como valores e aspirações 178
  inclusivos desenvolvem uma lente objetiva para o recrutamento e a recompensa de funcionários 163
  inclusivos fomentam uma cultura em que todos são importantes 171
  inclusivos oferecem oportunidades de desenvolvimento e *feedback* de maneira equitativa 166
Governança 51, 54, 70, 75
  corporativa 59

## H

Habilidades 117, 194
  de programação 120
Harvard Business School (HBS) 7, 68, 117, 197, 202, 205, 231
Herzlinger, Professora Regina E. 230
Hierarquia(s) 157
  corporativa 31, 53
  da empresa 140
  empresariais 3
Hipercompetitividade 132
Histórias diferentes 219
Histórico profissional 18

Homens no banco de reserva 89
Homogeneidade 118
Hooper, Michele 73
Horários flexíveis 101
Horas
  extras 101
  trabalhadas 18
Horizontes limitados: o ingresso na carreira 8
Hostilidade 42

## I

Igualdade 153
  de gênero 72, 81, 84, 93-95, 107, 157, 189, 192, 196, 202
  no trabalho 90
Impacto 62, 85
Implementação 66
Importância estratégica do trabalho 147
Imprensa de negócios 65
Incerteza sem fim 224
Incidentes de racismo 228
Inclusão 87, 157, 180
  de gênero 96
Incredulidade 208
Independência 33
Influência 60, 70, 86
  do gênero 31
  em decorrência da função 109
Ingresso na carreira 8
Iniciativas 92
Injustiça racial 55
Inovação 48
Inspiração 95
Instituições acadêmicas 67
Integração 125, 127, 151
Inteligência artificial 49
Interesse
  acadêmico 54
  individual 86
Interpessoalidade 119
Intolerância 208
Investidores 66
Irmandade feminina corporativa 66
Isolamento 176

## J

Jogo 75, 96
Jornalistas 52

## L

Lacuna(s) 100
   da governança 54
   de gênero 11, 113, 115, 203
   salariais de gênero 146
Lang, Ilene H. 196
Legislação 62
Liberando o caminho para a igualdade de gênero no ambiente profissional 81
Licença
   -maternidade 4, 17, 88, 89
   -paternidade 88, 89, 105
Líder(es) 20, 22, 201
   arquetípico 33
   efetivo 33
   mulheres 41, 46, 68, 142, 217
Liderança 11, 21-23, 30, 46, 84, 94, 115, 187, 201
   com um propósito 47
   corporativa 26
   feminina 97
Ligação causal 58
Limitações ao avanço 142
Linguagem 121
Linhas de negócios 31
Local de trabalho 38

## M

Marca pessoal 37
Marginalização 95
   das mulheres 214
Masculinidade 33
MBA 9, 16, 19, 20, 91, 202, 226
Membros
   de conselhos 69
   de equipe 179
Mentores pessoais 45
Mentoria 97
Mercado financeiro 183

Metas 11, 101
Mídia 41, 63, 98, 107
*Millenials* 14
Minorias raciais 43, 132
Missão(ões) 227
   internacionais 29
Mobilização dos homens 93
Modelos 8
   profissionais para seguir 73
*Momentum* 68, 72, 112
Motivação 42, 94, 111
Movimento 208
   #MeToo 5, 52, 71, 83-85, 91, 98, 163, 189, 225
Mudança(s) 74, 93, 116, 216, 219
   de paradigma 67
   organizacional 203
   tecnológicas 47
   vêm de cima 53
Mulher(es)
   bem-sucedida 43
   executivas 149
   na liderança 30
   nos conselhos corporativos 53
Multinacional 38

## N

Necessidades
   familiares 13
   parentais 40
Negociações 126, 169
Negócios 32, 98, 135, 193
*Networking* 57
Neurociência 85
Nível universitário 4
Norma(s)
   cultural 13
   masculina 41
   sociais 29

## O

Obstáculos 29, 31, 42, 140
   no escritório 1
Oportunidade(s) 18, 74, 94, 101, 127, 159

de crescimento profissional 4, 7
de desenvolvimento 166
de promoção 16
profissionais 29, 215
O que as mulheres executivas dizem 149
Organização das Nações Unidas 47
Organizações 115
  que quebram o teto de vidro 115
Órgãos reguladores 63
Orientação sexual 172, 200

## P

Padrões sistêmicos 117
Pagamento de indenização 83
Papel
  dos homens em lidar com a sub-
    -representação das mulheres na
    liderança 46
  financeiro 102
Parcerias igualitárias 90, 232
Paridade
  de gênero 62, 108
  no dia a dia 157
Partes interessadas (*stakeholders*) 53
Penalidade 18
Percepções 149
Perfil 124
Perspectiva otimista 4
Pertencimento 216
Pessoa, Ana Paula 47
Plano de carreira 28
Plataformas sociais 189
Poder 22
  da irmandade feminina corporativa 66
Políticas 16, 22, 39
  públicas 65, 103
  salariais 102
Pontos
  de vista diversos 175
  fora da curva 32
Por trás de toda mulher bem-sucedida 43
Posições
  de liderança 221
  de poder 85
Potencial 6
Práticas discriminatórias 4

Preço 40
Pressão(ões)
  de todos os lados 62
  externas 14
  pública 62
Problema social 4
Processo(s) 100, 124
  decisório 59
  de gestão de talentos 157
  equitativos 150
  formais 116
  gerenciais de auditoria 150
  organizacionais 148, 149
Profissões 20, 38
Progresso 6, 55, 60, 204
Projetos
  de destaque 32
  lucrativos 31
Promoção(ões) 33, 134-141, 149, 168
  e remuneração 152
Propósito 47
Protagonista mulher 20, 220, 222

## Q

Qualcomm 153
Qualificação(ões) 60, 64, 100, 120, 157
Questão
  do gênero 20, 30, 93, 100
  masculina 84

## R

Rachaduras no teto 53
Racionalidade 33
Racismo 228
*Rapport* 33
Realização(ões) 218
  educacional 142
  profissionais 22
Recomendações 54
Recompensa de funcionários 163
Reconhecimento superficial 175
Recrutamento 54, 66, 97, 105, 163, 166
  de mulheres 213
  *on-line* 138

Redefinindo a meta 101
Redes (*networking*) 57, 77, 121
Referência 111
Relação
   de trabalho 33
   igualitária 5
Relacionamentos 10
Relações
   afetuosas 22
   pessoais 44
Relutância 100
Remuneração 141, 136, 149
   por desempenho 136
   por raça e etnia 191
Representação
   desigual de gênero 101
   equânime 54
   excessiva dos homens na liderança 53
Representatividade 211
Reputação 39
Rescisões 39
Resiliência 43, 44, 194
Resistência 36
Responsabilidade(s) 11, 24
   familiares 23
   no trabalho 39
Restruturação 50
Resultados 158
   desiguais 91
   financeiros 58
Retenção 141, 145, 152
Reuniões 61
   de *debrief* 165
Rivkin, Jack 182
Rotatividade 144
Roupas 184
Rumo ao topo 25

## S

Salários 138, 154
Satisfação 18
   no emprego 142
Saúde e bem-estar social 234
Segregação de tarefas 129
Serviços de análise de dados 104
Setor(es)
   bancário 38
   de atividade 188
Sexismo 226
Simpatia 41
Sistema de avaliação 135
*Sites* de empregos 103, 119
Sócia 17, 23
Sociedade 96
Solidariedade 93, 195
Solução de problemas 71, 92, 177
*Startups* 49, 83, 100, 116, 159
   de tecnologia 48
*Status* 7, 91, 132, 143
   marginal 23
   *quo* 87, 90, 117, 162, 182, 189, 208
Sub-representação das mulheres 4, 54, 57, 66, 108
   na liderança 39, 46
Sucesso 43, 159, 181
Supervisão 45, 227

## T

Talento 62, 96, 106, 117
   feminino 86
Tática(s) 24, 42
   práticas 223
Tecnologia 153, 199
Tempo de licença 103
Tendência à liderança 21
Teto de vidro 115, 118
*Timing* 164
Tiro e queda 3
Trabalho real 59
Trajetória 24, 40, 95
   das mulheres 12
   dos funcionários 167
   profissional 130
Tranquilidade 50
Treinamento 78, 186
Troca de referências 68
*Twokenism* (duplo tokenismo) 56, 61

## U

Universidade 115

## V

Vagas 56
Valor(es) 178, 216
  da diversidade 58
  da empresa 53
Vantagem estratégica 62
Vida
  cotidiana 47
  familiar 12
  pessoal 15, 22
  profissional 12, 15, 22
Vigilância 38
Violência contra as mulheres 93
Visibilidade 39, 129, 136, 199, 210, 229

## W

Wall Street 183
*Workaholic* 49
*Workshops* 33